这是一本拿来用，而非读的书！

培训师成长实战手册
授课现场的问题及对策

苏平 著

- 授课现场问题
- 原因分析
- 现场补救措施
- 预防策略

50个典型问题+74个案例+341条策略

西安交通大学出版社
XI'AN JIAOTONG UNIVERSITY PRESS

国家一级出版社
全国百佳图书出版单位

图书在版编目(CIP)数据

培训师成长实战手册：授课现场的问题及对策 / 苏平著. —西安：西安交通大学出版社,2022.7
ISBN 978-7-5693-2586-7

Ⅰ.①培… Ⅱ.①苏… Ⅲ.①企业管理-职工培训-手册 Ⅳ.①F272.92-62

中国版本图书馆 CIP 数据核字(2022)第 072514 号

书　　名	培训师成长实战手册:授课现场的问题及对策 PEIXUNSHI CHENGZHANG SHIZHAN SHOUCE:SHOUKE XIANCHANG DE WENTI JI DUICE
著　者	苏　平
责任编辑	史菲菲
责任校对	李逢国
封面设计	任加盟
出版发行	西安交通大学出版社 (西安市兴庆南路1号　邮政编码 710048)
网　　址	http://www.xjtupress.com
电　　话	(029)82668357　82667874(市场营销中心) (029)82668315(总编办)
传　　真	(029)82668280
印　　刷	西安五星印刷有限公司
开　　本	720 mm×1000 mm　1/16　印张 19.25　字数 347 千字
版次印次	2022 年 7 月第 1 版　2022 年第 7 月第 1 次印刷
书　　号	ISBN 978-7-5693-2586-7
定　　价	68.00 元

如发现印装质量问题,请与本社市场营销中心联系。
订购热线:(029)82665248　(029)82667874
投稿热线:(029)82665379
读者信箱:511945393@qq.com

版权所有　侵权必究

序 言
FOREWORD

一、为什么要写这本书

本书为"培训师成长实战手册"系列的第四本工具书。前面的三本实战手册,是按照我独创的"问题树课程开发模型"的三个步骤来写的:培训需求诊断和调研→问卷普查→引导式课程设计。这些都是授课前的准备工作,接下来就是实施培训了。这些年来,很多读者向我反馈:无论自己准备多充分,现场都会有各种状况出现。我的回复是这很正常,关键在于出现状况后如何处理,以后如何预防。

爱因斯坦说:"我们不能用制造问题时的同一水平思维来解决问题。"我发现很多培训师都有一个误区:培训现场出问题了,马上想到要去提升自己的授课技巧。例如,授课过程中,培训师提问冷场,有人就用发红包、奖励小礼物等方法来调动。其实这样做未必会有效果,因为正确定义问题,是成功解决问题的前提。提问冷场的原因很多,在本书第二章,针对"提问冷场"分析了六种可能的原因,并提供了提问前的预防措施和提问后的应对方法。例如,原因之一"问题太难"的预防措施是要事先进行需求调研,根据学员的基础提出难易度适中的问题。授课现场的应对措施包括:①给出提示或提供选项,降低难度;②换一个难度稍低的问题。无论预防措施还是应对措施,成功的关键是课前明确提问目的,并事先对学员的情况有所了解,否则难以判断对于本批次学员而言,问题难易的标准是什么。同样,如果课前设计阶段没有对提问进行细致考虑,光靠临时起意来提出问题,就难免状况频出了。

不仅是提问冷场,本书中选择的50个典型授课场景中的问题点,都不是单纯授课技巧能解决的问题,而是涉及包括培训需求诊断和调研、课程开发等授课前的各项工作。这也是我写本书的目的:帮助有类似问题的读者从根本上解决问题,而非治标不治本。

二、这本书的内容架构

本书一共5章,书中内容针对培训师、教师在授课现场的几个典型场景展开,如图1所示。

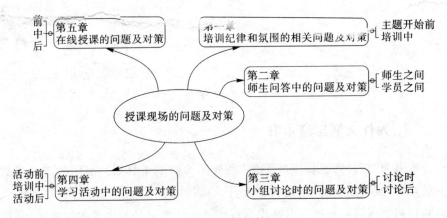

图 1 本书内容

从图1中可见,前四章内容侧重在线下课程,第五章是针对近两年比较流行的线上课程(包括直播)。

1. 本书的架构

本书的架构如下:常见的授课场景→最具共性的问题→可能的原因分析→马上可采取的措施→预防措施。

首先,本书的每一章,都会选取该场景中最具共性的一些问题,如表1所示。从表1中可以看到,本书一共选取了授课过程中的50个问题。这些都是培训师或教师在授课时出现频率较高、具有典型性和代表性的问题。

表 1 本书解决的授课问题

书中章节	典型的授课场景	最具共性的问题数量
第一章	培训纪律和氛围	10
第二章	师生问答	8
第三章	小组讨论	13
第四章	学习活动	11
第五章	线上课程	8

其次,针对这50个问题,本书逐一对常见原因进行了深入挖掘、分析,列出了常见的可能原因。

最后,针对挖掘到的原因一一提供对策,这些对策不但治标还治本。治标是指在授课现场可以立刻采取的措施。治本是指在课程设计和开发、课程准备等授课前的预防措施。如果只是现场补救,并不能预防下次发生类似情况,通过从源头出发采取预防措施,就可避免重蹈覆辙。

2. 每章的内容架构

每章的内容按照总—分—总来撰写。

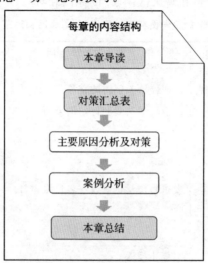

图2 每章的内容结构

图2的说明如下:

(1)本章导读。这是一张思维导图,让读者对于本章要解决的场景和具体问题一目了然。例如,图3为第一章的导读。

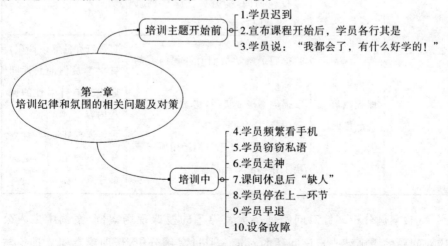

图3 第一章的"本章导读"

(2)本章问题的对策汇总表。对策汇总表的内容包括本章比较常用的对策,以及举例,方便读者查询和运用。

(3)原因分析及对策。针对每个问题进行常见的原因分析,并提供授课现场马上可以采取的应对措施,以及事先可以进行的预防措施。例如,表2为第五章中的问题1"学员在聊天区闲聊"的原因和对策。

表2 "学员在聊天区闲聊"的原因和对策

描述	常见原因	马上可以采取的措施	预防措施
授课期间,学员们在聊天区闲聊(即交流与培训主题无关的话题)	没有约定课程规则	1.叫停聊天区内的交流。 2.引导学员们制订培训公约。	正式开课前,引导学员们制订培训公约,并将其发布为群公告。
	学员非实名	要求每位学员修改群名片为实名。	1.建群后,在群公告中要求入群即修改群名片为实名。 2.请助教督促每位学员修改群名片为实名。
	课程未吸引学员的注意力	1.停止授课。 2.提出问题测试学员对课程内容的理解度。 3.调整授课方式,重新吸引学员的注意力。 4.授课期间,随时关注学员的反应,必要时调整授课方式。	1.安排恰当的课程节奏。 2.设计不同的方式吸引学员注意。 3.设计有吸引力的授课方式。
	学员们觉得课程内容对自己帮助不大	1.提问了解学员们对课程内容的看法。 2.提供案例或说明,建立学员与课程内容之间的联系。 3.在课程中,让学员们运用所学解决工作中的实际问题。	1.进行课前需求调研,针对学员们的共性问题设计有针对性的课程内容。 2.在课程开场时,建立学员与课程内容之间的联系。

(4)案例分析。针对问题列举大家熟悉的授课现场案例,案例中主人公应对问题的措施就来自该问题的对策。通过案例分析,帮助读者建立理论与实践之间的联系,一方面使读者更容易理解书中的内容,另一方面更贴近自

身工作场景的案例能够促进学以致用。

(5)本章总结。每章结尾,都会对本章内容进行简单总结。

3. 本书提供的资源

本书针对50个授课现场的典型问题,提出了341条策略,提供了74个相关案例并进行了对策分析。此外,本书还特别绘制了90张简笔画插图,配以122张表格,方便大家阅读和理解。本书提供的资源详见表3。

表3 本书提供的资源汇总

主题	问题	案例	策略	插图	表格
序言	—	—	—	4	3
第一章 培训纪律和氛围的相关问题及对策	10	14	100	14	29
第二章 师生问答中的问题及对策	8	14	58	14	13
第三章 小组讨论时的问题及对策	13	22	65	22	22
第四章 学习活动中的问题及对策	11	16	74	17	31
第五章 在线授课的问题及对策	8	8	44	17	19
《培训师成长实战手册:授课现场的问题及对策》使用指南	—	—	341	2	5
数量合计	50	74	341	90	122

4. 附送使用指南

为了方便读者随时快速查询书中提供的341条问题解决的策略,特别将每章的策略汇集成使用指南,随本书附送。

三、如何运用这本书

正如本书封面所写,"这是一本拿来用,而非读的书",那么,该如何运用呢?

1. 按图索骥

这里的"图"是指图1和"本章导读"的思维导图。作为一本工具书,可以像字典一样,根据自己的需要进行查询。例如,在课程开发阶段,如果基于之前的经验,觉得在师生问答方面比较容易出问题,就可以通过两张思维导图将自己的问题细化,然后找到该章节的具体内容,重点关注预防措施。如果是培训后的复盘,则可以通过图1找到问题所属章节,然后通过"本章导读"找到对应的问题场景,根据书中的原因分析,结合自己的实际情况进行反思和改善。

2. 主题阅读

本书是"培训师成长实战手册"系列的第四本。这四本书与《培训师成长手册》的关系如图4所示。

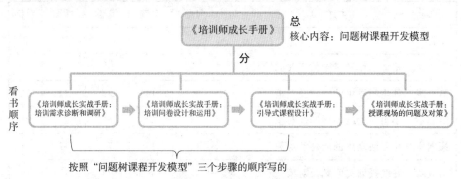

图4 "培训师成长实战手册"系列与《培训师成长手册》的关系图

从图4可以看到:《培训师成长手册》是总,"培训师成长实战手册"系列为分。其中,"培训师成长实战手册"系列的前三本是按照《培训师成长手册》的核心内容"问题树课程开发模型"三个步骤的顺序写的:

- 《培训师成长实战手册:培训需求诊断和调研》——步骤1 抽样调查定方向

- 《培训师成长实战手册:培训问卷设计和运用》——步骤2 问卷普查明需求

- 《培训师成长实战手册:引导式课程设计》——步骤3 水到渠成做设计

在进行主题阅读时,也建议按照图4中的顺序来阅读和运用。因为"培训师成长实践手册"系列前三本书都是与课程开发相关的,属于授课前的准备。本书可用于实施授课前的预防,也可以用于课程结束后的复盘,为前面三本书的课程开发成果提供检验框架和改善的方法。

需要特别说明的是:好课程是设计出来的,而好设计的前提是精准的需求调研。所以,《培训师成长实战手册:培训需求诊断和调研》这本书是"培训师成长实战手册"系列中其他三本的基础,请大家一定不要忽略。如果在阅读和运用的过程中遇到问题,可以发邮件到 susan4020@sina.com 或通过新浪微博@TTT 培训师苏平发私信给我。

《培训师成长手册》和"培训师成长实战手册"系列培训工具书中的内容,是我二十年来为企业量身定制课程的经验总结,每本书中都有相应的原则、工具、方法和案例分析,希望能够帮助大家持续精进。

苏　平
2022.4.6

目 录

第一章 培训纪律和氛围的相关问题及对策

本章导读 …………………………………………………………… 1
问题1　学员迟到 ………………………………………………… 3
　案例1-1　调整后的日程安排 ………………………………… 6
　案例1-2　推迟的暖场活动 …………………………………… 9
问题2　宣布课程开始后，学员各行其是 ……………………… 11
　案例1-3　提前到场的培训师 ………………………………… 15
　案例1-4　我是"007" ………………………………………… 17
问题3　学员说："我都会了，有什么好学的！" ……………… 19
　案例1-5　空降的学员 ………………………………………… 22
　案例1-6　我会剥洋葱 ………………………………………… 25
问题4　学员频繁看手机 ………………………………………… 27
　案例1-7　看手机引发的"培训公约" ……………………… 30
问题5　学员窃窃私语 …………………………………………… 32
　案例1-8　私下交流的学员们 ………………………………… 35
问题6　学员走神 ………………………………………………… 37
　案例1-9　拼图学习新品知识 ………………………………… 43
问题7　课间休息后"缺人" …………………………………… 46
　案例1-10　期待开课的学员 ………………………………… 48
问题8　学员停在上一环节 ……………………………………… 50
　案例1-11　两次"返场"的会议准备 ……………………… 54
问题9　学员早退 ………………………………………………… 57
　案例1-12　提前结束的课程 ………………………………… 60
　案例1-13　改签的学员 ……………………………………… 61

- 问题10 设备故障 …… 63
  - 案例1-14 没电如何做培训 …… 66
- 本章总结 …… 71

第二章 师生问答中的问题及对策

- 本章导读 …… 72
- 问题1 提问冷场 …… 74
  - 案例2-1 慢热的发言氛围 …… 76
  - 案例2-2 "启发"的尴尬 …… 77
  - 案例2-3 两次冷场 …… 79
- 问题2 提出异议 …… 80
  - 案例2-4 如何应对"学员提问不会" …… 82
- 问题3 回答错误 …… 84
  - 案例2-5 一句话自我介绍 …… 85
  - 案例2-6 暖场方式的讨论 …… 87
- 问题4 插话者 …… 89
  - 案例2-7 艰难的收获分享 …… 90
  - 案例2-8 关于提问的总结 …… 92
- 问题5 跑题 …… 94
  - 案例2-9 视频中的会议 …… 95
- 问题6 长篇大论 …… 97
  - 案例2-10 沟通案例分享 …… 98
  - 案例2-11 我知道 …… 99
- 问题7 争论不休 …… 101
  - 案例2-12 小组讨论时学员彼此打断 …… 102
  - 案例2-13 好问题的特点 …… 104
- 问题8 唱反调 …… 106
  - 案例2-14 发言的碰撞 …… 108
- 本章总结 …… 111

第三章 小组讨论时的问题及对策

本章导读 …………………………………………………………… 112
💡 问题1 小组讨论时,有人不参与 ………………………………… 114
　　案例3-1 主动出圈的刘同学 ……………………………… 116
　　案例3-2 被动出圈的李同学 ……………………………… 117
　　案例3-3 "逛街"的张同学 ……………………………… 117
💡 问题2 小组讨论时跑题 ………………………………………… 118
　　案例3-4 提前超车的"对策" …………………………… 120
　　案例3-5 没必要讨论的主题 ……………………………… 122
💡 问题3 小组讨论进展缓慢 ……………………………………… 124
　　案例3-6 画画高手 ………………………………………… 126
　　案例3-7 进度缓慢 ………………………………………… 127
💡 问题4 小组讨论时一言堂 ……………………………………… 129
　　案例3-8 经理最大 ………………………………………… 130
　　案例3-9 我还没说完 ……………………………………… 132
　　案例3-10 我是对的 ……………………………………… 134
💡 问题5 小组讨论时陷入争论 …………………………………… 135
　　案例3-11 李同学和王同学的争执 ……………………… 137
　　案例3-12 两个部门的冲突 ……………………………… 139
💡 问题6 小组讨论时,各组进展不一 …………………………… 141
　　案例3-13 我们完成了 …………………………………… 142
💡 问题7 小组讨论超时 …………………………………………… 144
　　案例3-14 纠结在"包装"上的小组 …………………… 145
💡 问题8 小组讨论时,小组成员互相打断 ……………………… 147
　　案例3-15 听我说 ………………………………………… 149
💡 问题9 小组成员不认同讨论成果 ……………………………… 151
　　案例3-16 我不认同小组讨论的成果 …………………… 152
💡 问题10 小组讨论结束后,无人愿意分享成果 ……………… 154
　　案例3-17 表演不恰当的肢体语言 ……………………… 156

- 💡 问题11　小组成果分享时,其他学员无事可做…………………… 158
  - 案例3-18　"活动的目的"讨论…………………………………… 160
  - 案例3-19　"你演我猜"演练评估………………………………… 162
- 💡 问题12　小组埋头准备自己的分享,不关注正在进行的成果分享
  …………………………………………………………………………… 164
  - 案例3-20　该结束时就结束……………………………………… 166
- 💡 问题13　分享组不认同其他学员的反馈……………………………… 169
  - 案例3-21　点评三部曲…………………………………………… 171
  - 案例3-22　提问风暴……………………………………………… 173
- **本章总结** ……………………………………………………………………… 177

第四章　学习活动中的问题及对策

- 本章导读 ………………………………………………………………… 178
- 💡 问题1　学员问为什么要做这个活动………………………………… 180
  - 案例4-1　捏肩膀…………………………………………………… 183
  - 案例4-2　团队介绍………………………………………………… 185
- 💡 问题2　学员说又玩这个游戏………………………………………… 187
  - 案例4-3　五毛和一块……………………………………………… 189
- 💡 问题3　学员说不会…………………………………………………… 192
  - 案例4-4　我不会画………………………………………………… 193
  - 案例4-5　我不会填………………………………………………… 195
- 💡 问题4　活动已开始,学员问规则…………………………………… 196
  - 案例4-6　关于规则的疑问………………………………………… 198
- 💡 问题5　活动中有学员观望…………………………………………… 200
  - 案例4-7　落单的小组成员………………………………………… 201
  - 案例4-8　画流程图………………………………………………… 204
- 💡 问题6　学员不在状态………………………………………………… 206
  - 案例4-9　"菜场式"地逛画廊…………………………………… 209
  - 案例4-10　5分钟大挑战…………………………………………… 216
- 💡 问题7　学员不按指令进行…………………………………………… 219
  - 案例4-11　抓逃手指……………………………………………… 221

- 问题8 活动超时 …………………………………………………… 222
  - 案例4-12 你演我猜 …………………………………………… 225
  - 案例4-13 演双簧——互相介绍 ……………………………… 228
- 问题9 学员们沉浸在已结束的活动中 …………………………… 232
  - 案例4-14 撕纸 ………………………………………………… 233
- 问题10 没有时间做活动总结 ……………………………………… 236
  - 案例4-15 传声筒 ……………………………………………… 238
- 问题11 活动总结浮于表面 ………………………………………… 240
  - 案例4-16 画图 ………………………………………………… 242

本章总结 …………………………………………………………………… 246

第五章 在线授课的问题及对策

本章导读 …………………………………………………………………… 247
- 问题1 学员在聊天区闲聊 ………………………………………… 248
  - 案例5-1 自我介绍＋课程期待 ……………………………… 250
- 问题2 有学员突然开麦 …………………………………………… 252
  - 案例5-2 课程中的孩子哭声 ………………………………… 254
- 问题3 网络或设备故障 …………………………………………… 257
  - 案例5-3 直播时突然"失声" ………………………………… 258
- 问题4 不知道学员是否在听 ……………………………………… 261
  - 案例5-4 "问题树课程开发模型"直播的互动方式 ………… 263
- 问题5 学员回答问题混乱 ………………………………………… 266
  - 案例5-5 "思路决定出路"的互动方式 ……………………… 268
- 问题6 不知该先回答哪位学员的问题 …………………………… 274
  - 案例5-6 课前阅读作业答疑 ………………………………… 276
- 问题7 学员参与度不高 …………………………………………… 279
  - 案例5-7 连线互动 …………………………………………… 283
- 问题8 不知道学员的学习效果 …………………………………… 286
  - 案例5-8 "引导式课程设计"直播 …………………………… 290

本章总结 …………………………………………………………………… 292

第一章
培训纪律和氛围的相关问题及对策

 本章导读

本章要解决的是关于培训纪律和氛围的各种问题。

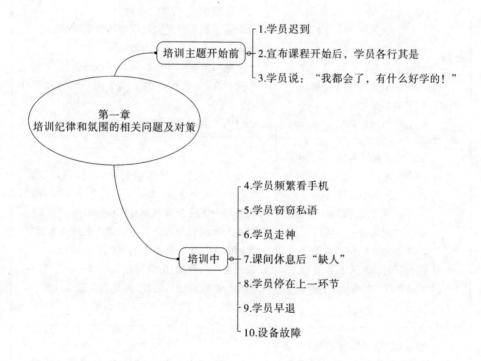

针对以上每个问题,本章逐一进行了常见的原因分析并提供了针对性的解决方案和相关的案例分析。为了方便大家运用,特将本章出现较多的方法进行汇总,如表1-1所示。

表1-1 培训纪律和氛围问题的对策汇总

方法	说明	举例
顺势而为	当培训现场的状况与培训师事先规划的流程、节奏和内容不符时,依据现场的能量场和学员们的状态进行调整。	1.学员的回答在培训师的意料之外时,顺着这个话题继续。 2.学员们还沉浸在上一个环节时,不急于进行后面的环节。 3.如果发现学员对某方面的内容格外感兴趣,可以在评估后提供更多的时间交流。
提问引导	通过提问,达到以下作用: 1.引发学员的好奇心。 2.引起共鸣。 3.引发思考。 4.激发学员的学习动机。 5.了解学员的想法。 6.引导回顾和总结。	1.大家觉得"007"代表什么呢? 2.看来剥洋葱不像大家想象中那么简单吧? 3.大家是如何看待这个问题的呢? 4.大家想知道如何才能有效利用时间吗? 5.我很好奇,大家在我的课堂上用手机还做些什么呢? 6.通过刚才的两个案例,大家有什么发现呢?
先跟后带	这是一种说话方式,是指先认同和肯定对方,避免否定和批评。在培训中,可以: 1.肯定对方说过的话(哪怕只认同一句话或一个词)。 2.考虑对方的情绪或态度。 3.肯定对方的动机。 4.站在对方的角度来肯定。 5.承认新的可能。	1.学员说自己参加过本课程了,培训师可以说:"您参加过这个课程,太好了!作为学长,您能给大家介绍一下这个课程都有哪些内容吗?" 2.看来大家的想象力很丰富!我来揭晓答案吧! 3.我理解你想让团队跟上大家的步伐,同时…… 4.遇到这样的情况,的确很让人郁闷…… 5.的确会有这样的可能性,那我们该怎么办呢?
建立联系	1.培训开场时,通过提问、案例、活动等方式,建立学员与培训主题、学员与学员之间的联系,激发学习动机。 2.在学习活动开始前,说明该活动的背景、目标及与培训主题之间的关系,提升学员参与的积极性。	1.看到这个培训主题,你能联系到哪些相关的工作场景呢? 2.现在大家可以选择一位最想交流的伙伴,彼此做自我介绍,并分享对这个课程的期待。 3.我们做这个活动的目的是……在这个过程中,可能遇到的挑战是……

续表

方法	说明	举例
提供任务	给学员提供任务,有以下目的: 1. 避免学员无事可做。 2. 对所学内容进行演练。 3. 检验学员的学习情况。 4. 对学习内容进行总结。	1. 一个小组展示讨论成果时,请其他学员填写反馈表。 2. "产品介绍的话术"结束后,请学员进行一对一的角色扮演。 3. 提供案例,请学员找出其中的问题,并提供对策。 4. 让学员通过绘制思维导图的方式进行课程总结。
问题诊断	培训现场出现各种情况后,培训师首先运用观察、提问等方法,然后结合以往的数据、经验进行分析,找到问题的症结所在,以便对症下药。	1. 大家知道我们现在正在进行的内容是关于什么的吗? 2. 我很好奇,是什么原因让大家没注意到这张PPT呢? 3. 我看到有些伙伴在小声交流,能告诉我你们在讨论什么吗?
"四技"叫停法	培训中,如果发现有学员小声交流、走神等未跟上课程节奏的情况,培训师运用声技、身技、眼技、口技叫停学员(详见本章内容)。	1. 声技:有人窃窃私语时,用声音的变化来提醒学员。 2. 身技:用肢体语言提醒学员。如边讲边走到说话学员的身边。 3. 眼技:用目光的注视来提醒学员。 4. 口技:用提问的方式提醒学员。

在授课现场,我们既要关注课程的进度和内容,又要进行课堂秩序的维护和管理。本章针对培训开始前和培训进行中两个阶段的共十个常见的纪律和氛围问题,进行原因分析,并提供相应的对策。

问题 1 学员迟到

无论培训管理者还是培训师,都希望每次培训能够准时开始,但实际情况可能没有这么理想,时常会遇到有学员参加培训迟到的情况。这时,作为培训师要如何应对才能尽量降低对课程的干扰呢?表1-2列出了"学员迟到"的原因和相应对策。

表1-2 "学员迟到"的原因和对策

描述	常见原因	马上可以采取的措施	预防措施
上课时间已到，有学员未到达培训场地	少数学员迟到 —— 对课程没有兴趣	1.准时开课。 2.当迟到学员进入培训场地时，用肢体语言打招呼。 3.为迟到者补充说明内容要点。 4.指定学员帮助迟到者融入小组或全体的学习中。	1.做精准的需求调研，设计学员真正需要的课程内容。 2.设计有吸引力的课程海报，附在培训通知中。 3.通过各种途径进行课程宣传和造势。
	少数学员迟到 —— 未留意时间或缺乏时间观念		1.培训通知中分别列明签到时间和正式上课时间。 2.说明提前到会场有惊喜，并事先准备好"礼物"。
	超过半数学员迟到 —— 这些学员有工作要完成	1.提前请培训组织者与未到场学员联系，了解到场时间，确定合适的开课时间。 2.在等待期间，给准时到场的学员"开小灶"作为奖励。 3.迟到学员到场后，请准时到场的学员简述其错过的内容。 4.培训师通过课程的阶段性小结，进行要点说明和答疑。	以学员为中心考虑时间和场地的安排： 1.培训的开班时间避开学员们的工作旺季或忙碌时段。 2.培训的开始时间尽量照顾到全体学员且配合日常作息。 3.如果可以选择，场地尽量安排在交通方便且离大多数学员较近之处。 4.针对难找的场地，在培训通知上提供详细的路线图，并在学习群里发定位。 5.用5W1H的架构，采用图文并茂的方式来撰写培训通知，并请他人反馈表达是否清晰、明确。
	超过半数学员迟到 —— 培训场地过于偏远或场地难找		
	超过半数学员迟到 —— 培训通知的内容不明确		

总结

为了避免"学员迟到"的情况，可以从培训前和培训现场两个方面入手。

1.培训前

（1）做精准的需求调研，设计学员真正需要的课程内容。大家的时间都非常宝贵，有针对性的内容才能引发学员的学习兴趣。需求调研的具体步骤、方法，详见《培训师成长实战手册：培训需求诊断和调研》《培训师成长实战手册：培训问卷设计和运用》两本书。

（2）通过各种途径进行课程宣传和造势。例如，在公司的内网或社群中发起有关培训主题的问题征集和讨论，在布告栏上发布有吸引力的培训宣传等。前者不但能引发热度，也是需求调研的一种方式，可以帮助我们了解学员基础和问题，作为确定课程重点的参考。

（3）以学员为中心考虑时间和场地的安排。

①培训的开班时间避开学员们的工作旺季或忙碌时段。有些课程是针对某个部门进行的，如销售培训。而不同行业、企业和部门的淡旺季有所不同，在安排开班时间时，需要进行初步了解，以免冲突。培训是为业务服务的，一旦发生冲突，学员的领导通常优先支持业务，且认为培训是在给业务拖后腿，可能给正常的培训带来不必要的干扰或阻碍，就算勉强开展了培训，后续的落地也会孤掌难鸣。此外，还需要关注公司的大事，如果公司正在进行某个重要项目，每个部门都忙得不可开交，除了为该项目服务的培训，其他培训的开课时间也需要慎重安排，以免完成了培训却没有效果。

②培训的开始时间尽量照顾到全体学员且配合日常作息。有些组织者为了让学员有更多收获，特意将培训的开课时间安排得比平时上班早，虽然组织者也进行了特别提醒，但习惯的力量依然会让一些学员"姗姗来迟"。提前的这段时间，如果在等待、询问和混乱中开始，反而难以达到预期的效果。当然，这也要看所在企业有什么样的企业文化。在实行军事化管理的企业中，这不是问题，但在具有宽松文化的企业中，可能就会有各种状况发生。

③如果可以选择，场地尽量安排在交通方便且离大多数学员较近之处。有些组织者过于关注培训场地内外的环境，而忽略了学员们的便利性。较偏远的培训场地不但可能导致更多学员迟到，还可能让学员在来的路上对培训产生了怨气，从而影响到学习动机。如果该场地已经无法改变，而公司条件允许，可以考虑安排车辆统一接送学员。

④针对比较难找的场地，可以在培训通知上提供详细的路线图，并在学习群里发定位。

（4）撰写明确、有吸引力的培训通知。

①设计有吸引力的课程海报，附在培训通知中。这样可以让学员清楚地知道参加这个培训能解决哪些工作中的问题或有哪些收获，从而激发学员学习的兴趣。

②培训通知中分别列明签到时间和正式上课时间。例如早上 9:00 开课。如果培训通知中只写 9:00 开始上课，可能有不少学员会在 9 点才到。当学员看到 8:40—8:55 为签到时间时，就知道需要在 9:00 前到达会场，尽量避免迟到。

③说明提前到会场有惊喜,并事先准备好"礼物"。这样的说明,会引起学员的好奇心,使他们抱着探秘的心理争取提前到达。其中的"礼物",可以是实物,也可以是与培训主题相关的"小灶"或工具、方法。其目的是让早到者觉得赚到了,让迟到者觉得自己亏了,从而促使学员在之后的培训中准时来到会场。

④在培训通知上提供详细的路线图。"一图胜千言"在这里也适用,路线图不仅能够辅助文字说明,也能让学员们感受到培训组织者的用心,增加对培训的好感。

⑤用5W1H的架构,采用图文并茂的方式来撰写培训通知,并请他人反馈表达是否清晰、明确。

2. 培训现场

培训师在培训现场马上采取的措施,需要根据学员迟到的人数和时间来确定。下面以迟到人数为例。

(1)少数学员迟到。当只有少数学员迟到时,可以采取以下措施:

①准时开课。这也是对准时到达的学员的尊重。

②当迟到学员进入培训场地时,培训师不需要停下来,可以用肢体语言打招呼,例如,点头、微笑等。如果有必要,可以示意其坐在哪里。

③选择合适的时机,为迟到者补充说明内容要点。例如,在讲到与迟到学员错过的内容相关的内容时,简单重复或进行说明。

④指定某位学员给迟到者提供帮助,包括内容说明、活动规则讲解、答疑等,以便迟到者能够快速融入小组或全体的学习中。

(2)超过半数学员迟到。如果有半数或以上学员迟到,问题可能主要出在培训组织方面。例如,时间和场地的安排、培训通知的内容等培训前的工作不到位。培训师在现场的主要工作就是决定何时开课、安抚已到学员、确保迟到学员跟上进度。具体做法如下:

①提前请培训组织者与未到场的学员联系,了解到场时间,确定合适的开课时间。例如,离正式开课还有5分钟时,培训师如果发现到场人数只有一半,马上请培训组织者联系其他学员,了解总体到场时间,做到心中有数。

②在等待期间,培训师可以给已到场的学员"开小灶"作为奖励。

③迟到学员到场后,请准时到场的学员简述其错过的内容。

④培训师通过课程的阶段性小结,进行要点说明和答疑。

案例 1-1　调整后的日程安排

于浩是某企业的内训师,他会定期进行"班组长的激励技巧"培训。虽然培训场地就在企业内,但之前学员们迟到5~10分钟的情况屡见不鲜,常常打乱他的授课节奏。为此,他私下跟一些学员沟通,了解到:一方面,每天早上,班组长们上班后都要先进行当天的工作安排;另一方面,大家已经习惯了"几点开会,就几点往会议室走"。针对这种状况,于浩给HR提供了以下建议:

(1)将开课时间由原来的8:30调整为9:00。公司8:30上班,留出30分钟给班组长们进行当天的工作安排。

(2)在培训通知中,分别列出签到和正式开课的时间,让学员们知道具体的到场时间。

此外,他还结合自己之前进行培训的经验,精心准备了一些学员们关心但不属于本次课程内容的小锦囊,作为"早鸟"礼物,在每次正式开课前揭晓。图1-1是HR根据于浩的建议调整的培训日程安排。

培训日程安排

8:40—8:55   签到
8:55—9:00   揭秘"早鸟"礼物(一)
9:00—12:00   "班组长的激励技巧"培训
12:00—12:55 午餐+午休
12:55—13:00 揭秘"早鸟"礼物(二)
13:00—16:00 "班组长的激励技巧"培训

图1-1 培训日程安排

调整后的第一次课程,早上迟到的人数由原来的平均1/3减少为1/5。学员们反馈:"用上班后的30分钟把一天的工作都安排好,这样参加培训就更安心了,不用担心课程中有人在门口来请示工作了。"于浩也按照承诺,为到场的学员们送上自己精心准备的"工作分配小锦囊"作为"早鸟"礼物,学员们都说很实用。下午12:55,学员们全部到场,不少学员说:"很想知道第二期的'早鸟'礼物是什么?"

案例点评

在这个案例中,于浩使用了"换位思考"+"分段控制"+"激发好奇心"+"提供干货"的方法,具体表现如下。

1.换位思考

于浩了解到作为学员的班组长,上班后的第一件事是安排当天的工作后,反思之前的开课时间安排，发现刚上班就开课，对学员们的工作是一种干扰，也是造成很多学员迟到的主要原因。因此，他建议将开课时间推迟30分钟，让学员们先处理好工作。这样做，不但可以减少迟到的情况，还能让学员们安心参加培训。

2. 分段控制

在培训通知中，将签到和开课时间单独列出，不但可以提醒学员提前到场，也方便培训组织者采取预防措施。例如，根据签到期间到达的人数情况，评估是否对准时开课有影响；如果有影响，可以采取哪些应对措施。培训师提前了解这些信息，也能做到心中有数，不至于打乱节奏或措手不及。

3. 激发好奇心

于浩设置了"早鸟"礼物，并在正式开课前揭晓，成功地激发了学员的好奇心，从而促使他们提前到场，想看看到底是什么礼物。在培训中，激发学员的好奇心是吸引学员的注意力、引发和维持兴趣的一个重要方法。除了准备物质或非物质的礼物外，还可以通过提问、看视频、案例分享、角色扮演、做活动等方式来激发学员的好奇心。

4. 提供干货

下午开课前，学员全体到场，这跟于浩的"早鸟"礼物有很大关系。从学员们反馈的"实用"来看，这份礼物是干货满满，所以才能吸引大家早早来等待第二期的揭晓。这里的干货有几个特点：

(1) 内容是学员们真正需要或感兴趣的。
(2) 最好是本次课程以外，但与学员们的实际工作密切相关的内容。
(3) 内容聚焦，围绕一个关键词展开。
(4) 方法实用，可以拿来就用。

具体上述特点的干货，需要先做调研，了解学员们的需求，然后精心准备。例如，在一次两天的"收放自如的培训师授课技巧"培训前，我通过报名问卷汇总，发现学员们对不同学员的应对、提问技巧、生动表达等方面也有需求。考虑到两天的时间有限，我特意用彩色A4纸打印了这些问题对应的主题的内容，例如：

- 如何应对不同学员
- 学员提问不会怎么办
- 降低提问难度的方法
- 枯燥内容生动化口诀
- 无法回答的问题的处理技巧

培训前，我将这些打印好的A4纸藏在培训场地的各个角落。在课程结束前,由学员们自己去"抢宝"。"抢宝"结束后,请学员分享自己抢到的宝贝,大家都反馈收获满满!

案例 1-2 推迟的暖场活动

我为一次"引导式授课技法"培训设置了演双簧的暖场活动,先由学员们进行两两交流,然后彼此介绍对方(详细操作见本书第四章的案例 4-13)。临近开课时,我看到还有学员未到,便请培训组织者联系未到学员。得到的反馈是有三位学员还需要10分钟左右才能到达会场,而本次培训学员一共十位。于是,我决定准时开课,并将开始的暖场活动推迟,直接进入课程内容。在课程的第一次休息结束后,我正式开启了演双簧的游戏,同时变更了活动的目的、用时和进行方式,如表 1-3 所示。

表 1-3 演双簧活动的变更

变更项	原设计	调整后
时机	课程开场	课中
目的	帮助学员们彼此了解,并活跃气氛	引发学员们对课程内容的深入了解、启发和运用
用时	15 分钟	30 分钟
方式	两两采访—彼此介绍—分享收获,均快速完成	在两两采访—彼此介绍后,提供问题请学员们思考后写收获,并进行了小组分享、全体分享

在课程结束前的总结中,大部分学员都反馈:这个演双簧的活动,引发了自己的深入思考,对于后续的课程设计和授课很有帮助。

案例点评

在这个案例中,我使用了"顺势而为"+"以终为始"+"灵活应变"+"充足准备"的方法,具体表现如下。

1. 顺势而为

之所以将原计划开场时进行的活动调整到课中,一方面是因为有三位学员迟到,另一方面是我看到大家并没有下午培训时常见的疲惫和困倦,此时直接进入主题,分享重点的内容效果会更好。这也是心理学中首因效应的应用:学员们印象最深的通常都是课程的开始环节。

2. 以终为始

如果按照原计划开场进行该活动,一共十位学员,有三位迟到,一方面,学员人数为单数,而该活动要两两一组进行;另一方面,难以达成该活动的目的——促进学员们彼此认识。因此,我放弃了这个开场活动。我将该活动调整到课中,随着活动目的的不同,对采用的方式、用时均进行了相应的调整,确保了活动目的的达成。

3. 灵活应变

从活动使用时机的调整到伴随活动目的改变而进行的所有变化,都是培训师应变能力的一种体现。每一次培训都是直播,就算之前准备再充分,也可能会有突发状况。这时,需要培训师用心洞察当下,感受学员,以终为始地进行灵活应变。

4. 充足准备

虽然计划不如变化快,但充分的准备可以降低出现突发状况的概率。在这个案例中,我提前准备好了学员们写收获的彩色A4纸,并剪成了苹果的形状,事先设计好了引导学员们循序渐进思考的几个问题……这些准备工作,使得我在发生突发状况时可以沉着应变。在准备时,需要考虑到突发状况,例如,我在准备写收获的纸张时,考虑了表1-4的几个因素。

表1-4 准备写"收获"的考虑因素

考虑因素	细节	考虑
内容	写的内容多少——每人写三条	纸张至少要能写下三句话
用途	组内分享、全体浏览、交流——张贴到墙面上	用中粗笔来写收获,1米外能看清楚
位置	收获张贴在哪里——引导布或大海报纸(常规尺寸:1米×0.8米)	引导布可能会被占用,先计划贴在大海报纸上
大小	多大的纸张既能写下所有内容,又能达到目的	排除便利贴,用彩色A4纸
颜色	在背景色中突出、清晰——引导布为湖蓝色,墙面为白色	用粉色和浅蓝色纸,用深色中粗笔写
数量	准备多少张纸会比较保险——要防止写错的情况	多准备四张(粉色和浅蓝色各两张)

经过表1-4中各因素的综合评估后,我选择了将粉色和浅蓝色的A4纸一分为二,并剪成苹果的形状,寓意收获。同时,为避免学员用浅色笔写收获导致看不清,我提前将浅色的中粗笔抽走,现场只提供深色笔。这是自己十几年来的经验总结:如果现场提供整盒中粗笔,只是口头强调要用深色,总会有学员使用了浅色,最后不得不返工。

在此,特别介绍一个概念:防呆。防呆是一种预防的行为约束手段和避免产生错误的限制方法,可以让操作者不需要花费注意力、不需要经验和专业知识即可无误地完成正确的操作。就像手机 SIM 卡有一个缺角,这种特殊的设计就是防呆缺口,如果你插反了,就插不下去,防止新手误操作将 SIM 卡插反。具体到培训中的运用,我将其总结为一个原则:只要能够事先预防的,就不要在现场来纠正。如果能够坚持这个原则,课程中不必要的时间浪费就可以减少很多。例如,课程中某个环节的两个步骤分别使用两种不同形状的便利贴,为了防止学员用错,可以先将步骤一需使用的便利贴发给学员,到第二步骤时,再发对应的便利贴。反之,有些培训师为了省事,开课前就将培训中需要用到的所有物料放在学员桌子上,结果导致各种使用混乱。

问题 2 宣布课程开始后,学员各行其是

培训师都希望学员们能够按照自己的节奏参与课程。如果遇到已经宣布课程开始,学员们还在"各行其是"的情况,该如何应对呢?表 1-5 列出了可能的原因和对策。

表 1-5 "宣布课程开始后,学员各行其是"的原因和对策

描述	常见原因	马上可以采取的措施	预防措施
宣布课程开始后,学员们还在做着各自的事情	培训师的声音太小	提高音量,用三级能量开场。	1. 进行发音练习。 2. 提前演练如何用三级能量开场。
	未引起学员的注意	1. 叫停学员。 2. 通过肢体语言或提问、播放视频等引发学员的注意。	1. 准备学员关注的问题或素材,提前张贴或展示在培训场地。 2. 事先准备开课倒计时提醒。 3. 提前了解学员信息,考虑入场时可能出现的情况,准备不同的应对方法。
	缺乏仪式感	1. 定位+问好。 2. 郑重地做自我介绍。 3. 进行课程说明。	1. 根据学员的特点,确定问好的方式。 2. 为本次学员量身定制自我介绍,并进行演练。 3. 准备课程说明的相关资料。

总结

针对"宣布课程开始后,学员各行其是"的情况,可以从培训前和培训现场两个方面入手。

1. 培训前

(1)演练用三级能量开场。有些培训师天生就声音洪亮,有些则声音细且小,有些平缓无起伏……对于培训师而言,声音可以为课程赋能,也能为学员赋能。图1-2展示了三个等级的能量水平。

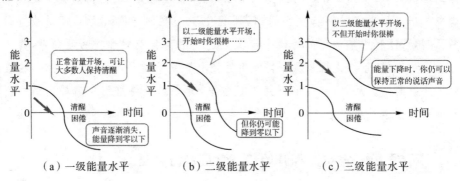

(a)一级能量水平　　(b)二级能量水平　　(c)三级能量水平

图1-2　三个等级的能量水平

从图中可以看到:如果用一、二级能量开场,虽然刚开始你的声音能让学员们听到,但随着时间的推移,你的音量会越来越低,最终降低到清醒线以下,使学员们产生困倦。有些培训师的音量较小、语调平缓,最后可能直接将学员们"催眠"了。因此,我们需要用三级能量开场,其原因如下:

①能量水平具有感染性,它影响到主题、学员及学员对你的看法。

②当你用高能量开场时,它间接地说明主题很重要,且你对正在做的事很有信心,暗示学员们需要集中注意力,因为即将发生令人兴奋的事。反之,如果你以低能量开场,它间接地说明主题并不重要,你对正在做的事也没有信心,这次的培训不是很有趣。

同时,也可以想象一下:如果有一位声音很洪亮的老师在开场,但是他说话生硬,一直盯着PPT逐字读内容,这样的能量是学员们想要的吗? 所以,需要特别提醒,能量不仅仅是音量,而包括培训师整个的肢体语言、精神面貌、状态、激情等带给学员们的感受。

(2)发音练习。如果你觉得自己天生就声音细小、说话平缓,也不用担心,在我的《培训师成长手册》一书的"修炼篇"中有详细的发音练习方法。这套方法是我在声乐老师的指导下原创的。练习分为气息练习和韵母发音练习两个步骤。我通过三个月的练习后,不但获得了有穿透力的声音,连续上课4~5天嗓子无恙,还无须额外练习就自带抑扬顿挫,增加了声音的魅力。这种方法只需要根据书上的指示练习,不用专门参加培训,而且随时随地可以练习,只要坚持2~3个月,就能形成条件反射,从而受益终生。

(3)准备学员关注的问题或素材,提前张贴或展示在培训场地,以引起学员注意。例如:

①提出一个能引发学员好奇心并且跟培训主题相关的问题。

②在PPT上展示一张让学员们"找碴"的图片。

③在白板上写一个或多个数字。

④准备一个神秘"礼物",放在讲台显眼处。

(4)事先准备开课倒计时提醒,可以是PPT上展示的倒计时时钟,也可以是手牌。

(5)提前了解学员信息,考虑入场时可能出现的情况,准备不同的应对方法。

(6)开场要有仪式感。仪式感首先来自流程,培训师入场—定位—问好—自我介绍—课程导入,每个步骤都有相应的细节需要注意。

①培训师入场,包括两种情况:一种是课程快开始了,培训师才走进教室;另一种是培训师提前到教室。第一种情况是不少职业培训师喜欢的方式,他们觉得这样可以树立起自己的威信。第二种情况是我一直以来的做法,目的是建立亲和力。

②定位。定位是指培训师在说话前,先停下脚步,站在某个固定的位置,可以是讲台上,也可以是学员们的正前方。前者让学员们感觉更隆重,后者更有亲和力。定位后,不要急于说话,而应先环顾四周,用眼神关注到所有学员,至少8~10秒内不说话。这样的做法,是用眼神和沉默告诉学员"注意了!我有话要说",可以很快引起学员们的注意,促使他们安静下来,并关注到培训师。反之,边走向讲台或学员边说话的做法,会让学员们觉得随意,也难以引起学员们的注意,学员们可能还沉浸在自己的事情或情绪中。

③问好。定位后,培训师用三级能量向学员们问好,调动起学员们的学习热情。关于如何问好,也需要事先了解和斟酌。例如,向企业的HR询问公司内部一般如何称呼学员,是同仁、同学、伙伴还是其他?企业有没有通用的问好和回应方式……了解到这些情况后,尽量与企业的惯例或常规做法保持一致,这样可以帮助学员们快速进入学习氛围。同时,也可以根据学员的特点,确定问好的方式。例如,我去重庆给一家企业做TTT培训,早上在酒店吃早餐时,就向服务员请教了如何用重庆话问好。培训开场时,当学员们听到我的重庆话问好后,惊讶的同时也产生了亲近感。

④自我介绍。在《培训师成长手册》中,我分享了"自我介绍的漏斗模型",见图1-3。

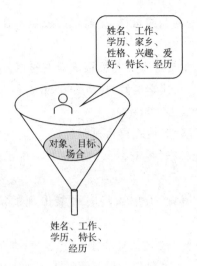

图 1-3 自我介绍的漏斗模型

从图1-3可见,自我介绍需要从自我期许(希望自己是什么样的人)开始,遵循以终为始的原则。例如,培训师甲希望自己是个专业的人,定位时通常会选择在讲台上,问好也比较正式和严谨。培训师乙希望自己是个有亲和力的人,定位通常会选择走下讲台,来到学员们前面,问好的措辞和方式也尽量与学员们的习惯保持一致。

⑤课程导入。简单说明 why 和 what。此时,需要利用人性中的趋利避害来导入课程。最简单的做法是先通过提问或案例,引发学员们对课程相关问题的共鸣(即学员们要避的"害")或问题解决后的愿景(即学员们要趋的"利")的期待,然后介绍本课程如何帮助大家解决问题或实现愿景。这两个步骤可以快速吸引学员的注意力,并激发学员的学习动机。

2. 培训中

(1)培训师尽量提高音量,用三级能量开场,让学员看到培训师的激情和自信,从而引发学员对课程的关注。

(2)通过提高音量或走到学员中间提醒等方式,叫停学员。

(3)运用肢体语言、播放音乐或视频、提问等引发学员的注意。

(4)以专业的流程打造仪式感。根据课前准备的流程,按照入场—定位—问好—自我介绍—课程导入的步骤进行开场。针对培训师已进入会场的情况,可以先播放铃声、音乐等,引起学员的注意后,培训师重新入场或直接走到事先选择的定位位置,稳稳站定后,再环顾四周。直到学员安静下来,再高声问好。问好时,我经常不用话筒,跟全体学员比问好声音的大小。这是一个对我而言简单有趣、快速的暖场方法。当然,前提是自身的声音要洪亮。

案例 1-3　提前到场的培训师

做职业培训师近二十年来,我一直都保持着提前一天去培训场地的习惯,即使因飞机、火车晚点,晚上很晚才到客户处,也要亲自去培训场地现场看看。当然,肯定不只是看看这么简单,以两天的 TTT 培训为例,表1-6列出了我分别于培训前一天下午和培训第一、二天的到场时间以及做了些什么。

表 1-6　两天的 TTT 课程入场时间表

时间段	入场时间	做什么	备注
培训的前一天	下午,视场地情况,用时2~3小时	测试各种设备	1.用笔记本连接投影仪(如果用PPT的话),确认: (1)是否可正常播放PPT; (2)PPT上的颜色、字体是否清晰; (3)投影幕布位置的高低。 2.测试话筒和音响。
		根据草图摆放或调整桌椅	提前根据客户提供的场地和桌椅尺寸,结合授课方式确定桌椅的摆放方式,并画出了草图。考虑以下因素,进行现场评估和摆放。 1.每组之间的间距和每组到墙面的间距,是否有足够的走动空间。 2.确定最前面的小组的摆放位置,确保在最大限度利用空间的同时,平衡"看清楚"和"久看不晕"。 3.坐在最后面的小组座位上体验看PPT的感受,确认是否会被人挡住。 根据上面的评估结果,综合确定桌椅的摆放位置,确定是否需要调整PPT的颜色、字体或整体排版。
		规划墙面空间的利用	通常20位学员以下的课程,无论几天,我全程不使用PPT,而是在培训场地张贴课程内容的海报,方便学员随时查看。所以,需要根据场地墙面的情况确定: 1.哪些墙面张贴自己带来的课程海报,顺序是怎样的。 2.哪些墙面留给学员们张贴现场的产出,具体如何分配。
培训的第一天早上	提前1个小时	布置场地	1.张贴引导布、课程海报、签到墙等。 2.再次确认设备和PPT的播放。
		与学员交流、进行课程答疑	因我的课程均采用翻转课堂的方式,在开课前已提供了课前资料和作业,学员们在来参加培训前,已完成了课前作业。所以,在准备工作完成后,我会跟学员们聊天,了解他们的工作情况、课前作业中的问题和困扰,并给予回应。

时间段	入场时间	做什么	备注
培训的第二天早上	提前30分钟	迎接学员到来并答疑	1. 与入场的学员打招呼。 2. 询问对前面课程的感受。 3. 了解问题或期待。

培训前一天主要是设备测试、桌椅调试和摆放,第二天早上主要是张贴课程所需海报。完成这些准备工作后,学员们会陆续到来。他们通常都会被墙上的各种海报所吸引,三三两两地聚集在一起交流、讨论,并纷纷拿出手机拍照。我则走过去,视情况做些说明;或者走到坐在座位上的学员旁边,跟他们闲聊几句,了解他们对课程内容的期待、希望解决的问题,或者直接针对课前作业中的问题"开小灶"。通常在学员们入场到开课时间到来这段时间,大多数学员已经进入了学习状态,也抱着对课程的一些好奇心,等待课程的开始。

案例点评

这个案例充分体现出了"功夫在课外"。因为很多课堂上的问题或所谓突发状况,都源自课前的准备不足。下面通过表1-7来解析该案例,了解充分的准备是如何为学员的投入助力的。

表1-7 解析两天的TTT课程入场时间表

时间段	入场时间	做什么	可避免的培训相关问题
培训的前一天	下午,视场地情况,用时2~3小时	测试各种设备	1. 无法正常播放PPT。 2. PPT的颜色太浅、字太小,学员看不清。 3. 翻页笔失效。 4. 投影仪幕布位置过低,PPT底部内容被前面学员遮挡。 5. 话筒无声,或音响声音过大/过小/有杂音等。
		摆放或调整桌椅	1. 需要学员们走动交流时,现场没有足够的空间,场面无序、耗时。 2. 坐在最前面的小组看PPT一段时间头晕。 3. 坐在最后面的小组大多看到的是前面学员的脑后。
		规划墙面空间的利用	1. 墙面空间使用没有逻辑,学员回顾时思维混乱。 2. 学员现场的产出没有墙面可以张贴,或随意张贴。

续表

时间段	入场时间	做什么	可避免的培训相关问题
培训的第一天早上	提前1个小时	布置场地	1.因会场布置未完成导致不能准时开课。 2.学员到会场时,看到一片忙乱,影响感受。 3.课程中设备和PPT的播放出问题。
		与学员交流、进行课程答疑	1.学员因对培训师缺乏了解,课程中处于观望状态。 2.学员对课程内容全然不知,需要花更多时间建立联系。 3.培训师不了解学员的问题和需求,课程重点与学员需求不符。
培训的第二天早上	提前30分钟	迎接学员到来,并答疑	1.培训师与学员之间公事公办的感觉。 2.培训师按照自己的喜好上课,学员们难以融入。 3.课程无法解决学员们关心的问题。

从表1-7可以看出,充分的准备工作不但可以预防培训中的突发状况,还是确保培训效果的前提条件。

案例1-4　我是"007"

有一次,给昆山一个公益组织爱心联盟的志愿者们做"高效时间管理"培训。我提前30分钟到达培训场地,并在白板上写了"007",然后在门口迎接学员到来。走进教室的学员路过讲台,都注意到了"007"这几个数字,并猜测其含义,还跟其他学员进行了讨论。开课时间到了,我从门口走到讲台中间站住,先环视一圈,等待所有学员安静下来,然后大声说:"爱心联盟的志愿者们,大家下午好!"学员们回应:"下午好!"之后,我指着白板上的"007"说:"请问大家进教室后,看到这几个数字了吗?"学员们回答:"看到了。"我问:"那大家觉得'007'代表什么呢?"大家七嘴八舌地说出自己的猜测。我等到没有人发言时,说:"看来大家的想象力很丰富!下面我来揭晓答案:这是我在咱们组织中的志愿者编号,因为我是创始人之一。十年前,我们七个人发起创立咱们志愿者联盟。现在已经有3000多位志愿者了。大家没想到'007'背后有着这样的故事吧?"学员们万分惊讶,都很好奇后面我会说什么。于是,我说:"当时我跟现在一样,是自由培训师,但就像刚开始创业一样,每天有很多工作要做,还需要大量学习,但我一直担任会长,直到生了孩子……大家有平衡工作、生活、学习和公益的困扰吗?"学员们说:"有!"我接着说:"恭喜大家来对了!在今天的'高效时间管理'培训中,我会跟大家分享如何通过高效的时间管理,达到这四者的平衡。这张PPT上展示的是今天的课程大纲。我已经感受到大家的迫不及待了,今天的课程就正式开始吧!"台下立刻响起了热烈的掌声。

图1-4 我是"007"

案例点评

在这个案例中,我使用了"数字法"+"先跟后带"+"提问引导"+"建立联系"的方法,具体表现如下。

1. 数字法

事先在白板上写上数字"007",但不做任何解释,这很容易制造悬念,引发学员们的好奇心。从学员们入场后对"007"的关注和讨论来看,已经达到了预期的目的,成功吸引了学员们的注意。数字法用在培训中,除了制造悬念外,还有其他的作用,例如,增强说服力、通过反差引起重视、激发斗志等。

2. 先跟后带

当学员们对"007"含义的猜测均错误时,我并没有直接说是错的,而是先用"看来大家的想象力很丰富"肯定了学员们的积极回应,然后才揭晓答案。这样的做法,避免了打击学员,也维持了他们的积极性。

3. 提问引导

在这个案例中,我多次使用了提问,不同的情况下,作用也不同。

(1)开场提问用"那大家觉得'007'代表什么呢?"来引发学员的思考和参与。

(2)揭晓答案后,用设问"大家没想到'007'背后有着这样故事吧?"来引起学员的共鸣。

(3)通过问"大家有平衡工作、生活、学习和公益的困扰吗?"来激发学员的学习动机。

4. 建立联系

在这个案例中,我多次运用了建立联系的方法,具体体现在:

(1)问好。在问好中直接点出了学员们的身份——志愿者,让学员们感受到被重视和尊重。

(2)"007"。"007"这个数字不是随便写的,而是跟学员们所在的群体密切相关的。当答案揭晓时,学员们会对我产生亲切感。

(3)自己的志愿者经历。尤其是志愿者们最关心的如何平衡工作、生活、学习和公益,不但让大家产生共鸣,也很自然地建立了学员们与课程主题的联系。

问题 3 学员说:"我都会了,有什么好学的!"

在培训现场,课程主题开始前,如果有学员说"我都会了,有什么好学的!",作为培训师该如何应对呢?表1-8列出了可能的原因和对策。

表1-8 "学员说会了"的原因和对策

描述	常见原因	马上可以采取的措施	预防措施
培训主题开始前,有学员说:"我都会了,有什么好学的!"	培训主题与学员需求不符	1.入场调查或现场需求调研,再次确认学员需求。2.通过现场测试了解学员对不同内容的掌握度,分配任务完成结对。	1.了解学员的基本信息,包括培训履历。2.通过调研了解学员共同的问题和关注点,确定课程重点模块和内容。3.课程内容兼顾到不同层次的学员需求。4.设计所有学员都能够参与、愿意参与的学习活动。
	有学员参加过该主题的培训		
	学员被领导逼着来学习	1.开场时,建立学员与课程主题之间的联系。2.展示课程大纲,说明通过课程能够解决的问题。	1.事先了解学员们参训的动机,提前准备应对措施。2.在确定课程主题时,尽量细化,便于聚焦。
	培训主题过大		
	学员认为培训师不如自己	提出问题或任务,请学员解答或解决。	事先了解学员的基本情况,包括学历、工作经验等,设计引导式的学习活动。
	学员觉得自己会了		

总结

培训现场,为了应对学员说"我都会了,有什么好学的!"的情况,可以从课程设计和培训现场两个方面入手。

1.课程设计

(1)了解学员的基本信息,包括培训履历,可以知道他们参加过哪些主题的培训。如果有必要，可以进一步了解相关课程的内容。在我提供给企业 HR 的"TTT 培训需求表"中，有下面的问卷内容：

学员们是否经过 TTT 培训？　　□否　□是

培训时间：＿＿＿＿＿　　　　培训内容：＿＿＿＿＿

因为有些课程的培训主题可能相同或接近，但课程内容可能差异很大。做更深入的了解，可以让我们做到心中有数，避免在课程中重复学员已经学习过的内容引起反感，并将有限的时间放在学员急需的课程模块上。

（2）通过调研了解学员共同的问题和关注点，确定课程重点模块和内容，为学员量身定制所需内容。

（3）课程内容兼顾到不同层次的学员需求。学员的工作经验、基础、培训履历等不同，对于培训的需求也不同。在确定课程内容时，要尽量兼顾到不同层次的需求。

（4）设计所有学员都能够参与、愿意参与的学习活动。例如，设计不同的闯关游戏，以匹配不同基础的学员的需求。同时，设置不同的游戏角色，让所有学员都能从中找到自己的价值和成就感。

（5）课前先了解学员们参训的动机，提前准备应对措施。例如，学员们是被逼着来参加培训的，就可以去了解：他们在与课程相关的工作中，有哪些痛点或需要解决的问题，课程中哪些内容对应了这些痛点或问题。在课程开场时，将这些联系呈现出来，激发学员们的学习动机。

（6）在确定课程主题时，尽量细化，便于聚焦。例如，针对电商客服的服务技能系列培训，如果每次的课程主题都是"电商客服的服务技能"，估计学员们看到主题就反感了。同样的课程内容，"电商客户的投诉处理技巧"这个主题，让学员一看就知道可以从中学到什么，会更有吸引力。

（7）在很多企业中，内训师被要求什么课程都能上。这样的要求也导致内训师在很多课程方面都没有学员实战经验丰富。面对这样的学员，讲授只能是纯理论，无法引起学员的兴趣，涉及实战又可能遭到学员的种种质疑或挑战。为了避免这样的尴尬，我们需要事先了解学员的基本情况，包括学历、工作经验等。如果发现学员大多经验丰富，则设计引导式的学习活动，充分发挥学员的积极性，为课程目标的达成助力。

2. 培训现场

一些因课前调研不足导致的问题，需要培训师在培训现场灵活应变。

（1）现场调研。如果因为种种原因，培训师未能在培训前进行精准的需求调研，可通过表 1-9 提供的 5 种方法，在培训现场进行现场调研。

表1-9 现场调研的方法

时机	方法	目的	具体做法
正式开课前	入场调查表	了解学员的基本信息、基础、问题点	设计3~4个问题,张贴在教室墙上,请学员们在入场时,勾选或画正字。
课程刚开始	小组投票	了解学员关注的问题点,确定课程的重点模块和内容	针对课程的每个模块各设计1~2个对应的工作中问题,请学员们小组讨论,选出最急需解决的三个问题,再通过各组的汇总,确定排名前三位的问题,作为课程重点内容。
课程刚开始	人体投票	了解学员关注的问题点,确定课程的重点模块和内容	针对课程的每个模块各设计1~2个对应的工作中问题,每张A4纸上写一个问题,放置于教室的不同角落,请学员们站在自己关注的问题前面,选择人数最多的前三项,作为课程的重点内容。
课程刚开始	测试	了解学员的基础和现状	根据课程的类别(知识、态度、技能),选择使用相应的方式:提问、归类、判断对错、完成任务、解决问题……
课程进行中	同类整理	更深入地了解学员的需求,并提供有针对性的解决方案	请学员针对某个主题写出自己的具体问题点,再由小组讨论后筛选,并按照规则要求张贴在引导布上,进行分类、命名。培训师针对这些问题进行答疑解惑,或分配给学员小组讨论、分享解决方案。

表1-9中的入场调查表、投票、同类整理,在我写的《培训师成长实战手册:引导式课程设计》一书中,有详细的使用介绍和案例,这里就不再赘述了。

(2)通过现场测试,了解学员对不同内容的掌握度,分配任务完成结对。例如,根据测试结果,将学员分为提问组和解答组。然后,进行"快问快答"活动,由知识、经验较少的提问组提问,由知识、经验较丰富的解答组回答,再针对回答结果进行交流,找出不满意的问题进行重点讲解和讨论。

(3)针对学员被领导逼着来学习和课程主题过大的问题,可以采取以下措施:

①开场时,建立学员与课程主题之间的联系。可以提出学员工作中的问题或痛点引起共鸣,或者分享相关案例引发学员的思考等。

②展示课程大纲,说明通过课程能够解决的问题。

(4)有些学员认为培训师不如自己经验丰富,或者觉得自己知道/看到过某个概念,就认为自己会了。针对这样的学员,可以用提问或具体任务进行测试,一方面了解他们真实的水平;另一方面,也可以来个"下马威",帮助他们看到自己的差距,从而激发学习动机。

案例1-5 空降的学员

  内训师郑刚的"门店销售技巧"培训开始前,突然接到领导通知:老板要求公司行政部门的经理也来参加今天的培训。他发愁了:这个课程的对象本来是门店的销售人员,行政人员并不做销售,来参加这个课程有什么用呢?但老板有要求,只能硬着头皮上。课程开始时,他说:"各位伙伴们,早上好!欢迎大家来参加'门店销售技巧'培训。这个课程我已经讲了5年,面对的都是门店的销售人员,今天我们第一次迎来了行政部门的经理们,大家知道为什么吗?"学员们没有回应。他说:"看来大家有点纳闷,是不是觉得经理们不做销售工作,没必要参加这个课程呀?"学员们有的点头,有的附和着说。郑刚笑着说:"看来大家都看到了不同,那销售和管理工作,有什么共通之处呢?"有学员说:"我们在门店推销产品,经理们是推销他们的观点和想法。"有学员说:"无论销售有形的产品还是无形的想法、观点,都不容易,需要讲究方法和技巧。"……在学员们的交流中,原本背靠椅子、跷着二郎腿的经理们,慢慢放下腿,身体向前倾,有几位也参与到了讨论中。这时,郑刚说:"大家说的没错!这个世界上有两件事情最难,一是从别人的口袋里拿钱,二是让他人接受自己的观点。今天,这两类人都来到了现场,再次欢迎大家!"这时,杨同学说:"这个课程我去年参加过,都会了!"郑刚说:"杨同学参加过这个课程,太好了!作为学长,您能给大家介绍一下这个课程都有哪些内容吗?"杨同学说:"哦,这个我倒记得不是很清楚了。"郑刚说:"没关系,去年的课程要想记得那么清楚,的确有点困难。同时,我也挺好奇的:刚才您说会了,是指将课程中的内容运用在工作中了吗?"杨同学说:"是的。"郑刚说:"为您的学以致用点赞!可否举个具体的例子?"杨同学说:"就是怎么向顾客介绍产品。"郑刚一边展示课程大纲,一边说:"好的,非常感谢杨同学为我们引出了今天的课程大纲。刚才我们说了,大家虽然来自不同的部门,做着不同的工作,但销售的方法和技巧是通用的。下面我们来看看,今天的课程能帮大家解决哪些销售产品或观点中的问题?"学员们都听得很认真。

图 1-5 空降的学员

案例点评

在这个案例中,郑刚遇到了两类学员:被领导逼着来参加培训,以及之前参加过培训的学员。他采用了"提问引导"+"先跟后带"+"刨根问底"+"顺势而为"的方法,成功应对了挑战。具体表现如下。

1. 提问引导

郑刚面对临时空降的学员,采取了积极的应对措施,通过多次提问引导,成功地建立了学员之间,以及学员与主题之间的联系。表 1-10 列出了案例 1-5 中的提问目的及问题。

表 1-10 案例 1-5 中的提问

序号	提问目的	案例中提出的问题
1	激发学员的好奇心	今天我们第一次迎来了行政部门的经理们,大家知道为什么吗?
2	引起学员的共鸣	是不是觉得经理们不做销售工作,没必要参加这个课程呀?
3	引发学员思考	销售和管理工作,有什么共通之处呢?

从表 1-10 可以看到:针对看似没有关系的两类学员,郑刚通过三次提问,循序渐进地引导学员找到共同的需求,顺利导入课程。其中,前两个问题,都是站在学员的角度来提问,说出了学员内心的困惑,很快就引起了共鸣。第三个问题,引导学员思考和讨论两类学员的共同点,不但激发了学员参与的积极性,

还让被逼参加培训的经理们找到了自己与培训课程之间的联系,从而愿意融入课程中。

与有些培训师遇到类似情况时的消极对待相比,郑刚这样的做法,起到了以下作用:

(1)打消了学员的疑惑,帮助他们快速投入学习中。

(2)建立了主题与学员之间的连接,激发了学员的学习动机。

(3)拉近学员之间的距离,为后面的学习营造轻松、良好的氛围。

(4)引发学员思考,提升学员参与的积极性,为课程的顺利进行做好铺垫。

(5)让学员感受到自己被关注,使其更愿意融入整个团队,积极参与到学习中。

2. 先跟后带

当杨同学说自己去年参加过该培训时,郑刚并没有认为这是"不配合"或"挑战",而是三次运用了"先跟后带"的方法,对这句话的真实性进行了验证。表1-11解析了这三次"先跟后带"的运用。

表1-11 案例1-5中的"先跟后带"

序号	杨同学的话	郑刚的回应	
		"跟"	"带"
1	这个课程我去年参加过,都会了!	杨同学参加过这个课程,太好了!	作为学长,您能给大家介绍一下这个课程都有哪些内容吗?
2	哦,这个我倒记得不是很清楚。	没关系,去年的课程要想记得那么清楚,的确有点困难。	同时,我也挺好奇的:刚才您说会了,是指将课程中的内容运用在工作中了吗?
3	是的。	为您的学以致用点赞!	可否举个具体的例子?

从表1-11可以看到,每一次的"跟",都很好地照顾到了杨同学的心情。其中,第一次表达了认可,第二次表示了理解,第三次加上了肯定。这三次"跟",为后面的"带"做好了心情的铺垫,为实现刨根问底的目的提供了保障。

3. 刨根问底

当杨同学说"这个课程我去年参加过,都会了!"后,郑刚通过三次提问刨根问底,从课程内容到学以致用,最终发现杨同学无法举出具体运用的例子。对话进行到这里,大家对于杨同学说的"都会了"已经有了自己的判断。

4. 顺势而为

杨同学针对三个问题的答案,并不能证明自己学会了。此时,她的内心可能比较尴尬,不知道该如何下台。郑刚没有穷追猛打,而是顺势而为,他说"好的,非常感谢杨同学为我们引出了今天的课程大纲",从而自然地引入了培训主题。

案例 1-6　我会剥洋葱

剥洋葱是我的主打课程之一"问题树课程开发模型"中用于培训需求诊断和调研的主要工具。在一次该主题的课程介绍时,有学员说:"我会剥洋葱。""我在家一直用剥洋葱。"这时,我会问:"大家是从哪里学习到剥洋葱或鱼骨图的呢?"有学员说是看了我的书,也有学员说在网上看资料学习的。听完后,我说:"听到大家提前进行了学习,我很高兴。先为大家的学习精神点赞!然后,我们来做个小小的剥洋葱演练吧。如果我说自己现在牙疼,大家用剥洋葱来帮我分析一下原因吧!"此时,大多数学员不知如何下手,尝试的几位学员也被其他学员的质疑难倒了。这时,我说:"看来剥洋葱不像大家想象中那么简单吧?"学员们纷纷点头。我再问:"张同学,您刚才说自己在家经常剥洋葱,可以分享一个案例吗?"张同学说:"举个例子,我有两个孩子,大的是哥哥,上小学,小的是妹妹,3岁。有一天,妹妹哭了。我就用剥洋葱来分析:为什么妹妹哭了?因为妈妈不给看手机。为什么妈妈不给看手机?因为哥哥要写作业。为什么哥哥要写作业呢?因为哥哥是小学生。"我问:"剥完了吗?"张同学说:"剥完了。"我说:"剥洋葱这个工具,是通过提问帮助我们找到导致问题发生的真因。您通过这个剥洋葱,找到妹妹哭的原因了吗?"张同学犹豫了一下,说:"因为哥哥要写作业。"刘同学说:"因为哥哥是小学生。"针对这个案例,学员们你一言我一语地讨论下来,最后一致的结论为:这个剥洋葱是无效的。最后,我说:"大家说的没错呢!剥洋葱可不仅仅是提几个问题,还需要考虑到答案与问题之间的逻辑关系、答案为事实描述等。下午的课程中,我们再来好好研究。同时,刚才我问大家是否会剥洋葱和鱼骨图,有不少同学说自己会。通过刚才的两个案例,大家有什么发现呢?"学员们有的说"外行看热闹,内行看门道",有的说"自以为看会了,其实没有掌握",有的说"技能需要刻意练习,不能仅凭想象去理解和运用"……在后面的课程中,学员们都很投入。

图 1-6 我会剥洋葱

案例点评

在这个案例中,我采用了"提问"＋"给任务"＋"邀分享"＋"借力学员"的方法,具体表现如下。

1. 提问

提问是培训中常用的互动方法,但不同阶段、不同目的,提出的问题也不同。表 1-12 列出了这个案例中的提问目的及方法。

表 1-12 案例 1-6 中的提问

提问目的	案例中提出的问题
了解学员的学习途径	大家是从哪里学习到剥洋葱或鱼骨图的呢?
引起学员共鸣	看来剥洋葱不像大家想象中那么简单吧?
邀请学员分享	张同学,您刚才说自己在家经常剥洋葱,可以分享一个案例吗?
帮助学员反思	您通过这个剥洋葱,找到妹妹哭的原因了吗?
引导学员们深入思考和总结	通过刚才的两个案例,大家有什么发现呢?

2. 给任务

当听到学员们说会剥洋葱和鱼骨图后,我提问了解到他们的学习途径为看书和在网上学,结合之前的经验,觉得可能会有问题。于是,我针对全体学员给出了一个任务:针对"我现在牙疼"进行剥洋葱。这个看似简单的任务,很快测试出学员们并未掌握剥洋葱这个工具。通过这个任务,对学员们的掌握程度进行了初步筛选,同时也让学员们思考什么是真正的"会"。

3. 邀分享

针对牙疼的剥洋葱失败后,我邀请张同学分享自己在家剥洋葱的案例。原本自信满满的张同学,在分享完案例后,经过我和学员们的反馈,终于意识到这个洋葱被自己剥坏了。通过这个案例分享,不仅可以帮助张同学举一反三,反思自己在家的剥洋葱,也能让其他学员认识到剥洋葱并不是想象中那么简单,引发了好奇心。

4. 借力学员

在这个案例中,无论是给任务还是邀分享,我都借助学员们自身的力量,让他们自行讨论,得出结论。这样做,不但调动了学员们参与的积极性,还在讨论中,加深了他们对课程内容的认识,激发了学习兴趣。不少培训师认为学员自己都不会呢,怎么给别人反馈?所以就自己上了。最终的结果依然是只有自己会。反之,生活、工作中都有一个有趣的现象:人们虽然对某件事不在行甚至根本不会做,但都能点评得头头是道。例如,自己虽然不会授课,但能指出台上授课老师的很多不足。所以,在我的TTT培训中,学员们在演练时,我都是提供反馈表,由学员们进行一对一或小组点评,然后进行反馈,最后我进行总结。这样做比培训师一个人点评效果要好很多。在这个案例中,虽然学员们自己可能不会剥洋葱,但能从张同学的剥洋葱中发现逻辑错误,最终通过讨论确定无效。这个过程和结论,对于学员们来说,都是非常好的学习经验。

问题 4 学员频繁看手机

现在太多人越来越离不开手机了,开会、吃饭、走路都不忘看手机。如果培训中,发现学员频繁看手机,培训师该怎么办呢?表1-13列出了可能的原因和对策。

表 1-13 "学员频繁看手机"的原因和对策

描述	常见原因	马上可以采取的措施	预防措施
培训时，学员频繁看手机	没有课程规则	建立课程规则	1. 开设"养机场"。 2. 开场时，制订"培训公约"。
	课程缺乏吸引力	建立课程内容与学员之间的联系	1. 课前精准调研，量身定制课程内容。 2. 设计有吸引力的学习活动。
	课程节奏太慢或太快	调整课程节奏	在课程设计阶段，根据学员的基础和需求，设计合适的课程节奏。
	学员们没事做	给学员分配任务	在设计学习活动时，从全员参与的角度出发，提前准备相应的任务、角色安排和产出方式。
	学员有事情需要处理	给予专门的时间处理工作	如果了解到学员的确在培训期间需要处理工作，可在课程开场表示理解，并说明会增加或延长休息时间，让学员处理工作。

总结

针对培训时"学员频繁看手机"的情况，可以从课程开发阶段、开场阶段、培训现场三个方面入手。

1. 课程开发阶段

（1）课前精准调研，量身定制课程内容。无论公开课还是企业内训，学员们的时间和专注力都非常稀缺。有针对性的课程内容，更能引发学员们的兴趣。而要提供学员需求的内容，就需要事先对学员的基础信息、培训履历、与培训主题相关的问题或关注点有所了解，并据此设计课程内容。在这个框架之下，设计课前问卷是不错的调研方法。一方面通过问卷聚焦问题，从而验证课程内容；另一方面，可以据此确定课程重点。

（2）设计有吸引力的学习活动。针对不同学员群体，结合课程的重点内容，设计有趣、有挑战性的学习活动，可以吸引学员在培训现场积极参与。

（3）根据学员的基础和需求，设计合适的课程节奏。同一批学员中，学员的基础和能力参差不齐，课程节奏要以中间水平的学员为依据。

（4）在设计学习活动时，从全员参与的角度出发，提前准备相应的任务、角色安排和产出方式。例如，课程节奏是以中间水平的学员为依据的，就需要为基础好、经验丰富的学员提供难度较高的任务，或让他们辅导、带动较低水平的学员。一方面可以避免他人发言、演练时，有些学员无事可做；另一方面，也可以照顾到不同层次的学员需求,调动大家参与的积极性。

2. 开场阶段

(1)开设"养机场"。这是不少企业的做法,即在开课前,将所有学员的手机集中放置在一个区域内,以此杜绝学员上课看手机的情况。采用这样的做法,需要考虑到公司的企业文化、领导的支持和学员的接受度,盲目模仿可能会导致不必要的冲突,从而适得其反。

(2)开场时,制订"培训公约"。有些培训师会自己写几条课堂纪律,在开场时阅读,要求学员遵守。这样的做法,不是培训公约,而是培训师对学员的要求。"培训公约"不是培训师单方面的要求,而是学员达成共识、认可的行为规范,是在培训师的引导下,由学员决定自己应该做什么、不做什么。这就需要培训师有一定的引导技巧和开阔的心胸了。本书第三章的案例3-20介绍了"培训公约"制订的流程和内容的来源。

(3)如果了解到学员的确在培训期间需要处理工作,可在课程开场表示理解,并说明在培训中会增加或延长休息时间,让学员有专门的时间可以处理工作。这样做的好处是,通过"以学员为中心"的时间安排,不但解决了学员的后顾之忧,还切实解决了学员的工作处理问题,让学员感受到了培训师的同理心,从而安心参加培训。

3. 培训现场

(1)建立课程内容与学员之间的联系。发现学员对课程缺乏兴趣时,最快的解决方案就是建立课程与学员之间的联系。例如,本章的案例1-5中,行政经理们空降来参加"门店销售技巧"的培训。从最初经理们"背靠椅子、跷着二郎腿"的坐姿可以看出,他们对课程内容并不感兴趣。郑刚通过提问引导大家看到经理的管理工作与销售的共同点,从而建立了学员与课程内容之间的联系,激发了学习兴趣。

(2)调整课程节奏。如果课程的节奏太慢,学员们就会通过看手机、走神、私下交流等方式来打发过剩的时间。培训过程中,培训师通过观察、测试等多种方法来评估课程的节奏是否合适。如果太快,有些学员跟不上,可能就会分心去做其他事情,例如看手机。这时,培训师需要放慢节奏,给学员们多些时间思考、交流、演练和总结。如果节奏过慢,则通过缩短某个环节的时间、略过某项活动等方式,加快课程的进度。

(3)给学员分配任务。多样化的任务,可以调动学员参与的积极性,并预防学员开小差的情况。在本书的第四章,提供了很多学习任务设计的思路、方法和案例。

(4)如果了解到大多数学员看手机的确是因为有工作上的事情需要处理,可给予专门的时间处理工作。

案例1-7 看手机引发的"培训公约"

杨慎在给企业的内训师进行"PPT制作技巧"培训过程中,发现学员们频繁看手机。于是,他提供了一段文字,请学员们据此制作一张PPT,要求配图,并考虑到排版和色彩。学员们在做PPT的过程中,杨慎在教室里来回走动,发现不少学员在用手机搜图片,询问原因,学员们说:"手机用着顺手,主要参考一下排版。"等这项任务完成后,杨慎问大家:"我看到课程中有不少学员常看手机,刚才了解到有些学员是为了上网搜图片,参考排版。我很好奇,除了这个用途之外,大家在我的课堂上用手机还做些什么呢?"学员们有的说"没听明白操作,上网去搜具体步骤",有的说"已经会了,上网随便看看",有的说"生产旺季,需要看工作信息"……

杨慎说:"看来手机还真是我们的好帮手!能够主动上网学习,这让我很高兴,为大家点赞!同时,大家反馈的情况也引发了我的思考:大家制作PPT的基础和水平不同,掌握课程所教技能的时间快慢也有差异。有什么方法可以帮助我们充分运用课程时间,让大家都能学会需要掌握的技能呢?"学员们提出了不少建议,杨慎一条条记录在白板上,写到第五条时,他问学员们:"这几条都是我们认同并愿意执行的,对吗?"学员们回应:"是的!"于是,杨慎将下面的"培训公约"张贴在墙上。

培训公约

1.讲授每个技能前,培训师先询问学员们之前是否用过。
2.学员如果没听懂,立刻举手提问。
3.结对子互助:会的人举手,选择一位不会的结对子。
4.课程中尽量不看手机。
5.上午、下午各增加一次课间休息,方便学员们处理工作。

图1-7 看手机引发的"培训公约"

有了这份公约后,杨慎发现学员们很少看手机了。他也按照公约的第一条,在每讲授一个技能前,先了解学员们的使用情况,据此调整课程节奏。学员们也主动说明自己会还是不会,如果不会,就通过结对子的方式现场互助学习,比上网自学效率高了很多,学习氛围也越来越热烈。通过上午、下午各增加一次课间休息的方式,学员们也降低了了解工作信息的焦虑,很少看手机了。

案例点评

在这个案例中,杨慎注意到课程中有不少学员使用手机后,使用了"搁置判断"+"任务测试"+"提问引导"+"头脑风暴"+"公众承诺"的方法,解决了这个问题。具体表现如下。

1. 搁置判断

不少培训师看到有学员看手机,立刻会很生气,心里会想:"又在玩手机,不认真听课。"这样的情绪,可能会导致后面的过激行为,如直接点名或者提出批评。此时,培训师是在自己的假设(学员在"玩"手机)基础上做出了判断("不认真听课")。而在本案例中,杨慎刚好相反,他采用了先"搁置判断"的方法。搁置判断,是指中止判断,搁置假设。在这样的状态下,心平气和地思考和聆听,弄清楚事情的真相,为有效解决问题提供依据。

2. 任务测试

放下自己的假设后,杨慎通过给学员们布置任务的方式,来了解学员们使用手机的用途。这样做,一方面可以为后面的提问提供共同的场景和素材;另一方面也可以更客观地了解学员们的真实想法,避免做出武断的判定。

3. 提问引导

在任务结束后,杨慎通过两次提问,不但了解到学员们课堂上使用手机的用途,还引导学员们制订了"培训公约"。表1-14对这两次提问进行了解析。

表1-14 案例1-7中的提问

序号	目的	提问	解析
1	了解学员们课堂上使用手机的用途	我看到课程中有不少学员常看手机,刚才我了解到有些学员是为了上网搜图片,参考排版。我很好奇,除了这个用途之外,大家在我的课堂上用手机还做些什么呢?	先说看到的事实和了解到的信息,避免引起学员反感。 再用"我很好奇"开头来提问,表现出发自内心的兴趣,而非质问,使得学员们更愿意回应。
2	引发学员思考解决方案	看来手机还真是我们的好帮手!能够主动上网学习,这让我很高兴,为大家点赞!同时,大家反馈的情况也引发了我的思考:大家制作PPT的基础和水平不同,掌握课程所教技能的时间快慢也有差异。有什么方法可以帮助我们充分运用课程时间,让大家都能学会需要掌握的技能呢?	这里使用了"先跟后带",具体表现在: 先为学员们的主动学习点赞,再提出想让大家思考的问题。 其中,提问前的背景说明,让学员感受到自己的意见被重视,加上接下来的问题,也是为自己考虑,就更乐于参与了。

4. 头脑风暴

头脑风暴是一种能激发更多创意思考,产生新奇想法的方法。在培训中采用头脑风暴,不但能够让学员们都参与进来,而且还能就某个问题产生多样化的观点和想法。在使用头脑风暴这个方法时,需要遵循四个基本原则:互相激发、不评判和批评、自由畅想、保证数量。

根据目的的不同,培训师可以选择不同的时间。如果时间有限,则可以给较短的时间,或者根据现场产出情况,觉得差不多了就叫停。如果产出的观点和想法很多,可以通过投票的方式选择前几位的观点或确定优先顺序。本案例中,杨慎只是为了获得解决学员们看手机这个问题的方法,为了节省时间,他在学员们头脑风暴了五条后叫停,从而避免了因后续投票带来的时间浪费。这看起来不符合头脑风暴四个原则中的"保证数量",但其实是以终为始的一种变形使用。

5. 公众承诺

承诺是指答应要做的事情。例如,本案例中的"培训公约"内容。如果只是写在纸上,并不是承诺,只是头脑风暴的产出。但在杨慎问学员们"这几条都是我们认同并愿意执行的,对吗?",学员们回应"是的!"之后,这些内容不但转化为承诺,而且还是公众承诺,更有利于推动学员们执行。我就常用公众承诺来倒逼自己行动。例如,将自己的行动计划公布在网络上,并在约定的时间公布执行情况。如果哪天想偷懒,就算为了面子,也能咬牙坚持下来。通过这样的方式,我养成了每天读书、写读书笔记的习惯,在4年的时间内,写了15本读书笔记。

问题 5 学员窃窃私语

如果培训师正在讲课,台下的学员窃窃私语,该如何应对呢?表1-15列出了学员窃窃私语的可能原因和对策。

表 1-15 "学员窃窃私语"的原因和对策

描述	常见原因	马上可以采取的措施	预防措施
学员在课堂上小声说话	学员对课程没兴趣	1.运用声技、身技、眼技、口技叫停。 2.建立学员与课程之间的联系,引发学习兴趣。	1.通过需求调研找痛点和关注点,开发满足学员需求的课程内容。 2.设计有吸引力的学习活动。
	学员没听懂课程内容或培训师的指令	1.提问了解哪里不清楚。 2.通过举实例、比喻进行讲解,或者借助图文、视频等来说明。 3.请其他学员进行解说。 4.对于复杂指令进行拆分,结合流程图进行说明、示范。	1.评估学员的基础,事先准备案例、图文等,辅助课程内容的说明。 2.课前运用翻转课堂,提高学员的基础。 3.提前演练指令,请他人评估是否清晰、易懂。
	学员在交流关于课程的想法	1.提问了解他们讨论的内容,采取不同的措施。 2.如果有必要,可给予专门的交流时间。	1.合理安排课程及节奏。 2.针对课程的重点内容,留出较多的交流、讨论时间。
	学员不遵守课堂纪律	1.运用声技、身技、眼技、口技叫停。 2.与学员一起制订"培训公约"。	确定制订"培训公约"的流程,并预留时间。

总结

针对学员窃窃私语的情况,可以从课程设计和准备、课程现场两个阶段来考虑。

1. 课程设计和准备

(1)通过需求调研找痛点和关注点,开发满足学员需求的课程内容,以此引发学员的需求。

(2)设计新颖、有吸引力且与课程重点内容相关的学习活动,提升学员参与活动的积极性。

(3)评估学员的基础,事先准备案例、图文、视频等,以辅助进行课程内容的说明,确保课程内容通俗易懂。

(4)运用翻转课堂的方式,通过课前提供阅读资料、做课前作业等方式,拉近学员的基础。

(5)提前演练课程指令,必要时准备流程图,并请他人评估指令是否清晰、易懂。

(6)根据学员的基础,安排与之匹配的课程节奏,避免过快导致学员跟不上或节奏过慢使得学员无所事事。

(7)针对课程的重点内容,留出较多的交流、讨论时间。

(8)了解学员的基本情况,对于缺乏纪律意识或太过熟悉的学员,事先确定制订"培训公约"的流程,并预留时间。

2.培训现场

(1)运用声技、身技、眼技、口技叫停学员。当学员在课堂上窃窃私语时,不管是什么原因所致,直接制止都不是最好的方法。因为这可能会让他们觉得没有面子,容易伤害学员的自尊心,从而导致对立情绪,降低学习兴趣,有些学员甚至会在后面的课程中,处处与培训师作对。我们需要根据窃窃私语的"情节"严重程度不同而采取不同的方式和技巧,既要制止学员,又要照顾到学员的面子。《培训师成长手册》一书中,提供了声技、身技、眼技、口技,摘录如下:

①声技。用声音的变化来提醒学员。如:突然提高或压低声音,都可以引发学员的注意力;突然停止说话,保持静默的方式,会突出学员说话的声音,让他们意识到自己的不妥。

②身技。用肢体语言提醒学员。如:边讲边走到说话学员的身边,使他们意识到错误行为;如果无效,则可以轻拍一位学员肩膀提示。

③眼技。用目光的注视来提醒学员。运用时,可根据实际情况,结合声技和身技。如:边讲边用目光一直注视说话的学员,这会将所有学员的眼光吸引到说话的学员身上,让他们因不好意思而停下来;如果还无效,可以结合声技,停止讲课,用目光注视说话的学员,直到他们停止。

④口技。用提问的方式提醒学员,一般是开放式问题。表1-16列出了两种类型的问题及示例。

表1-16 两类问题及示例

序号	问题类型	提问对象	说明	问题示例
1	整体性问题	全体学员	一般这样的情况下,会出现片刻宁静,从而引起说话者的注意。	"针对刚才所讲内容,大家有什么问题吗?"
2	针对性问题	某位学员	策略1:曲线救国 提问说话者身边的学员,可引起说话者的注意,停止讲话。 策略2:直接提问 直接向说话者提问时,要特别注意措辞,不宜直接点出他们说话这个事实,以免学员没面子。	"张同学,你能用一句话总结我刚才说的内容吗?" "王同学,我看到你们两位讨论很热烈,是否有问题,或有一些不错的观点跟大家分享呢?"

(2)叫停后,通过提问、案例、视频等,建立学员与课程之间的联系,引发学习兴趣。

(3)当学员反馈没听懂或没有听清楚时,提问了解哪里不清楚,然后给予解释。

(4)通过举实例、比喻进行讲解,或者借助图文、视频等来说明课程内容,也可以请其他学员进行解说。

(5)对于复杂指令进行拆分,结合流程图进行说明、示范后,询问学员们是否还有疑问。

(6)提问了解他们讨论的内容,采取不同的措施。如果与当前的内容相关,可以要求说话的学员分享所讨论的内容。如果与当前内容无关,但与培训主题相关时,可以有以下两种做法。

①该内容非学员们普遍关注的问题时,将其写在"停车场"上,告知:先进行当前的内容,如果有时间,可以讨论该内容。其中,"停车场"是一个管理课堂问题的工具,通常是在教室的墙面上张贴一张空白的海报纸,上面写"停车场"。当学员们提出的问题与课程内容或当前主题无关时,先写在"停车场"上,可供学员们在休息时交流,或留出专门的时间讨论。

②如果该内容为学员们普遍关注的问题,可安排专门的交流时间供学员们讨论。

(7)如果窃窃私语源自学员们普遍欠缺纪律意识或彼此太过熟悉,可以先用声技、身技、眼技、口技等叫停,再参考本章的案例1-7,与学员一起制订"培训公约"。

案例1-8 私下交流的学员们

李明对新入职的员工进行"公司企业文化"培训,讲到公司的价值观时,发现有几位学员在窃窃私语。他一边继续讲解,一边走到其中两位闲聊的学员旁边,然后停下来,站在他们旁边讲课。这两位学员很快安静下来。他继续走到另外一组,听到两位学员的交流中有"价值观",便问他们:"我听到你们两位在谈论价值观,能跟大家分享一下你们交流的结果吗?"其中一位学员说:"我们之前的公司墙上都贴着价值观,但好像跟员工都没什么关系。"李明说:"这的确是很多企业的实际情况。大家想知道我们公司的价值观是如何通过制度体现在每个人身上的吗?"学员们说:"想!"李明说:"那我来给大家讲个故事吧……"讲完这个故事后,李明继续下一个模块的内容,他发现不少学员依然在窃窃私语。他停下来,说:"我看到不少伙伴还在说话,我很好奇:大家在交流什么呢?"从学员们的反馈得知,大家还在讨论刚才关于价值观的故事,而且希望能多听些这样的故事。李明说:"看来我的故事成功地勾起了大家的好奇心。为了弥补课堂时间不足带来的遗憾,请大家回去后采访领导或同事,收集一个关于我们公司价值观的故事,下一次的课程开始前我们来分享,好吗?"学员们有些迟疑,李明继续说:"作为新人,要想快速融入企业、团队,就要主动出击。这个课后作业就是为大家创造一个这样的机会。就算没有收集到合适的故事,也借机增加了人际沟通,为以后的工作奠定好的开始。大家觉得如何?"学员们说:"好!"李明说:"那我们进入下一个模块,大家来看看这页PPT。"

图1-8　私下交流的学员们

案例点评

在这个案例中,李明发现课堂上有学员窃窃私语后,使用了"各个击破"+"先跟后带"+"利益引导"的方法,解决了这个问题。具体表现如下。

1. 各个击破

李明发现有几位学员窃窃私语时,没有直接制止,而是先后采取用了身技和口技叫停学员。其中,他通过观察学员的肢体和表情,对进行闲聊的学员采取了身技的方法叫停;通过倾听,对交流课程内容的学员采用了口技的方法来叫停。这样的对症下药,不但能够及时制止窃窃私语的情况,还能利用学员带动课程互动、促进深入思考。

2. 先跟后带

在回应学员的反馈时,采用先跟后带的方法,先肯定对方的话、观点、情绪或动机等,让对方感受到自己被听到、被关注、被尊重后,再表达自己的想法、提出自己的意见或建议,让对方更容易接受。表1-17解析了本案例中两次"先跟后带"的运用。

表1-17 案例1-8中的"先跟后带"

序号	情境	李明的回应	
		"跟"	"带"
1	学员分享:我们之前的公司墙上都贴着价值观,但好像跟员工都没什么关系。	这的确是很多企业的实际情况。	大家想知道我们公司的价值观是如何通过制度体现在每个人身上的吗?
2	通过提问,了解到学员们在讨论关于价值观的故事,希望多讲些。	看来我的故事成功地勾起了大家的好奇心。	为了弥补课堂时间不足带来的遗憾,请大家回去后采访领导或同事,收集一个关于我们公司价值观的故事,下一次的课程开始前我们来分享,好吗?

3. 利益引导

当学员们对收集关于价值观的故事有些迟疑时,李明站在学员的角度,先指出"作为新人,要想快速融入企业、团队,就要主动出击",强调了快速融入企业和团队的重要性,为接下来的话做了铺垫。然后说"这个课后作业就是为大家创造一个这样的机会",建立了课后作业与快速融入企业和团队之间的联系。最后,说出了学员们的担心"没有收集到合适的故事",引出了课后作业的附加价值"借机增加了人际沟通,为以后的工作奠定好的开始"。经过了"强调重要性—建立联系—说出顾虑—强化价值"这四个步骤,李明通过利益引导,让学员们欣然接受了课后作业,得以专注接下来的课程。

问题 6 学员走神

在培训现场,如果发现学员有以下表现,可能就是走神了:
- 打瞌睡
- 眼睛看天花板或窗外,两分钟没有移开
- 将桌上的资料一遍又一遍地来回翻着
- 一直埋头用电脑
- 目光呆滞地看着前方
- 在本子上写写画画,内容与课程无关
- 频繁地看时间

表1-18列出了"学员走神"的可能原因和对策。

表1-18 "学员走神"的原因和对策

描述	常见原因	马上可以采取的措施	预防措施
课堂上,学员出现打瞌睡、频繁翻资料、看时间、用电脑、在本子上写或画无关内容等行为	课程内容太深或太浅	1.运用声技、身技、眼技、口技等拉回学员的注意力。 2.提出问题或案例,测试学员的理解程度。	1.了解学员的基础信息和培训履历,分析学员的总体基础和水平情况,设计出难易度适合的课程内容。 2.运用翻转课堂的方式,缩小学员之间的基础差距。 3.设计互助的学习活动。
	授课方式没有吸引力	1.借用道具吸引学员。 2.调整授课方式,增加互动环节。	综合考虑学员的年龄、职位、从业经验、问题和关注度,设计有吸引力的学习活动。
	课程节奏过快或过慢	1.通过观察或询问学员,了解课程节奏如何。 2.根据需要调整课程节奏。	平衡课程内容和学员的基础、能力,设计合适的课程节奏。
	老师拖堂了	1.致歉,并说明延迟的具体时间。 2.进行取舍,加快课程进度。	1.明确课程重点内容,分配更多时间,对次要内容压缩时间。 2.列出每个模块的耗时,便于培训现场的比对和灵活调整,并事先做好应对措施。
	学员疲惫了	1.宣布休息。 2.了解学员们疲惫的原因,适当增加休息次数或休息时间。 3.休息回来后,带着学员们做赋能活动。 4.在整个培训中,保持学员的能量水平。	1.针对培训时的困倦期,设计有针对性的解决方案。 2.合理安排课程内容和休息时间,避免学员过于疲惫。

 总结

为了避免"学员走神"的情况,可以从课程开发和授课现场两个方面入手。

1. 课程开发

培训现场学员走神,跟课程内容、授课方式都有着密切关系,所以要从源头来预防。具体措施如下。

(1)设计课程内容。了解学员的基础信息和培训履历,分析学员的总体基础和水平情况,设计出难易度适合的课程内容。

(2)运用翻转课堂。通过翻转课堂的方式,缩小学员之间的基础差距,以便学员们在课堂上都能跟上进度。

(3)设计互助的学习活动。通过基础较好和较差的学员之间结对或组成小组的方式,让所有学员都有机会参与和融入学习活动中。

(4)学习活动设计。综合考虑学员的年龄、职位、从业经验、问题和关注度,设计有吸引力的学习活动。

(5)设计合适的课程节奏。平衡课程内容和学员的基础、能力,设计合适的课程节奏,避免学员因课程节奏过快或过慢导致走神。

(6)明确课程重点内容,分配更多时间,对次要内容压缩时间,避免"胡子眉毛一把抓"导致拖堂。

(7)列出每个模块的耗时,便于培训现场的比对和灵活调整,并事先做好应对措施。

(8)针对培训时的困倦期,设计有针对性的解决方案。例如,进行一些赋能的活动。

(9)合理安排课程内容和休息时间,避免学员过于疲惫。

2. 授课现场

在培训现场,培训师要随时观察学员的学习状态,发现走神时,及时进行干预,并重新带领学员回到课程中。具体方法如下。

(1)发现学员走神后,培训师运用声技、身技、眼技、口技等方法将学员的注意力拉回来。

(2)提出问题或案例,测试学员的理解程度,并据此调整课程内容和节奏。

(3)借用道具吸引学员,可以避免因授课方式枯燥带来的走神。

(4)调整授课方式,增加互动环节,带动走神的学员参与进来。

(5)通过观察或询问学员,了解课程节奏如何;如果有需要,调整课程节奏。

(6)如果因故需要延迟下课,培训师应先向学员致歉,并说明延迟的原因和具体时间。这样做一方面可取得学员的谅解;另一方面也让学员心里有底,可以安心继续上课。反之,如果没有具体的时间说明,学员们就会一直想"什么时候才能结束呀?",上课时也心不在焉,从而影响学习的效果。

(7)进行取舍,加快课程进度。如果已经拖堂,培训师要明确哪些是必须的内容,并果断舍弃非重点内容和素材,尽快结束课程。

(8)发现大多数学员都很疲惫时,可以宣布休息。

(9)在课间休息时,了解学员们疲惫的原因,适当增加休息次数或休息时间。

(10)休息回来后,带着学员们做赋能活动。其中,肢体运动较大的活动,更适合消除疲劳。

针对困倦期采取相应措施,首先要了解人常规的困倦期是哪些时段。常见的困倦期如表1-19所示。

表1-19 常见的困倦期

时段	困倦程度
上午中段时间:10:30—11:00	轻度
午饭后:13:30—14:00	重度
下午中段时间:15:00—15:30	中度

了解了常见的困倦期后,就可以采取相应的措施了。表1-20给出了调整困倦期的策略。

表1-20 调整困倦期的策略

可安排活动	避免的活动	注意事项
团建活动	演示或大量个人讲解	避免向整个小组提问,因为困倦期的人们更愿意让其他人先发言
分组讨论	阅读	
要求人员走动的活动	分配给个人的练习	

针对表1-20的策略,说明如下:

①可安排活动。在困倦期,更适合团体的交流和活动,肢体活动越大,越容易快速消除疲倦。但要根据学员的年龄层次、职位高低等来综合判断,通常情况下,年龄层次和职位越低的学员,越容易接受肢体运动大的活动。如果学员的年龄层次和职位都高,他们更喜欢动脑,可以安排走动的活动。例如,将问题张贴在不同的墙面,请学员们以小组方式交流并写出答案或观点,然后按照一定的顺序(如顺时针或逆时针)移动到下一个问题。这样的方式,既能消除困倦,又容易让学员接受。此外,让学员们动手拼图也是一种不错的活动。

②避免的活动。在困倦期,一页页地播放PPT或一个人在讲台进行"个人秀",让学员们进行个人阅读或练习,这些都无异于催眠。我之前参加过一次外

训,培训师在下午开场前请学员们冥想。我自己闭上眼睛后,感觉昏昏欲睡。才2分钟,身边就响起了呼噜声。原本是为了帮助大家提神,采取这样的方式就适得其反了。

③注意事项。有些培训师会在困倦期安排更多的互动,其中最简单的是提问。但当我们直接向小组或全体提问时,就会出现冷场的情况。因为困倦期的人们更趋于保守,希望能先听听别人的意见。所以,如果一定要提问,可以由培训师来提供问题,请学员们进行一对一的问答,或者不提供问题,请学员们两两互相采访,结束后进行成果分享。这两种方法都能消除困意,并促使学员快速进入课程内容。

(11)除了调整困倦期外,我们也需要在培训期间保持学员的能量水平。表1-21提供了六个方法。

表 1-21 培训中保持能量的六个方法

技术	说明
课间休息后重置能量水平	1.课间休息后,要以培训开场时相同的能量(即三级能量)开始课程。 2.重置能量水平可以给人们留下整个培训期间都很高能的印象。 3.能量水平在培训进程中呈波浪形调整。
进行充电活动	1.培训期间,可以作为规则,设计简单的充电活动。 2.充电活动的意义是给参与者赋能。 3.上午至少有一次充电活动,下午可多进行几次。
给予称赞	1.称赞的范围可以从中立的表达(如"感谢你做出的贡献,这是我们从未听到的。")到与意见相关的语句(如"非常有帮助,好主意!")。 2.可以通过培训师这样的称赞示范,演示如何称赞对方。
使用鼓掌	1.掌声是一个团队成员给予他人好评的一种形式。 2.培训师带头先鼓掌,学员被同化后,会主动鼓掌。
调整参与方法和团队规模	1.穿插使用倾听、头脑风暴、分组、投票、优先排序等方式,使得参与方式多样化。 2.通过使用循环赛、分组、两人配对的方式变换学员的参与方式。
额外休息	1.如果其他技术无效,即使比原计划的时间提前了,也可以宣布休息。 2.花时间进行策略性休息来保障全体参与,胜过继续进行而只有一些学员投入。

针对表1-21的说明如下:

①课间休息后重置能量水平。课间休息后,学员的能量会比休息前降低,注意力也随之分散。所以,在课间休息后,培训师不要急于进入课程内容,先通过一些充电的小活动,帮助学员快速提升能量和注意力。

②进行充电活动。充电活动是指能够带来学员们能量提升的活动,如小游戏、团建活动。最简单的是喊口号或唱队歌等。在进行充电活动时,要控制好时间,最好在1分钟以内。

③给予称赞。培训时,给予称赞的时机如下:
- 学员回答问题后
- 引用学员的事件和案例的时候
- 当学员做出培训师提倡的行为或现象时
- 当学员完成了一项比较有挑战的任务时
- 在冷场时有人接了话茬时

不少老师喜欢在学员回答问题后说:"很好!请坐。"这样的做法,起不到赋能的作用。在称赞时,需要注意以下几点:
- 称赞要具体,阐述称赞的点,即为什么要称赞这位学员。
- 称赞要个性化。当学员回答的内容或行为不符合要求时,可以称赞其态度;如果学员回答的内容或行为方面有可取之处时,则称赞其内容或行为。
- 维持公正的立场很重要,避免频繁地对同一个人或团队给予称赞。

④使用鼓掌。培训时,鼓掌的时机如下:
- 自我介绍时
- 演示开始前
- 演示结束时
- 每个小组完成分组讨论返回时
- 个人/小组的产出或成果得到其他学员的认可时

有些老师在学员回答问题后,直接说"掌声鼓励一下",很难达到赋能的效果。在使用鼓掌这个方法时,也需要注意以下几点:
- 选择合适的时机,避免为了鼓掌而鼓掌
- 鼓掌的频率不宜过高,以免适得其反
- 鼓掌前,先说明鼓掌的理由
- 避免频繁地对同一个人或团队鼓掌

⑤调整参与方法和团队规模。根据该培训环节的目标和学员的状态、可用时间来综合评估如何调整,避免为了调整而调整。无论调整后的方法和团队规模是怎样的,都需要为达成本环节的目标服务,在这个前提下,可以灵活调整。例如,下午课程开始时,将之前的6人小组讨论调整为学员两两交流、分享上午所学的方式。

⑥额外休息。额外休息是在其他方法无效的情况下使用的,其时机包括:
- 教室里没有自然光或光线昏暗

- 培训现场为剧院式座位,且座椅柔软
- 学员们很疲惫
- 课程内容对于学员们来说比较困难
- 小组讨论或任务陷入僵局时
- 学员分享后有大量产出时
- 某个学习活动后学员们情绪非常高涨,交流欲望很强时
- 小组任务进行中,有的小组已经完成任务,且各组进度相差较大时

案例 1-9　拼图学习新品知识

　　内训师张文在针对新的销售人员进行公司年度新品培训时,考虑到时间短、内容多,他不由地加快了进度。随着PPT一页页快速翻过,他正暗自为自己对时间的掌控得意,抬头发现不少学员走神,有的不断东张西望,有的随手在纸上画着……他意识到出问题了。于是,他停止了讲话,先缓缓地回顾了全场一周,看到引起大家的注意后,说:"刚才我们学习了公司新品的S系列,大家来接龙说一下这个系列的特点吧!"他边说边观察学员们的表情,发现大多数学员都低下了头,只有2位学员发言。于是,他说:"今天的课程内容多,时间又很紧张,产品知识本来就挺枯燥的。我看到大家都有点累了,我们先休息10分钟吧!"学员们立刻露出松了口气的表情,开心地笑了。张文利用休息时间,跟一些学员闲聊,了解到他们之前没有接触过公司产品,突然面对这么多产品难以吸收。休息结束后,张文说:"刚才我跟一些同学聊了一下,发现对于没有接触过公司产品的人来说,我们今天的大餐内容过于丰富,有点消化不良。"听到这里,学员们会心地笑了。他接着说:"现在我们换种方式,每个小组来认领一个系列。我已经将每个系列的代表字母写在白板上了,等会组长来抢自己喜欢的系列。然后,我会给每个小组15分钟时间,大家结合讲义上的内容,回答白板上的三个问题。最后,每个小组有2分钟时间上台表演,要求体现出三个问题的答案。请大家注意,小组的每个成员都要上台,可以解说或画外音,其他小组会针对内容是否通俗易懂和准确两个指标打分。大家明白规则了吗?"学员们回答:"明白了!"接下来课程按照张文设计的流程进行,学员参与度非常高,各组的表演也很有创意。各组的表演结束后,张文带着大家找出所有系列的共同点和不同点,对课程内容进行了总结。最后,张文通过交叉提问的方式来检验学员们对知识的掌握度,发现大家基本上都能回答出来。

图 1-9 拼图学习新品知识

案例点评

在这个案例中,针对学员们走神的情况,张文采用了"叫停"+"额外休息"+"问题诊断"+"拼图学习"+"交叉验证"的方法来应对,具体表现如下。

1. 叫停

当张文发现学员们走神后,他同时使用了声技和眼技,将学员们从走神中拉了回来。其中,他突然停止说话,教室中瞬间安静下来,这样的对比会马上引起学员的注意。然后,他通过缓缓地环顾教室,让目光"扫过"全场,使得所有学员都感觉被关注了,从而集中注意力,等待他下面的话。

2. 额外休息

当张文通过提问发现大家对于刚才的内容并未掌握时,他宣布休息。此时,他有两个选择:一是将刚才的内容再重复一次,二是让大家休息。如果选择前者,一方面浪费时间,另一方面学员们刚遭受了提问的打击,情绪低落,如果再讲一遍,能够确保学员们不再走神吗?而选择后者,让学员放松的同时,也给老师时间去了解和思考如何解决这个问题。

3. 问题诊断

张文发现学员走神后,提出问题测试学员对刚才所讲内容的掌握情况,是问题诊断的第一步。通过对学员的肢体表现(低下头)和数据分析(大部分低头,2人发言)得出结论:大多数学员并未掌握。在宣布额外休息后,张文通过跟学员闲聊,了解到学员的情况和对课程的感受,发现对于公司产品的"小白"而言,这些内容过多,讲授的方式也太枯燥。正是有了这些针对问题的诊断,张文才对后续的授课方式进行了调整。

4. 拼图学习

每个人吸收消化全部知识比较困难,张文通过拼图学习的方式,将全部的知识拆分为每个小组一个系列。通过阅读资料+表演的方式,帮助每个小组的学员深入理解和诠释学习的系列。然后,通过各组的表演展示,各组之间互相学习,学员们通过讨论消化后的演绎,比培训师的讲解生动、通俗,也更容易记忆。这种拼图学习的方式,既让学员们高度参与,又帮助大家快速掌握了大量知识。

使用拼图学习这种方法有三个要点:

(1)要明确小组学习的产出要素。例如,小组学习完成后,要有什么样的产出,包括哪些内容。可以将产出写在大海报上分享,或者做成手工……本案例中的产出是回答三个问题并表演出来。

(2)针对产出的反馈。无论哪种形式的产出,都需要其他小组进行反馈。无论是填写反馈表、打分、画星号还是投票,都是带动学员参与并深入思考其他小组产出的方式,带着目标去评估其他小组的反馈,才能达到自己学习的目的。这是拼图学习不可或缺的一个环节,如果缺失,学员们可能只会掌握本组学习的知识,而对其他内容限于表面上的了解,无法达成拼图学习的目的。

(3)内容整合。各组的学习、分享,只是整个课程的一块拼图。在拼图完成后,一定要进行内容的整合,帮助学员梳理这些拼图之间的关系,从点到面,帮助学员形成整体的概念和认知。等培训结束后,学员回顾课程内容时,会先展现出一张完整的图,然后顺着当时内容整合的线索,引出其他的拼图。这样组块化的信息,比单一、零散的信息记忆更深刻,回忆起来也更容易。

5. 交叉验证

在拼图学习完成后,张文请各组交叉提问,以此测试学员们对课程内容的掌握程度。这里的巧妙之处在于"交叉",也是"以终为始"的体现。因为本次的培训目标是全体学员要掌握所有课程内容。拼图学习和表演,可以促进各组对于本组学习内容的掌握,但对于其他小组的内容掌握如何不得而知。要确认这一点,才能评估是否达成了培训目标。所以,进行提问验证时,张文采用了各组交叉提问的方式,突破了本组学习内容的限制,从而验证了所有学员对于全部内容的掌握程度。

问题 7 课间休息后"缺人"

培训中,课间休息本来是让学员放松一下,缓解疲劳或消化所学内容,但有时会发现:休息结束后,学员却没有到齐。表1-22列出了这个问题的主要原因和对策。

表1-22 "课间休息后'缺人'"的原因和对策

描述	常见原因	马上可以采取的措施	预防措施
培训中,课间休息后,有学员未按时回到教室	学员忘记了时间	1.播放或停止音乐。 2.给准时回来的学员奖励或进行干货分享。 3.根据人数多少确定是否准时开课。	1.指定各组组长负责召集本组成员准时回来,开课前汇报。 2.建立各组准时到场竞赛规则。 3.约定休息结束的具体时间和信号,给30秒缓冲。 4.宣布休息结束后有奖励或干货分享。
	学员临时有事情要处理		
	学员觉得后面的课程不重要	1.重申课程内容与学员之间的关联。 2.揭晓休息前的问题或案例答案。	1.休息前,预告接下来的课程内容,以及与学员之间的关联。 2.休息前,提供一个连接后面的课程内容与学员的问题或案例,请学员提前思考,说明休息结束后揭晓答案。
	学员觉得授课方式太枯燥	1.用三级能量开场。 2.调整授课方式方法。	设计有吸引力的学习活动。

总结

为了避免"课间休息后'缺人'"的情况,可以从课前准备、休息前和休息后三个方面入手。

1.课前准备

(1)针对课程的重点模块,结合学员的基本情况和特点,设计有吸引力的学习活动。具体方法、工具、案例,详见《培训师成长实战手册:引导式课程设计》一书。

(2)设计小组竞赛机制(包含小组成员课间休息后准时回来)及奖励措施。

(3)确定休息结束的信号并做相应准备。例如,播放音乐或停止音乐,灯光变化,铃铛声、倒计时提醒等。选择不同的信号,需要做不同的准备。

①如果使用音乐,需要提前选择好音乐。如果课间休息时不放音乐,在休息结束前30秒放音乐提醒,则选择高亢激情的音乐;如果课间休息时放音乐,在休息时间结束时停止,可以在倒计时30秒时,逐渐降低音量,30秒时戛然而止。

②如果要选择灯光的变化,需要提前到培训教室进行测试确认,所有的灯可以分别调控,且能达到期望的效果。例如,中午午休时光线较暗,平时的课间休息光线比全开稍微暗些,但比午休时明亮,以免休息时产生昏昏欲睡的感觉而适得其反。

③倒计时提醒。可以用PPT展示倒计时的时钟,也可以用手举倒计时牌提醒。无论用哪种,都需要提前准备好所需的物资。

④如果选择铃铛或其他不常见的信号,自己先熟悉其使用。例如,如何摇动铃铛,才能既起到提醒作用又不变成噪声。

2.休息前

(1)指定各组组长负责召集本组成员准时回来,开课前汇报人员情况。

(2)与学员商量确定各组准时到场竞赛规则。

(3)跟学员约定休息结束的具体时间和信号,给30秒缓冲。如果用不太常见的信号,最好能给学员们演示一下效果。例如,我喜欢用复古的铜铃铛来提醒学员们一个环节的结束。在课间休息前,我说明回来的时间后会摇铃,让大家听听铃铛的声音。

(4)宣布休息结束后有奖励或干货分享。

(5)预告接下来的课程内容,以及与学员之间的关联。

(6)提供一个连接后面的课程内容与学员的问题或案例,请学员提前思考,说明休息结束后揭晓答案。

3.休息后

(1)发出约定的课间休息结束信号。

(2)请各组组长汇总本组人员情况,根据竞赛规则给予相应的奖惩。

(3)给准时回来的学员奖励或进行干货分享。

(4)根据人数多少确定是否准时开课。

(5)用三级能量开场,重新吸引学员的注意力。

(6)正式上课前,重申课程内容与学员之间的关联。

(7)揭晓休息前的问题或案例答案。

(8)调整授课方式方法,持续吸引学员的注意力。具体如下。

①利用视觉思维。例如,用图像进行辅助说明,画流程图讲解步骤,通过不同色彩的运用进行分类,请学员们用画图的方式进行头脑风暴和课程回顾、总结。

②做出承诺:我会教给大家几个……这样的承诺让学员有所期待,从而在后面的课程中更专注。

③提出与学员工作相关的问题。每个人都关心与自己有关的问题,而问题本身也能引发人的关注。

④分享一个与课程内容相关的故事或一段亲身经历。这会让学员觉得亲切,且有助于深入理解课程内容。

⑤引用名人名言或数据,可以很好地引发学员的兴趣和好奇心。

⑥借助社会热点或学员感兴趣的话题引出课程内容,来调动学员参与的积极性。

⑦采用实物或道具辅助授课,让课程更生动、易懂。

⑧进行"找碴"活动。让学员们互相找出成果或产出中的问题,是一种快速提升能量的活动,学员们会乐此不疲,享受其中。但采用"找碴"活动时,要提供与课程内容相关的、明确的评判标准,避免为了找碴而找碴,最后演变为口水战。

⑨抛"问题球"。各组学员根据课程内容,提出几个问题,分别写在纸上,然后将每张纸揉成一团,抛给其他小组来回答,其他学员一起来判断回答是否正确。这样的活动不但有趣味性,也能帮助学员回顾和温习课程内容。

⑩让学员进行任务挑战,激发学员的竞争意识和好胜心,保持持续的专注。

案例 1-10　期待开课的学员

通常,在我的课程第一天早上,我会在开课前30分钟迎接学员的到来。根据大家的情况,给先到的学员进行课前学习的小灶辅导,讲解墙上的海报内容,介绍一些课程中没有的知识、技巧……在课程正式开始时,我会将这些透露给学员,并说:"在我的课程中,早到的鸟儿有虫吃。以后每次课间休息回来后,我都会给准时回来的伙伴们开小灶。如果迟到错过,就损失了。"在第一次课间休息前,我会有以下的做法:

1. 课程总结和预告

带着学员总结前面的课程内容,然后预告接下来的内容,说明二者之间的逻辑关系,以及与学员之间的联系。

2. 提出问题

提出一个与接下来课程相关的问题,请学员思考。

3. 说明即将休息

宣布我们即将进入课间休息,让学员有所准备。

4. 明确休息结束信号

拿出自己的铜铃铛,告诉学员们:"我的铃铛一响,说明大家要回来了。"之后,摇出清脆的铃声引起大家的注意。

5. 分享承诺

每次课间休息前,我会提醒大家:"休息回来,我会先分享……"

6. 宣布休息

例如,说:"现在是9:22分,我们十分钟后,也就是9:32回来。"边说边在白板上写上"9:32",然后用计时器开始计时。

在离约定的时间还有30秒时,我会开始摇铃,提醒大家倒计时开始了。课程开始前,我会如约分享一个小知识或技巧。在我的课程中,除了个别特殊情况外,几乎没有学员在课间休息后"走丢"。

图1-10 期待开课的学员

案例点评

在这个案例中,我采用了"暗示法"+"承上启下"+"吊胃口"+"预期效应"+"辅助计时"的方法,具体表现如下。

1. 暗示法

在课程正式开始时,我"透露"了给早到学员的各种小灶,并说:"在我的课程中,早到的鸟儿有虫吃……"这给学员们暗示:课间休息后,只要准时回来,就可以享受到小灶；反之，就是自己的损失。这里也涉及心理学中一个基本概念——损失规避效应，是指我们面对损失时的痛苦感要大大超过面对获得时的快感。其中，损失带来的负效用为收益带来的正效用的 2~2.5 倍。因此，在课程开始时，未享受到小灶的学员听说有些学员获得了小灶，心里会有些失落。当听我说到错过是自己的损失时，更强化了失去的感受，促使其努力争取获得之后的课间休息后小灶。

2. 承上启下

课间休息就像一条分割线，将课程内容分为两部分。案例中，我采用先总结前面的内容，再预告后面内容的方式，搭建了分割线上下两部分的桥梁，也在学员们的心里建立起了联系，有利于引发大家对后面课程的兴趣，吸引学员们在休息后准时回来。

3. 吊胃口

承诺为准时回来的学员进行分享。这样吊胃口的做法，能够很好地引发学员的好奇心。有些学员怕错过了分享，早早就回教室等着了。当然，要达到这样的效果，前提是承诺的分享对学员而言是有吸引力的、实用的，最好是非课程内容，以制造稀缺性，让学员更加珍惜。

4. 预期效应

对课程内容的承上启下、吊胃口，都是为了给学员们良好的预期，让学员们对后面的课程内容和休息后的分享有所期待，强化准时回来的意愿。同时，在每次休息结束后，我实践了自己的承诺，达成了学员们的预期。这样的做法又强化了学员的预期，形成了良性循环。

5. 辅助计时

我在课程中借助了计时器帮助计时，一方面是为了确保准确性，另一方面是避免遗忘。因为我通常会利用课间休息时间跟学员交流，为大家答疑解惑。如果没有借助计时器，不但容易忘记时间，也很难让围在我身边的学员停下来。无论用 PPT 上的倒计时显示、手机，还是计时器，辅助计时都是培训师的好助手，可以将培训师从看时间中解脱出来，去做更有价值的事情。

问题 8　学员停在上一环节

有时，课程已经进行到了下一个环节，我们发现学员还停留在上一个环节中。这时，如果不干预，可能会影响到后面的课程；如果干预，采取什么样的方式比较妥当呢？表 1-23 列出了这种情况的主要原因和对策。

表 1-23 "学员停在上一环节"的原因和对策

描述	常见原因	马上可以采取的措施	预防措施
课程进入下一个环节时,有学员还停留在上一个环节	对上一环节的内容存在疑惑/思考	1.询问疑惑/思考的问题是什么,评估是否需要安排专门的时间交流。 2.请学员将问题写在便利贴上,张贴于"停车场"。 3.安排额外的休息。	1.根据课前的需求调研,将学员共性的问题作为课程重点内容,安排较多的时间。 2.结合学员的基础和问题,平衡每个环节的内容难易度和时间长短,设计合理的节奏。 3.针对学员讨论过于热烈的情况,事先设计解决方案。
	上个环节气氛热烈,学员们意犹未尽		
	分配给上一个环节的时间不足		
	培训师没有发出明显的转场信号	1.重新叫停,引起学员的注意。 2.总结上一个环节的内容。 3.配合过渡语,借助位置移动、媒体转换等方式给出转场信号。 4.宣布下一个环节开始。	1.为每个课程重点模块设计有特色的结束方式。 2.不同模块间采用不同的媒介或授课方式。 3.准备好过渡语来承上启下。
	正在进行的环节开场未吸引学员	1.使用社会热点、热词、新奇的道具引发学员的注意力。 2.用提问或与学员工作相关的案例,引出课程内容。 3.用有趣的活动、游戏开场。	综合考虑学员的年龄层次、职位、工作经验等信息,设计有吸引力的开场活动。

为了避免"学员停在上一个环节"的情况,可以从课程设计和培训现场两个阶段入手。

1.课程设计

课程设计阶段的周密规划,可以预防很多培训现场的问题。就"学员停在上一个环节"这个问题而言,具体措施如下。

(1)根据课前的需求调研,将学员共性的问题作为课程重点内容,安排较多的时间。这里的学员共性问题,不是培训师拍脑袋决定的,而是需要经过培训需求诊断获得的。在《培训师成长实战手册:培训需求诊断和调研》一书中,介绍了如何运用七大方法、四大工具,通过抽样调查和问卷普查两个阶段做精确调研，获得学员需求的精准信息。

（2）结合学员的基础和问题，平衡每个环节的内容难易度和时间长短，设计合理的节奏。课程每个环节的时间分配，决定了课程的节奏，而依据依然是学员。同样的课程内容，面对不同批次的学员，其重点和各模块的时间分配也会不同。这样才能与学员的实际需求相匹配，以免培训现场遇到各种所谓的"突发状况"。

（3）针对学员讨论过于热烈的情况，事先设计解决方案。学员参与活动不积极让人尴尬，学员参与太热烈，又会影响到课程的进度。如何在不打击学员积极性的情况下，合理引导学员，是课程开发阶段就要思考，并需要准备相应措施的。

（4）为每个课程重点模块设计有特色的结束方式。专业的课程设计，要将每个模块当成一个微课程来设计，有始有终。针对非重点模块，可能只需要培训师用一句话进行总结。而针对重点模块，就需要设计学员们参与的学习活动。下面是一些可以使用的课程结束方法：

①提出问题，用学员们的答案作为小结。

②学员用一句话总结该模块的学习内容或收获。

③采用们小组讨论、画出思维导图的方式总结知识点。

④通过运用课程内容进行案例分析以验证和强化所学。

⑤写出行动计划，促进学以致用。

（5）不同模块间采用不同的媒介或授课方式，可以向学员发出信号：注意了！注意了！上一个环节告一段落，我们要转场，进入下一个环节了。有了这样的信号，学员们会有心理准备，并将注意力转移到接下来的课程中。通常的做法如下：

①培训师的身体位置移动。例如，上一个环节，培训师站在讲台上，现在走到学员们中间。

②上一个环节用投影仪播放 PPT，现在培训师关闭了投影仪，或者相反；也可以使用之前没有用的媒介。用新的媒介感觉开启新的篇章，是一种心理暗示。

③授课方式的转变。例如，从个人思考转为小组讨论；或者虽然是小组方式，但变换小组规模，人数由少到多，或由多到少。

④停顿。停顿有时会让我们觉得尴尬冷场，但有时停顿是一种促进。某个模块的内容结束后，停顿一下，给学员们一些思考的时间，然后再进入下个内容，可以避免有些学员思维跟不上。

（6）准备好过渡语，用一句话来总结上一个环节的内容，并说明上、下两个环节内容之间的联系，将两个部分的内容串起来。这样可以很自然地引导学员们进入下一个环节。

（7）综合考虑学员的年龄层次、职位、工作经验等信息，设计有吸引力的开场活动。这个预防措施主要是针对下一个环节的内容而言。除了考虑到学员的基础信息外,还需要考虑这部分内容是重点还是非重点。如果是非重点内容,可以采取用时较少的提问方法,这个问题可以是出乎意料的、让学员们有共鸣的、展示学员痛点的……如果是重点模块,就可以根据目的来设计不同的活动。在《培训师成长实战手册:引导式课程设计》一书中,提供了11种开场活动的目的相对应的30种活动可供参考。

2.培训现场

课程已经进行到下一个环节,而学员还停留在上一个环节,培训师根据人数的多少进行干预。如果只有少数几位,可以通过声技、眼技、身技等进行干预。如果发现人数较多,则需要特别关注并进行处理,具体措施如下。

(1)提问了解学员们停留在上一个环节的原因是什么,然后针对不同的原因采取不同的对策。

①对上一个环节的内容有疑惑或不解:先请学员用一句话来说明问题,再调查是否为共性问题。若是,可通过讨论或培训师解惑的方式来解决;若不是,可请其写下来,休息时间再交流。

②上一个环节的内容引发了学员的思考:先请学员将自己的思考写下来,张贴在墙上,课间休息时再看。培训师也可以评估这些思考是否有必要进行小组或全体分享。

③上一个环节是学员共同的需求,培训师安排的时间太短:可以暂停正在进行的环节,回到上一个环节,根据学员的需求进行深入的分享。

④上一个环节气氛热烈,学员意犹未尽:评估是否有必要继续交流,如果没有必要,给学员1分钟的个人反思时间,写下上一个环节的收获和思考。

除了上面这些个性化的策略外,还可以考虑下面的通用策略:

①询问学员停留在上一个环节的原因是什么,评估是否需要安排专门的时间交流,如果有必要,暂停本环节,回到上一个环节。

②如果没有必要,请学员将问题或思考写在便利贴上,张贴于"停车场",留待后续处理。

③安排额外的休息,让学员先解决上一个环节的问题,休息后再重新开始。

(2)如果是因为培训师没有发出明显的转场信号,导致学员还停留在上一个环节,可以采取下面的步骤:

①重新叫停,引起学员的注意。

②总结上一个环节的内容,询问学员是否还有什么想说的。

③配合过渡语,借助位置移动、媒体转换等方式给出转场信号。

④宣布下一个环节开始。

(3)如果是正在进行的环节开场未吸引学员,导致学员还停留在上一个环节,可以采取以下措施:

①使用社会热点、热词、新奇的道具来引发学员的注意力。
②用提问或与学员工作相关的案例,引出课程内容。
③用有趣的活动、游戏开场,吸引学员参与。

案例1-11 两次"返场"的会议准备

石峰在进行"班组长的会议主持技巧"培训时,刚完成了会议准备模块,他说:"好了,我们看下页PPT,进入会议主持部分。"这时,他发现不少学员维持刚才的状态,并未跟随他的节奏进入下一个环节。于是,他停了下来,同时按下电脑的"B"键,PPT突然黑屏,有些学员才反应过来,好奇地看着他。石峰问:"大家知道我们现在正在进行的内容是关于什么的吗?"大部分学员回答:"会议前准备。"他说:"看来大家对刚才的内容印象深刻,这让我很欣慰,说明大家很投入。那有多少人看到刚才那张PPT的内容是什么了呢?"只有三位学员说:"会议主持。"他说:"为这三位同学点赞!同时,我也很好奇:是什么原因让大家没有注意到这张PPT呢?"学员们有的说"对会议准备的部分还有疑问",有的说"我正在想自己开晨会不成功应该跟准备不足有关",有的说"刚才的讨论很热烈,沉浸在里面没出来呢"……石峰说:"看来会议准备这部分内容对大家有所触动,还意犹未尽。那我来了解一下大家都有哪些思考,然后决定怎么解决,好吗?"学员们说:"好!"他问:"每组桌上都有便利贴,请大家将自己关于会议准备的疑问、思考等,写在便利贴上交给我。我们利用课间休息时来张贴、分类,然后看看哪些是大家共性的问题,再集中时间解决,可以吗?"学员们说:"可以的。"他说:"那好,现在给大家2分钟,请不要互相交流,自己写自己的。写好后交给组长,由组长统一交给我。2分钟时间一到,不管是否写完,都请大家停下来。"2分钟后,石峰叫停,举起收集到的便利贴说:"我手里是大家刚才写的便利贴,课间休息时我们一起来分类。现在,我们暂时将它们放在一边,先进入后面的会议主持模块。"他又按下电脑的"B"键,PPT展示出会议主持模块的大纲。他看着PPT讲解这个模块的内容。当他回过头时,发现不少学员还在小声交流着。于是,他提高了音量,同时目光缓缓地环视了教室一圈,边说边用目光注视着交流的几位学员。当整个教室安静下来后,石峰提问:"我看到有些伙伴在小声交流,能告诉我你们在讨论什么吗?"听到学员们反馈"刚才写在便利贴上的内容"后,他说:"本来我想将会议准备这部分内容放在课间休息后,但发现大家好像已经迫不及待了。这样吧,我们增加一次课间休息,让大家来梳理刚才的便利贴,先进行分类,然后每个人投出自己最关心的3票。等休息结束,我们针对大家选出的前三个问题进行交流,可以吗?"学员们异口同声地说:"可以!"石峰宣布休息10分钟。按照他的要求,学员们在课间休息时完成了分类和投票。石峰选择了排名前三位的问题,带领学员们进行了讨论。之后,给每个小组3分钟进行总结。最后,以每组分享一个收获结束了这部分内容。石峰从教室中间回到讲台,静静站立了10秒,等大家都关注到自己后,问:"刚才我们花了不少时间来交流会议前的准备工作。现在我们马上就要进入正式的会议主持环节了,大家准备好了吗?"学员们说:"准备好了!"他说:"那请大家回忆最近的一次班组会议,想想自己在主持或参与会议时,出现了哪些让自己觉得棘手、挑战或沮丧的情况?"学员们纷纷举手发言……

图 1-11 两次"返场"的会议准备

案例点评

在这个案例中,石峰针对学员们两次停留在上一个环节的情况,采用了"及时叫停"+"问题诊断"+"顺势而为"+"有力收尾"+"承上启下"的方法,具体表现如下。

1. 及时叫停

两次发现学员没有跟随自己的节奏进入下一个环节时,石峰都及时叫停了,但两次使用的方法有所差异,详见表1-24。

表 1-24 两次叫停的方法

次数	方法	具体做法
第一次	声技	停止说话
	身技	按下电脑的"B"键,PPT突然黑屏
第二次	声技	提高音量
	眼技	目光缓缓地环视了教室一圈,边说边用目光注视着交流的几位学员

2. 问题诊断

每次发现问题——学员没跟上自己的节奏时,石峰没有责怪学员,而是通过提问进行问题诊断,找到导致问题的原因后,采取了相应措施。表 1-25 列出了这个过程。

表 1-25 两次问题诊断的过程

次数	提问	学员回答	导致问题的原因	采取的措施
第一次	"大家知道我们现在正在进行的内容是关于什么的吗?"	大部分回答"会议前准备"。	学员们还停在上一个环节。	了解有多少人关注现在的内容。
	"有多少人看到刚才那张 PPT 的内容是什么了呢?"	三位学员回答"会议主持"。	大部分学员没有关注现在的内容。	了解导致这种状态的原因。
	"是什么原因让大家没有注意到这张 PPT 呢?"	"对会议的准备部分还有疑问""我正在想自己开展会不成功应该跟准备不足有关""刚才的讨论很热烈,沉浸在里面没出来呢"	学员们对上一个环节的内容有疑问/联想/思考,或沉浸在之前的氛围中。	请学员写出关于上一环节的疑问/联想/思考,稍后评估解决。
第二次	"我看到有些伙伴在小声交流,能告诉我你们在讨论什么吗?"	"刚才写在便利贴上的内容"	学员们希望马上交流写在便利贴上的内容。	安排额外休息,休息结束安排专门的时间讨论便利贴的内容。

3. 顺势而为

在第一次问题诊断后,石峰发现学员们对上一个环节的内容还有不少疑问和思考后,没有继续正在进行的课程,而是顺势而为,请学员们将这些疑问和思考写在便利贴上,等课间休息结束后再评估处理。这种做法跟前面谈到的"停车场"一样,属于暂时搁置。但在这个案例中,该方法未发挥应有的作用。因为在学员们写完便利贴后,石峰通过提问发现:学员们更感兴趣的是各自便利贴上的内容,而非自己正在进行的部分。此时,他再次顺势而为,安排了额外休息,以便学员们梳理便利贴上的内容后,投票确定共同的关注点。在休息结束后,针对三个共同关注点进行了讨论。

4. 有力收尾

为了确保下一环节内容的顺利展开,石峰进行了有力的收尾,不但进行了小组内的总结,还请每个小组分享一个收获。这样的方式,让学员们对上一环节的内容有了全面、深入的思考,并给出一个明确的信号:这个环节结束了,我们即将进入下一个环节,提醒学员们做好心理准备。

5. 承上启下

在对上一个环节进行有力收尾后,还需要通过自然的过渡将学员们引导至下一个环节的内容中。石峰通过下面几个步骤完成了承上启下的过程。

(1)发出转场信号。石峰从教室中间回到讲台,通过身技(身体位置的移动)向学员们发出即将转场的信号。

(2)引起注意。石峰回到讲台后,静静站立了10秒,通过声技(不说话)引起学员们的注意。

(3)强化注意。在得到学员们的关注后,他提醒学员们即将进入下一个环节,并问大家准备好了吗,这样的做法,强化了学员们的注意力,为下面的课程做好了铺垫。

(4)引发思考。最后,他请大家回忆最近一次班组会议中的问题,成功导入了下一个环节的内容。从培训现场学员们的反应来看,这个问题也引发了学员们的参与积极性。

问题 9 学员早退

培训正在进行中,如果有学员提前离场,可能会对其他学员带来负面的影响。作为培训师,该如何应对呢?表1-26列出了学员早退的主要原因和对策。

表1-26 "学员早退"的原因和对策

描述	常见原因	马上可以采取的措施	预防措施
课程进行中,有学员提前离开	觉得课程对自己没帮助	1.课程中,使用学员生活、工作中的案例。 2.课程中,请学员运用所学解决工作中的实际问题。	1.课前进行需求调研,了解学员的共性问题,设计有针对性的课程内容。 2.准备开场内容,建立学员与课程内容之间的桥梁。
	课程枯燥,没有吸引力	1.用生动的语言及比喻、类比等方法讲解概念。 2.让学员学习资料后展示知识、概念。 3.安排学员运用所学技能完成任务。 4.请学员参与活动的评估和反馈。	1.练习用生动的语言及比喻、类比等方法讲解概念。 2.设计能吸引全体学员参与的学习活动。

续表

描述	常见原因	马上可以采取的措施	预防措施
课程进行中，有学员提前离开	课程节奏太慢/快	课程进行过程中，通过观察和测试评估学员的听课和掌握状况，必要时调整课程节奏。	课前进行需求调研，根据可用时间和学员的基础设计恰当的课程节奏。
	课程内容太简单/难	1.安排课前测试。 2.课中评估学员的基础和能力，必要时增加或降低难度。	1.课前进行需求调研，了解学员的基础，设计难易度适中的课程内容。 2.设计难易程度不同的闯关活动，确保全员可参与。
	学员抱着来看看的心理	1.用有吸引力的提问或案例引发学员的兴趣。 2.以小组方式进行讨论和学习，用氛围带动其参与。 3.对其进行认可和鼓励。	1.设计有吸引力的开场活动。 2.通过个人介绍满足学员社交需求。 3.安排小组学习。
	吃饭时间到了，课程还未结束	1.如果课程超过吃饭时间，预先告知，并说明原因，询问学员的意见。 2.删减非重点内容，尽快结束课程。	1.了解学员需求，确定课程重点。 2.课前时间设定时，考虑学员平时作息时间。

总结

针对"学员早退"的情况，可以从培训前和培训中两个方面入手。

1.培训前

充分的准备是成功的一半。无论学员觉得课程对自己没有帮助、课程内容过于简单/难，还是课程枯燥无吸引力或课程超时等问题的发生，都跟课前的准备息息相关。在培训前，可以通过以下措施预防"学员早退"的情况发生。

(1)课程内容：既要有针对性，又要难易度适中。

①有针对性的内容。课前进行需求调研，了解学员的共性问题，设计有针对性的课程内容。

②难易度适中。课前进行需求调研，了解学员的基础，设计难易度适中的课程内容。

③课程重点明确。根据学员的需求来确定课程重点。
④内容呈现:练习用生动的语言及比喻、类比等方法讲解概念。
(2)建立联系:准备开场内容,建立学员与课程内容之间的桥梁。
(3)课程节奏:课程开发时,就要充分考虑到学员的作息习惯、可用时间和学员基础,设计好课程的节奏。
①课前时间设定时,考虑学员平时作息时间。
②根据可用时间和学员的基础,设计恰当的课程节奏。
(4)学习活动:好活动一定是设计出来的。在课程开发阶段,我们可以有以下的准备工作。
①设计有吸引力的开场活动。
②设计适合全体学员参与、难易程度不同的闯关活动。
③通过个人介绍满足学员社交需求。
④安排小组学习,通过学习氛围来带动全体学员的参与。

2. 培训中

(1)为了避免学员觉得课程对自己没帮助,可以采取以下措施:
①课程中,使用学员生活、工作中的案例,建立学员与课程内容之间的联系。
②课程中,请学员运用所学解决工作中的实际问题,让他们感受到所学知识对自己的价值。
(2)枯燥的课程没有人喜欢,可以通过下面的方式来增加吸引力:
①用生动的语言及比喻、类比等方法讲解概念,做到通俗易懂、生动有趣。
②让学员学习资料后展示知识、概念,可以是口头解释,也可以是书面呈现或表演等方式。目的在于带动学员参与,同时深化学员对知识、概念的理解和交流。
③安排学员运用所学技能完成任务,以此检验学员的学习效果,强化所学内容。
④请学员参与活动的评估和反馈,在提升参与度的同时,也回顾和温习了所学内容。
(3)针对课程节奏太慢/快的情况,可以在课程进行过程中,随时观察学员的听课情况,并结合提问、测试、完成任务等方式,了解学员对所学内容的掌握状况,判断课程节奏是否合适,必要时进行调整。
(4)针对课程内容太简单/难的情况,可以采取以下措施:
①安排课前测试,了解学员的基础和问题,据此评估内容的难易程度。

②课中评估学员的基础和能力,必要时增加或降低难度。

(5)有些学员抱着来看看的心理参加培训,如果处理不好,会对其他学员产生负面影响。下面是培训现场可以采取的措施:

①用有吸引力的提问或案例引发学员的兴趣。

②以小组方式进行讨论和学习,用氛围带动其参与。

③对其进行认可和鼓励。

(6)如果吃饭时间到了,课程还未结束,可以采取以下措施:

①如果课程超过吃饭时间,预先告知,并说明原因,询问学员的意见。

②删减非重点内容,尽快结束课程。因为在拖延的时间里,学员能够听进去的内容很少,但会对这位培训师和这个课程产生反感,得不偿失。

案例 1-12　提前结束的课程

我在给一家企业进行两天的"引导式课程设计"培训。第一天的课程还没开始,HR就跟我说:"苏老师,不好意思,因为学员们来自全国各地,这次有三位学员可能要提前走,因为他们回程的高铁只有17:30一班,而课程17:00结束,学员们要16:30离开才能赶上这班高铁。"我说:"好的。同时,您也统计一下大家第二天下午回程的具体时间,如果有需要,第二天早上我们可以提前30分钟开课,下午提前30分钟结束。"根据HR统计的回程时间,发现还有几位学员的回程时间也有点紧张,于是,我们跟学员协商后确定:将第二天早上的开课时间提前了30分钟,下午16:30结束。经过这样的调整后,直到第二天的课程结束,也没有一位学员早退。

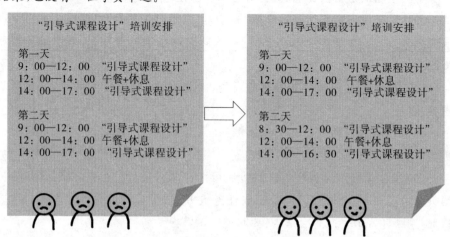

图 1-12　提前结束的课程

案例点评

在这个案例中,我采用了"以终为始"和"以学员为中心"的思维来解决学员早退的问题,具体表现如下。

1. 以终为始

学员们从全国各地赶来参加培训,希望通过学习对工作有所帮助。而我的课程80%的时间均为学员演练,课程结束前是两天课程内容的总结,对大家的学以致用起着关键作用。如果提前退场,学员损失很大。所以,我得知三位学员要提前离开后,积极想办法,让他们既能参加完整的课程,又不耽误行程。

2. 以学员为中心

除了解决已知的三位学员问题外,我还站在所有学员的角度来思考这个问题,请HR统计了学员们的回程时间,发现了有类似问题的五位学员,从而提出了解决方案:第二天早上提前30分钟开课,下午提前30分钟结束课程,方便大家回程。

可能有人会说:"这些是作为培训组织的HR应该操心的事情,培训师是不是管得太宽了?"如果从培训组织的角度来看,好像的确是这么回事。但从培训师的角度来看,就算不为早退的学员考虑,因早退而产生的负面影响也不容忽视。大家可以想象一下,如果我在听到HR反馈的三位学员早退信息后,只回复"好的",而不采取其他行动。那么,在课程还有30分结束时,先有三位学员站起身,去教室的某处拉出行李箱,然后跟其他学员告别后走出去。这个过程中,课程的正常节奏和秩序,是否会受到影响?培训师刚将大家的注意力吸引过来,之后又有五位学员陆续起身,重复同样的动作……如果您是依然留在课堂上的学员,情绪和注意力是否会受到影响呢?答案是一定会!人们很容易受从众心理的影响。就算人还在教室,可能心已跟着走了。更有甚者,有些学员本来不用这么早离开,也可能会觉得别人都走了,自己不走好像吃亏了,便干脆起身去拉行李箱。

看到这里,您还会觉得只有培训组织者才需要关注学员回程时间的问题吗?

案例1-13 改签的学员

一次"问题树课程开发模型"培训结束后,我正在收拾物品,两位学员走过来跟我交流。其中一位刘同学说:"苏老师,我们本来要提前1个小时走的,因为直达的高铁只有下午这一班。但我们俩都觉得老师的课程内容很实用,特意改签到晚上了。"我问:"不是只有下午这一班高铁吗?"刘同学说:"我们改签的需要转车,没关系的,就是晚到家一个半小时。"我问:"那你们辛苦了。同时,刚才您说觉得我的课程内容很实用,具体是指什么呢?"旁边的王同学抢着说:"比如您在课程开场时,举了自己跟孩子沟通的案例,其中运用了七大方法和剥洋葱,我觉得很实用。"刘同学接着说:"我印象最深的是课程中,我们每个小组针对工作中的实际问题进行鱼骨图分析,大家一起集思广益,发掘了很多之前自己没有想到的因素,也让我开始重新思考自己的工作。以前我总觉得是领导不支持培训,其他部门主管不配合培训工作,现在发现自己有很多方面做得不够,专业性不足。"我说:"这是不错的思考!"王同学又说:"本来我们俩是临时报名想来看看的,没想到还真是来对了!发现问题树模型的思路,不但可以用在课程开发上,还可以用来有效开会。您用'问题树'到'对策树'的思路来确定会议内容的案例,让我印象深刻,如何开会是我的痛点,回去马上就可以用了。"刘同学说:"是的,这也是我没有想到的。还有,看到您列出的各种数据资料后,我发现之前自己一直忽略了手里的不少宝贝,以后不但要用来进行学员的基础数据收集,还要好好分析,从中找到趋势和可以改善的切入点。"王同学又说:"对了,还有剥洋葱,在带团队时特别好用!"……其他学员也围了过来,纷纷说出自己回去后的运用计划。

图1-13 改签的学员

案例点评

在这个案例中,从学员们的反馈可以看到:我采用了"建立联系"+"深挖细节"+"创造价值"+"拓展运用"的方法,不但让两位只是来看看的学员改签了回程票,还促进了学员们的学以致用。具体表现如下。

1. 建立联系

在培训开场时,我举了自己运用课程内容跟孩子沟通的案例,建立了学员与课程之间的联系。这里的巧妙之处在于案例是来自生活中的。如果选取工作中的案例,对于尚未学习课程内容的学员来说可能难以理解,且很难适合来自不同工作内容的学员。而来自生活中的案例,不但通俗易懂,还能快速建立学员与课程内容之间的联系,引发学习的兴趣,是导入课程的一种有效方式。

2. 深挖细节

数据资料分析法的运用环节,我没有一带而过,而是列举出了各种数据资料,帮助学员进行比对,去反思之前的运用。这样的做法相当于带着学员照镜子,比直接指出效果更好。

3. 创造价值

学员们来参加培训,通常都希望能运用所学解决问题,如果能在课程中就体现出这点,对学员们来说,这个课程的价值就突显出来了。在本案例中,我让每个小组针对工作中的实际问题进行鱼骨图分析,通过学员们现场运用所学解决工作中的问题,为学员们创造了课程的价值感,从而提升了后续的参与积极性。

4. 拓展运用

从这个主题来看,是关于课程开发的,好像只适合培训师来学习。但我通过开场的亲子沟通、课中的工作问题分析演练以及会议议程产生的思路示范等,让学员们认识到问题树课程开发模型的一整套问题分析和改善的流程、工具和方法,不但可以用在课程开发上,还能用在生活、工作的方方面面。这样的运用拓展,可以很好地促进学员培训后的学以致用。

问题 10 设备故障

在培训中,通常需要用到各种设备,如果课程进行中,发生投影仪无法播放、翻页笔失灵、话筒无声等情况,培训师需要进行紧急处理和灵活应变。表1-27列出了设备故障的常见原因和对策。

表 1-27 "设备故障"的原因和对策

描述	常见原因	马上可以采取的措施	预防措施
培训进行中，所需的设备（如电脑、投影、翻页笔、话筒等）无法正常使用	投影仪无法播放PPT	1.使用替代方案，例如板书、看资料、海报。 2.将PPT文件发到学员群。 3.组织学习活动，比如上节内容知识点回顾等。 4.宣布额外休息。 5.利用休息时间解决问题。	1.提前测试各种设备，播放PPT、视频、音乐，测试效果。 2.在现场放置备用电脑、插线板和电池。 3.保留设备维护人员联系方式。 4.事先准备替代方案。 5.准备海绵活动。
	投影内容有色差、超出或小于幕布	1.采用替代方案进行授课。 2.选择性地播放PPT内容。 3.课间进行调整。	
	视频或音乐无法播放	1.放弃播放。 2.采用替代方案，如讲案例或其他方式。	
	话筒没有声音	1.先不动声色继续授课，示意他人协助。 2.走到学员中间授课。 3.来个"发声大挑战"，提升能量场。	
	翻页笔失效	1.不动声色地边说边走向电脑，手动控制翻页。 2.趁学员完成任务时，检查翻页笔。	
	突然停电	1.宣布额外休息。 2.问问学员们有什么建议，例如，座位调整（因光线问题）。 3.通过提问将此事与授课主题发生联系后，继续授课。 4.采用替代方案授课。	

针对"设备故障"的情况，可以从培训前和培训现场两个方面入手。

1. 培训前

培训前的各项工作，属于预防措施，比培训现场采取纠正措施成本低很多。

(1)提前测试各种设备，这是确保培训现场顺利的前提和保障。本章的案例1-3中,分享了我提前一天进行各种设备测试的细节。如果遇到投影仪投影出的内容有色差、内容超出幕布或内容大大小于幕布时,先请专业人士进行调整,若无法改善,就在当晚修改自己的PPT,以确保第二天上课时,能够给学员更好的观看体验。

(2)就算提前测试没问题,也要在现场放置备用电脑、插线板和电池,有备无患。

(3)保留设备维护人员联系方式,以备不时之需。

(4)事先准备替代方案,例如,当投影无法使用、话筒没有声音等情况发生时,有哪些方式可以替代。

(5)准备海绵活动。海绵活动是用于填补时间的。例如,培训进行中,培训师发现设备出了故障,可以先安排与课程内容相关的海绵活动,以免在学员的众目睽睽之下处理设备问题。这样不但浪费时间,也会影响到学员对培训师专业度的评价。

2.培训现场

培训进行中,如果发现设备无法正常使用,先确认电源和电池,再看看硬件和软件。

(1)投影仪无法播放PPT。导致这个问题的原因可能有PPT无法打开、电脑突然死机、软件不兼容等情况。

如果是设备与电源接触不好或没有电了,可以按照下面步骤进行:

①使用替代方案,例如板书、看资料、海报。

②如果是投影仪问题,可将PPT文件发到学员群,请学员用手机看PPT。

③组织学习活动,比如上节内容知识点回顾等。

④宣布额外休息。

⑤利用休息时间解决问题。培训师可以趁休息时间,检查电脑、投影等,确认问题并修复。如果是自己无法解决的问题,可以试试以下方式:

- 询问是否有学员能够解决。这个方法最快捷,学员中往往有高手。
- 如果没有学员可以解决,马上向专业人士寻求帮助。

(2)投影内容有色差、超出或小于幕布。这种情况在使用外部场地时常常会发生。如果因种种原因导致课程开始时才出现该情况,可以考虑以下措施:

①采用替代方案进行授课。

②选择性地播放PPT内容。

③课间进行调整。

(3)现场发现视频或音乐无法播放时,可以采取以下措施:

①放弃播放。

②采用替代方案,如讲案例或其他方式。此时需要先思考该视频或音乐的目的。表1-28列举了几个以终为始的替代方案。

表1-28 播放视频、音乐的替代方案

类型	目的	替代方案
视频	导入课程	提问、案例、讲故事等。
	案例分析	培训师讲故事或提出要求(如一个不讲理的顾客),让学员自编自演后进行案例分析。
	引发思考	提供几个选项,请学员说明选择某个选项的原因,并进行讨论。
音乐	作为上课的信号	换成铃铛、掌声或喊声(例如有特色的吆喝声)。
	提振精神	①简短的肢体活动,如做操、跳舞、照镜子、人体拼图等; ②喊口号,看看哪个队的口号喊得响亮。
	制造紧张感	培训师通过语言和语气、语调来营造紧张感。

(4)话筒没有声音。遇到这种情况,可以采取以下措施:

①先不动声色继续授课,示意他人协助。

②走到学员中间授课。

③停止授课,来个"发声大挑战",提升能量场。可以让小组之间以喊口号或问好的方式来进行。

(5)翻页笔失效。有了翻页笔的帮助,我们可以摆脱讲台的束缚而随意走动。当发现翻页笔失效后,可以采取以下措施:

①不动声色地边说边走向电脑,手动控制翻页。

②趁学员完成任务时,检查翻页笔。

(6)突然停电。这种情况虽然少见,但只要发生,就特别考验培训师的应变能力。此时,可以采取以下措施:

①宣布额外休息。

②问问学员们有什么建议,例如,座位调整(因光线问题)。

③通过提问将此事与授课主题发生联系后,继续授课。

④采用替代方案授课。

案例1-14 没电如何做培训

在给一家企业做"班组长管理技能"培训时,开课前,我听到HR说当天停电,且就在开课后30分钟时开始停电。听到这个消息时,我的第一反应是不能用电脑、投影仪。于是,我先打印好了PPT备用,还请HR准备了大白纸。

那天下大雨,培训室又在一楼,没有灯,里面光线很暗。连白板都只能放在靠窗的一面,大家才能勉强看得清楚。虽然有些思想准备,但真正站在台上时,还是觉得有些挑战,主要体现在以下几个方面。

(1)环境方面:培训现场的光线太暗,让人昏昏欲睡。空调不能开,而房间里的玻璃窗只有两个很小的通风口,其余的玻璃都是密闭的,培训室中很闷热。

(2)器材方面:无法用电脑、投影仪、话筒。

(3)辅助资料方面:PPT不能用,作为课程亮点的几个非常重要的动画无法呈现。我的课程都是以引导和启发为主,事后才发讲义。而这次遇到突发情况,讲义还没来得及打印,学员手中没有任何课程相关的参考资料。

作为职业培训师,我一直对自己说:若不能改变学员和环境,就改变自己的授课方式。

于是,我做了以下调整来应对挑战。

1. 气氛调动方面

(1)用夹心饼干引出主题。我知道,这个时候,充分调动大家的积极性,比任何时候都重要。因此,我充分运用了开场时有电的那半个小时。在引出"夹心饼干"这个话题时,我问大家:"大家吃过早餐了吗?"大家答:"没有。"一片笑声中,我播放了自己DIY的夹心饼干图案,说:"很抱歉,苏老师只能请大家吃不能顶饱的饼干。不过,我是第一次来到这里,好像应该是大家尽地主之谊……"通过寒暄活跃了气氛之后,我说:"其实我的本意不是要让大家请我吃饭。我的问题是:大家觉得自己是夹心饼干吗?"……

(2)暖场。平时我说到每个队的口号时,会告诉大家,可以用说的,也可以用唱的。这次,我说到之前有的队唱"团结就是力量"时,就用中气十足的嗓音唱了起来,效果不错。

(3)用多种方式调动气氛。我用夸奖北方人的直爽、送小礼物等进行激励的方式,很快调动了大家的积极性。

2. 授课方式方面

(1)采取替代方案。不能播放动画,我采取了多种替代方案,例如:

①没有了能使大家会心一笑的动画,我就用案例体现。因为这些身边的案例让学员倍感亲切。例如,忙碌的刘班长,原本是用一个人在方框内不停奔跑的动画来表达的。我替换成了一个案例:刘班长为什么会下台。

②在阐述管理的基本职能——领导和控制时,我分别用示范和表演的方式,替代了动画。我将这三个动画有机结合,连接成一个故事,用提问的方式,引发大家思考,并在后面的内容中进行重复和强调,帮助大家深入理解所讲解的概念。

(2)随时关注学员反应,收集现场案例。我的一贯风格是走动式教学。每个小组以U字形排列,而我总是在学员中间,关注每位学员的反应,并现场收集案例。例如:

①现场引导。当一个团队因为回答问题优秀而获得加星后,我给主动为他们鼓掌的另外两个队加了星,并问大家:"知道为什么吗?"在引导学员说出自己的想法后,我总结说:"因为我刚才说了,虽然我们今天有6个队在做竞赛,但6个队和我是一个大的团队,我们的共同目标是快乐学习。因此,我们也同样需要团队精神,需要彼此的鼓励。"第二次发生这样的情况时,我看到表演的学员感激地站起身,向大家鞠躬,便以此引出了情绪传递的概念,让大家感悟到要赢得别人的尊重,首先要尊重别人。

②离上午的课程结束还有近30分钟时,我看到大家精神状态不太好,就邀请一位学员站到讲台上来。本想让她说出我看到的情况,借此谈谈换位思考。没想到当我问她:"你看到大家的精神状态如何?"她回答:"精神饱满!"我马上问大家:"你们觉得自己精神饱满吗?"得到的是整齐而有力的"是"。此时,我看到的果真是精神饱满的学员。于是,我引申到如何做激励——表扬比批评更有效果,如果你希望你的部属往哪方面提升,就尽量从这个方面去夸他,这是非常有效的零成本激励。

(3)随机应变。在课程进行中,随时关注学员们的状况,进行相应调整。例如:

①抢答加星。原本用讨论发表方式进行的"班组长应具备的条件"主题,因时间关系需要做改变。考虑到气氛,我改为抢答加星的方式,既调动了学员的积极性,又引导大家全方位思考,得到了各种答案,最后自己做总结。

②取消游戏。考虑到午饭后大家都比较容易犯困,我中午设计了一个小游戏,想以此带动大家。不料当我问大家"下午好"后,得到的是振奋人心的回答。于是,我改变了计划,简单总结了早上的课程后,直接切入课程内容,争取了更多的时间。

③以学员为中心。在与上司、部属沟通技巧的讨论分享环节,我把原来的我做点评,变成角色扮演+自我点评+他人点评+我的总结。例如,表演结束后,先请表演者讲出自己的表演中运用了哪些沟通技巧,如尊重、语气平和等,再由其他队的人员指出哪些细节体现出了尊重、语气平和,我再做最后的点评。用这样的方式,使全员都参与进来,通过别人的实践来演练,加深印象。

④提炼要点。在"工作分配的步骤"部分,要先讲"工作分配前应该注意的三个问题",我提炼成"三思"。讲解时,我说:"中国有句古话'三思而后行',我们的工作分配也是一样。在做工作分配前,需要对以下三个方面进行思考……"这样的引导,加上案例,使大家能够快速记忆。

3. 集中注意力方面

没有了必要的辅助工具和资料,要想集中大家的注意力,更多地要靠培训师自己。我采取了下面的方式。

(1)提问。这是引发学员思考、集中注意力的常用方式。

(2)说半句话。无论是提问后的回答,还是课程回顾,都不直接给出答案,留一个缺口给学员来答。让他们在参与中养成思考的习惯,并为自己的答案自豪,在集中注意力的同时,也提高了积极性。

(3)故意犯错。在加星方面,故意忘记给优秀的队加星或在加星时故意将笔尖放错位置。这时的星,既是我们竞赛中的荣誉,又是工作中的奖金,大家都非常关注。以此来调动大家,非常有效。

4. 课程内容方面

在授课过程中,我不断地巧妙穿插前面的内容,在参与中不断重复,联系工作场景进行模拟演练。培训快结束时来电了,我把PPT重新放了一遍,并跟大家一起回顾要点。每次我都先让学员说答案,或引导大家。大多数学员在没有PPT,也没有讲义的情况下,把一天的内容回忆了出来!

准备的大白纸没有用,事先备用的讲义我也没有拿出来看过。因为内容已经很熟悉了,在大巴上、飞机上,我都在备课。虽然一整天,我都如同蒸桑拿般,一直不停地出汗,但看到学员有这样的状态和效果,真的很欣慰!

图1-14 没电如何做培训

案例点评

这个案例中,面对停电的挑战,我运用了"先处理心情"+"转换主角"+"顺势而为"+"替代方案"+"演练强化"+"巧下钩子"的方法,具体表现如下。

1. 先处理心情

在案例中的环境下参加培训,对学员而言也有很大的挑战,最直接的负面影响就是心情。如果情绪不佳,会影响到对培训的兴趣,进而影响到学习的积极性。因此,这样的情况下,就必须要先处理心情。案例中,我通过开场的简短寒暄,拉近了与学员之间的距离后,提出"夹心饼干"的问题,引发了学员的共鸣。接着用唱歌这种接地气的方式,进一步活跃了气氛,再加上适时的鼓励和奖励,成功营造出了轻松、愉快的学习氛围。

2. 转换主角

在PPT不能播放的情况下,更需要学员们多多参与。在这个案例中,我做了多次调整,将学习活动的主角由"我"换成了"学员"。例如,演练后先进行自评、他评,再由培训师总结,在深化学员对课程内容理解的同时,也提升了学员的参与度。此外,授课过程中多次结合工作场景的演练,也有力地促进了学员的学以致用。

3. 顺势而为

计划不如变化快,在这个案例中表现得尤为突出。例如,上午课程结束前的换位思考分享"未得逞",下午开场小游戏被取消。这些不是事故,而是以学员为中心的顺势而为。这两个环节中,都是以我的假设为前提:上午站在台上看到大家状态不佳,午饭后学员容易犯困。当学员现场的反应让我意识到自己的假设错误后,马上放弃原来的计划,选择了更有利于学员的方式。这样不但过渡自然,而且节省时间。

4. 替代方案

在这个案例中,我运用了大量替代方案,详见表1-29。

表1-29 案例1-14中的替代方案

原来的设计	替代方案
不停奔跑的小人动画	案例:刘班长为什么会下台
动画	用示范和表演的方式,将其串成一个故事
讲解:鼓励和尊重	肯定有相应表现的小组,现场加分并进行提问引导
学员分享换位思考的感受	借学员看到的"精神饱满"引申到如何做激励——表扬比批评更有效果
讨论后分享	抢答加星
讨论分享后培训师点评	角色扮演+自我点评+他人点评+培训师的总结

5. 演练强化

管理技能不可能听会,而是需要大量的演练。在这个案例中,我在课程中大量穿插了与学员实际工作相关的演练,并通过演练后的各种评估、反馈、讨论和总结强化所学。这些演练不但让学员对课程内容印象深刻,也使他们感受到了课程的价值所在,进一步激发了学员动机。

6. 巧下钩子

在培训中,要想持续维持学员的注意力不是一件容易的事情。在这个案例中,我通过提问、说半句话、故意犯错、巧下钩子,结合多种学习活动,在没有电的情况下,不但成功吸引了学员的注意力,使其持续保持对课程的兴趣和参与度,还在课程结束前的测试中,达到了预期的培训效果。

本章总结

本章一共有 10 个关于培训纪律和氛围的问题,其中 3 个发生在培训主题开始前,7 个出现在培训主题开始后。通过前面的常见原因和对策分析,我们可以看到:很多培训现场发生的"突发状况",通过课前的充分准备,是可以预防的。《〈培训师成长实战手册:授课现场的问题及对策〉使用指南》表 1 提供了针对培训纪律和氛围的策略,方便大家查询使用。

第二章

师生问答中的问题及对策

 **本章导读**

本章要解决的是授课现场师生问答场景下出现的各种问题。

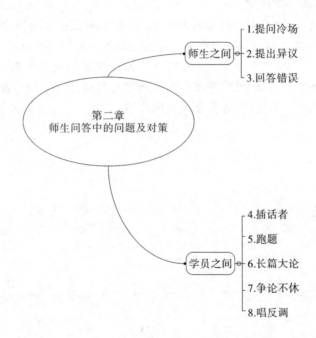

针对以上每个问题,本章都进行了常见的原因分析,并提供了针对性的解决方案,同时进行了相关案例的分析。为了方便大家运用,我将本章出现较多的方法汇总为表2-1。

表2-1 师生问答中问题的对策汇总

方法	说明	举例
先跟后带	这是一种说话方式,是指先认同和肯定对方,避免否定和批评。在培训中,可以: 1.肯定对方说过的话(哪怕只认同一句话或一个词) 2.考虑对方的情绪或态度。 3.肯定对方的动机。 4.站在对方的角度来肯定。 5.承认新的可能。	1."我很赞同你刚才说的合作这个词,……" 2."明明自己很努力了,还听到这样的评价,心里觉得挺委屈的吧?" 3."我知道你是想提醒大家这样做可能会有风险,对吗?" 4."你是觉得他这样的措辞会让对方反感,是吗?" 5."的确会有这样的后果,之前我们没有考虑到呢。"
借力学员	在提问冷场、学员对培训师提出异议、跑题、争论不休等情况下,培训师通过提问或其他方式,将问题或责任转移给学员。	1."对于李同学的观点,大家怎么看呢?" 2."谁能分享一下这个问题的解决办法呢?" 3."大家认为这个问题跟我们讨论的主题有关吗?"
手势辅助	1.在不方便使用语言的情境下,培训师可以利用手势的辅助来达到干预的目的。 2.通过简单的手势,带动学员的参与。	1.用食指竖在嘴边,提醒学员安静。 2.用一只手的食指顶住另一只手向下的手掌,暗示暂停。 3.提问后,邀请大家举手回答问题时,自己先举起手。 4.针对内向或慢热的学员,从伸出拇指这样的简单参与开始,慢慢引导大家开口说话。
总结	1.学员发言思路不清晰时,协助其进行总结。 2.当两位学员发生争执时,总结双方的观点。 3.讨论结束后,对观点进行总结升华。	1."我总结一下刘同学刚才的观点……我的理解对吗?" 2."张同学的观点是……,王同学的观点是……有遗漏吗?" 3."刚才我们谈了很多沟通时的语气、表情、肢体对沟通结果的影响,总结为一句话就是先处理心情,再处理事情。大家同意吗?"
问题诊断	培训现场出现各种情况后,培训师先通过观察、提问等收集信息,然后结合以往的数据、经验进行分析,找到问题的症结所在,以便对症下药。	1.从学员的面部表情和神态,判断学员对课程内容是否理解。 2.从学员的表情和肢体动作,判断学员是否有发言的欲望。 3.通过提问,了解学员对某个问题提出异议的理由。 4.通过提问,了解学员对某个问题回答错误的原因。

续表

方法	说明	举例
增加/降低难度	学员的水平参差不齐,当提出的问题、分配的任务对学员们来说有困难时,培训师可以通过重新提问或分解任务来降低难度;如果问题或任务难度太低,培训师可以提出附加问题或分配额外的任务来提高挑战。	1."为什么培训无效这个问题的确有点大,现在我们来拆分一下,有哪些因素会影响到培训的效果呢?大家可以先从人的角度来考虑。" 2."如何解决培训拖堂的问题,如果直接给出对策可能比较挑战,我们是否可以先找一下拖堂的原因呢?" 3."你们小组已经完成了任务,现在请思考一下:如果有同学不赞同这些观点,你们打算如何说服他们呢?"
引导思考	当提问冷场、有学员提出异议、回答错误、唱反调时,培训师通过提问,引导学员们进行深入思考。	1."刚才我们从学员的角度谈了这个问题,现在我们看看从培训师的角度应该如何解决呢?" 2."刘同学刚才分享了具体的做法,让我们来思考一下这样做会有哪些后果呢?"

在授课现场,最常用也最简单的互动方式是提问——培训师提出问题,学员来回答。在这个过程中,也会出现各种问题,主要分为提问和回答两类。下面我一一进行分享,并提供对策。

问题 1 提问冷场

培训现场,培训师提出一个问题后,全场无人回应,这样的情况会很尴尬。表2-2列出了这种情况的常见原因和对策。

表2-2 "提问无人回应"的原因和对策

描述	常见原因	马上可以采取的措施	预防措施
培训师提问后,现场没有学员回应	没有畅所欲言的氛围	先找"托"来回答,并给予表扬和激励,鼓励学员回答问题。	培训开场就营造轻松、畅所欲言的氛围。
	问题过大	通过提问将问题细分或具体化。	事先进行需求调研,根据学员的基础提出难易度适中的问题,一次只问一个问题。
	问题太难	1.给出提示或提供选项,降低难度。 2.换一个难度稍低的问题。	
	问题太简单	提出附加问题,增加难度。	
	学员没听懂问题	重复问题并解释,或换种问法。	思考如何清晰表达每个问题,并测试。
	学员对问题没有兴趣	说明这个问题与主题和学员的关系。	提出与主题和学员关联度高的问题。

总结

为了避免"提问无人回应"的情况,可以从提问前和提问后两个方面入手。

1.提问前

(1)培训开场时,通过各种活动或鼓励发言的做法来营造轻松、畅所欲言的氛围。

(2)事先进行需求调研,根据学员的基础提出难易度适中的问题,并确保一次只问一个问题。这样可以避免因问题过大/过难/过于简单而导致的学员无回应情况发生。

(3)在提问前思考如何清晰表达每个问题。为了确保问题清晰、准确,可以先找人测试,请其尝试着回答。通过对方的反馈来判断提问的质量如何,如果不满意,再进行调整。

(4)课堂上的提问,要与培训主题和学员有关,且关联度高,才能引发学员的回应。

2.提问后

提问后,如果发现无人回应,培训师要根据学员的反应采取相应的措施。

(1)如果发现培训现场的氛围不够开放,没有畅所欲言的氛围,可以找"托"来回答。具体做法是:先环顾全场,观察学员们的面部表情和肢体语言,找到有意愿回答的学员(如眼睛看着培训师、皱着眉头做思考状、欲言又止等),邀请其进行分享,再给予表扬和激励,以达到鼓励学员回答问题的目的。

(2)当问题过大时,培训师可以将问题细分为几个小问题,每次只提出一个问题;或者运用5W1H将问题具体化。

(3)如果发现这个问题超出了学员的知识范围,可以采取两种做法:

①给出提示或提供几个选项,以此来降低难度;

②更换一个难度稍低的问题。

(4)有时,培训师提出的问题太过简单,也会让学员不屑于回应。此时,可以提出附加问题来增加难度,激发学员的回答兴趣。

(5)当学员没有听懂问题时,培训师可以重复问题并进行相关解释,或者换种更通俗的问法。

(6)如果学员对问题没有兴趣,培训师可以向学员说明这个问题与主题及学员的关系,以及自己为什么会提出这个问题。

案例 2-1 慢热的发言氛围

一次"职场沟通技巧"培训只有 1.5 小时,培训师张鸣考虑到课程内容比较多,就放弃了暖场活动。学员们入场后,他说:"欢迎大家一起来学习职场沟通技巧。今天我们要讲三个模块……"当他问:"在工作中,让你比较头大的是哪一类问题的沟通呢?"没有学员回应。他环顾一周,看到马同学张了张嘴又闭上了。于是,他说:"马同学,你平时就很乐于分享,来跟大家说说吧!"马同学站起来说:"跟领导沟通工作量的问题。每天工作做不完,但领导每次都说我时间安排不合理。"张鸣说:"感谢马同学说了自己跟领导沟通的困扰,大家有同样的问题吗?如果有,竖起大拇指;如果没有,竖起食指。"大部分学员竖起了大拇指。张鸣看到第一个竖起食指的是刘同学,就说:"我看到刘同学第一个竖起了食指。我很好奇:关于马同学刚才的困扰,你有什么妙招可以跟大家分享吗?"刘同学说:"也不是什么妙招,就是把手头的工作列个清单,写上完成期限和所需时间,然后给领导看,比嘴上说可能效果更好些。"张鸣说:"这的确是妙招呢!感谢你的分享。同时,我也很想知道:工作中,哪一类沟通让你觉得更挑战呢?"刘同学说:"我觉得比较挑战的是跟刚入职的同事沟通工作的要求,他们会觉得麻烦不愿意按照要求做……"通过这样的交流,培训现场的气氛慢慢轻松起来。

图 2-1 慢热的发言氛围

案例点评

在这个案例中,张鸣使用了"找托"+"借助手势"+"先跟后带"的方法,具体表现如下。

1. 找托

找"托"分为培训前就找好和培训时现场找这两种情况。其中,事先找"托"比较简单,找几位自己较为熟悉的学员,告知课程中自己要提的问题,请其事先准备答案或主动举手。培训现场找"托"需要培训师有很强的观察力和洞察力。本案例中,张鸣就是通过观察看到马同学"张了张嘴又闭上"这个动作,觉得他有发言的欲望,只是需要外力推一把,所以点名邀请其发言。现场找"托"成功的秘诀是发现欲言又止的肢体语言,例如:张了张嘴又闭上、将手举起一半又放下、抬头看着培训师等。因此,"托"不是随便找的,尤其是在培训现场找时,一定要细致观察,找对人。否则可能会遇到比冷场更尴尬的情况:被所谓的"托"拆台。

2. 借助手势

马同学发言后,张鸣请大家用竖起大拇指或食指的方式来"发言"。这样做,一方面可以调动学员参与的积极性,另一方面也为学员踊跃发言搭建了一座桥,用手势参与来连接桥的两端:不发言和积极发言。这样的"发言"方式,对学员来说很简单,无须说话,只用动动手指,降低了发言的难度,可以快速带动学员的参与。同时,培训师可以针对两种不同选择的学员采取不同的策略。对于竖起大拇指的学员,可以快速估计一下人数和占比,评估是否需要作为课程中的一个重点内容来解决。这相当于做了一个简单的需求调研。对于举起食指的同学,可以请他们分享自己如何解决马同学的困扰,也可以请其说出一个自己的困惑。前者用于解决其他学员提出的问题;后者用于需求调研,了解他们的问题点。

3. 先跟后带

在邀请两位同学发言时,张鸣都运用了"先跟后带"的方法。其中,结合平时的观察,用"你平时就很乐于分享"的肯定来鼓励马同学。通过培训现场的观察,用"我看到刘同学第一个竖起了食指"让刘同学感受到自己被关注和重视,愿意回答第一个问题。当刘同学分享了自己对马同学提出问题的对策后,张鸣用"这的确是妙招呢!感谢你的分享"对刘同学的分享给予赞赏和感谢,然后提出第二个问题。

通过找"托"、借助手势和三次先跟后带,张鸣营造了畅所欲言的氛围,为后续的课程开展奠定了基础。

案例 2-2 "启发"的尴尬

"职场沟通技巧"培训时,培训师张鸣先给学员们看了一段视频,然后问:"大家看了这个视频,有什么启发?"他等了15秒,没有人回答,就又问了一遍,还是没有人回应。然后,他说:"看来大家还沉浸在刚才的视频中,那我们就一起来回顾一下吧!这个视频中,有哪几个人物呢?"学员们抢着回答了。他又问:"这些人之间发生了什么样的故事呢?"这个问题也得到了学员们的抢答。之后,他问:"结合前面的课程内容来思考一下:角色 A 的沟通为什么会成功呢?"……通过这个问题,他带着学员进行了深入的思考。

图 2-2 "启发"的尴尬

案例点评

在这个案例中,张鸣运用了"以终为始"+"循序渐进"的方法,具体表现如下。

1. 以终为始

张鸣两次提出问题后均无人回应,这时他可以有三种选择:转移话题、自己回答、继续提问。这三种选择的利弊如表 2-3 所示。

表 2-3 三种选择的利弊

选择	利	弊
转移话题	省事,能快速消除尴尬	可能会让学员困惑,无法达到视频播放这个环节的目的
自己回答	节省时间,避免冷场	从"引导"变成了"说教",难以引发学员的思考
继续提问	有一定难度和风险	更有利于实现引导学员深入思考的目的

这个环节的目的是引导学员深入思考。如果选择了"转移话题",播放视频的目的无法达成,也浪费了宝贵的课程时间。如果选择"自己回答",对培训师而言操作简单,但培训的方式就从双向互动转变为单向灌输,无法起到引导学员思考的作用,使得课程效果大打折扣。表 2-3 的三种选择中,"继续提问"是难度和风险最大的,但也最有利于实现该阶段的目的。

所以,张鸣选择了"继续提问",从而实现了这个环节的"终"——引发学员深入思考。

2. 循序渐进

培训中的很多冷场,都源自一个突如其来的问题,例如此案例中的"大家看了这个视频,有什么启发?"。在看了一个视频、做了一个活动,或玩了一个游戏之后,很多培训师都喜欢马上问启发或收获,这让学员们有些措手不及。一方面,学员们还沉浸在刚才的视频内容或者活动/游戏带来的情绪中,这个问题提得太突然,学员们还没来得及思考;另一方面,这样的问题太大,学员们不知道该从哪些角度去考虑。于是,就出现了让众多培训师感到尴尬的冷场。在本案例中,张鸣在冷场后,意识到了自己的问题,迅速调整了提问思路,借助5W1H的思路,先从最容易回答的who(人物)问起,然后是what(发生了什么),最后提出why(角色A的沟通为什么会成功呢)。这样的提问顺序,从易到难循序渐进,一步一步地引导学员进行思考,不但避免了冷场,还能带动更多学员的参与,从而提升了课程的效果。

案例2-3 两次冷场

"职场沟通技巧"培训继续进行,在沟通的方式模块中,培训师张鸣提出问题:"我们平时都有哪些沟通途径呢?"学员们相视而笑,没有人回答。张鸣等了5秒后,继续提问:"我们平时都有哪些沟通途径?这些途径各有什么利弊呢?"学员们开始了热烈的讨论。张鸣带着大家进行了讨论的总结后,展示了一张PPT,如图2-3所示,然后问:"这种情况下,你应该如何做回应?"等了10秒后,没有人回应。他又问:"如果遇到这种情况,你可能会做出什么回应呢?"学员们纷纷说出自己的观点。

图2-3 在吗?

案例点评

在这个案例中,张鸣采用了"增加挑战"+"降低难度"的方法,具体表现如下。

1. 增加挑战

张鸣提出的第一个问题"我们平时都有哪些沟通途径呢?"因为太过简单无人回应。此时,他可以放弃这个问题,重新提出一个问题,也可以自问自答。但前者的风险比较大,因为一方面这样的氛围可能会影响到接下来的问题回应,如果依然冷场就更尴尬了。而自问自答虽然可以让他自己有台阶下,却对带动发言的氛围帮助不大。最终,张鸣选择了提出一个附加问题来增加挑战,从而打破僵局,引发了学员们的讨论。

2. 降低难度

第二个问题有点难度,主要体现在"应该"二字上。这两个字的出现,让学员觉得自己的回答应该是正确的标准答案,压力很大。为了避免错误或不完整,干脆不发言了。这时,张鸣换了个问法,将重点放在学员分享自己的做法或想法上,降低了问题的难度,也缓解了大家的压力,成功激发了学员回答问题的积极性。

问题 2 提出异议

在培训中,有时学员会对培训师的观点或要求提出异议,这让不少以权威自居的培训师觉得没面子。那么,这种情况下,应该如何处理比较好呢?表2-4汇总了"提出异议"的常见原因和对策。

表 2-4 "提出异议"的原因和对策

描述	常见原因	马上可以采取的措施	预防措施
学员指出培训师观点中的错误或不足,或对培训师的要求提出异议	学员有不同的立场或角度	认真倾听,给予肯定。	1.开课前,站在不同立场和角度思考问题,提炼观点。 2.全面考虑各项要求,避免遗漏。 3.考虑如何清晰表达观点或要求,必要时进行演练。
	学员有内容要补充	为其点赞,邀请分享。	
	学员未听清楚或未理解观点或要求	表示歉意,重新解释观点或要求,询问是否有疑问。	
	学员故意岔开话题	认可学员的参与热情,并询问其话题与自己观点和要求的关系。	建立规则,要求学员思考问题时自问"与主题的关系是什么"。

 **总结**

从表2-4可以看出,除了学员故意岔开话题之外,其他学员提出异议,并不是为了找碴或挑战培训师。"异议"的字面意思是不同意见。将异议当成质疑、挑战或找碴的培训师,一听到学员提出异议就会如临大敌,恨不得全副武装来应战,其实大可不必。在培训中听到不同意见时,我通常会很高兴,因为这说明学员愿意思考和参与,大家可以在交流中碰撞出更多火花,有些内容甚至可以补充到自己的课程内容中。这样的好事又何乐而不为呢?所以,要想有效地应对学员提出的异议,培训师首先要摆正心态,放弃自己高高在上的权威,丢掉"我都是对的"的错误想法,抱着与学员互相学习的心态来看待异议,就会"闻异则喜"了。

为了更好地应对培训现场学员提出异议的情况,可以从培训前和培训中两个方面来入手。

1. 培训前

(1)开课前,站在不同立场和角度思考问题,提炼观点,力求全面。这样在课程中,就能引起不同立场和角度学员的共鸣,提升他们对课程的兴趣。

(2)在确定活动的规则或要求时,内容要简单、准确、通俗,避免遗漏和歧义。

(3)考虑如何清晰表达观点或要求,必要时进行演练和修改。

(4)建立规则,要求学员思考问题时自问"与主题的关系是什么"。

2. 培训中

(1)当学员从不同的立场或角度来解读主题或评论观点时,培训师需要做的是先认真倾听,必要时可以将关键词或主要观点记录在白板或海报纸上。在学员发言的过程中进行鼓励,发言结束后给予肯定。

(2)如果学员有关于内容的补充,培训师可以先为其点赞,然后邀请分享,并在分享结束后给予表扬。

(3)当学员未理解观点或要求时,培训师可以先表示歉意,然后重新解释观点或要求,并询问是否有疑问。

(4)如果学员故意岔开话题,培训师可以先认可学员的参与热情,然后询问其话题与自己观点和要求的关系是什么。

案例 2-4　如何应对"学员提问不会"

在一次 TTT 课程中，有学员提问："如果培训时，学员提出的问题我不会，该怎么办呢？"我回答："在我的《培训师成长手册》中提供了四种方法：踢球法、照镜法、切西瓜法、讨论法，您可以参考一下……"话音刚落，李同学说："还可以借力。"我说："感谢李同学的补充，借力是不错的方法。同时，刚才我说讨论法也是一种借力方式，是借全体学员的力，您说的借力具体是借谁的力呢？"李同学说："可以借个别同学的力。"我继续问："我很好奇：具体如何操作呢？"李同学说："可以问：'谁能回答这个问题？'如果有学员会，就可以解决问题了。"我说："看来英雄所见略同。您这样的做法跟我说的踢球法不谋而合了，我们应该握握手。"我边说边跟李同学握了握手，然后问："您还有什么补充的吗？"李同学说："暂时没有。"他刚坐下，刘同学说："如果问：'谁能回答这个问题？'结果没有人会岂不是很尴尬？！"我说："是的，这种做法的确会有一定风险。所以，在问这个问题前，我们要先评估这个问题是否有学员能够回答。"王同学接着说："那怎么知道谁能回答呢？这也太难了吧？"我说"怎么知道谁能回答呢？这是个好问题"，然后问其他学员："大家有哪些方法可以知道学员中谁能回答呢？"学员们你一言我一语地说出了事先了解、现场观察等方法。最后，我说："那来总结一下我们刚才的讨论。学员提问不会时，培训师可以采用四种方法：踢球法、照镜法、切西瓜法、讨论法。大家同意吗？"曹同学说："还有忽略法。"我问："可以解释一下忽略法具体如何操作吗？"曹同学说："刚才的四种方法，都是正面回答问题。我觉得不一定非要回答。例如学员提出的问题跟培训主题无关，也可以不回答。"我说："这是一个不错的视角，我居然没想到。同时，我很好奇：您说的忽略是直接不理会学员的提问，还是有其他的做法呢？"曹同学说："直接不理肯定不行，但可以告诉他这个问题跟今天的培训无关，让我们回到正题吧。"我问其他学员："如果您是提出这个问题的学员，听到这样的话后，会有什么样的反应呢？"有几位学员说："那我肯定说有关系呀！……"我问曹同学："那您要如何应对呢？"曹同学挠着头说："这可难倒我了。"我说："是的，这个问题的确比较棘手。或者，我们可以换种方式，问这位学员：'你的提问跟我们现在的主题是什么样的关系呢？'让对方先自行判断是否有关。如果学员自己认为无关，培训师给个台阶下，该话题就停止了。如果与主题相关，就参考刚才说的几种方法。曹同学，您觉得这样可以吗？"曹同学点点头说："可以了。"

图 2-4　如何应对"学员提问不会"

案例点评

在该案例中,我运用了"先跟后带"＋"借力学员"＋"引导思考"的方法,具体表现如下。

1. 先跟后带

学员不管是出于什么样的原因提出异议的,培训师首先要给予肯定,然后再针对具体的问题进行有针对性的应对。在该案例中,我在运用"先跟后带"时,也因人而异。表 2-5 列出了案例中"跟"和"带"的具体话语。

表 2-5　因人而异的"先跟后带"

学员	"跟"的话语	"带"的话语
李同学	"感谢李同学的补充,借力是不错的方法。"	"刚才我说讨论法也是一种借力方式,是借全体学员的力,您说的借力具体是借谁的力呢?"
刘同学	"是的,这种做法的确会有一定风险。"	"所以,在问这个问题前,我们要先评估这个问题是否有学员能够回答。"
曹同学	"这是一个不错的视角,我居然没想到。"	"同时,我很好奇:您说的忽略是直接不理会学员的提问,还是有其他的做法呢?"

从表 2-5 中可以看到:针对三位提出异议的学员,"跟"的内容均围绕着对方刚才说的话语进行,而"带"的内容则是培训师自己想要进行的方向。例如,针对李同学的"带",是通过提问将其答案具体化;针对刘同学,是对方法

进行了运用前提的补充说明；针对曹同学，则是提问具体的做法。通过不同的"跟"，处理了学员的情绪，再借助不同的"带"，将学员引向了培训师想去的方向。

2. 借力学员

在这个案例中，我两次借力于其他学员。其中，第一次是王同学说："那怎么知道谁能回答呢？这也太难了吧？"我将这个问题抛给了其他学员来回答。这样做既调动了学员参与的积极性，又解答了王同学的问题。第二次是曹同学说："直接不理肯定不行，但可以告诉他这个问题跟今天的培训无关，让我们回到正题吧。"虽然我知道这样做会产生负面影响，但没有直说，而是请其他学员换位思考，假设自己是这位学员会有什么反应。这样的做法一举三得，一是避免了培训师直接指出问题后，可能与学员产生的对立；二是引发了曹同学的深入思考；三是带动了其他学员的参与和体验，强化了课程效果。

3. 引导思考

大家可以看到，在该案例中，我很少直接给出答案，大多是通过提问一步一步地引导学员思考，最终达成共识。这样做的好处是：因为参与，所以认同。学员自己参与了交流的过程，并进行了充分的思考和讨论，不但对问题了解更全面、深刻，也更容易认同，从而促进学以致用。

问题 3 回答错误

课堂上提问，有些问题没有标准答案，有些问题有标准答案。如果是后者，而回答者回答错误，直接指出"回答错误"好像太伤自尊，有没有更好的方法呢？表2-6列出了这个问题的常见原因和对策。

表2-6 "回答错误"的原因和对策

描述	常见原因	马上可以采取的措施	预防措施
学员在回答问题时，回答错误	没听清楚问题	重申问题，并询问是否继续回答。	在提问前，先吸引学员的注意力。
	没有正确理解问题	解释、确认问题。	清晰说明问题，必要时举例。
	对相关知识不熟悉	降低难度或换他人回答。	提出难易度与学员的基础相匹配的问题。
	希望能与众不同	肯定后引导思路。	

 **总结**

为了避免"回答错误"的情况,可以从发言前和发言中两个方面入手。

1. 发言前

(1)培训师提问前,先通过安静、关闭PPT或展示视频及图片等方式吸引学员的注意力。

(2)提出问题后,对问题进行说明,如果有需要,对答案进行举例。

(3)提问时,确保问题的难易程度与学员的基础相匹配。

2. 发言中

培训师发现学员回答错误时,要及时给予回应,并确保"先处理心情、再处理事情"。具体做法如下。

(1)发现学员没听清楚问题时,培训师可以重申问题后,询问是否继续回答。

(2)针对学员没有正确理解问题的情况,培训师可以再次解释问题,确认其理解正确。

(3)当学员对问题涉及的知识不熟悉时,培训师可以重新提出一个问题降低难度或换其他学员回答。

(4)如果有学员希望能与众不同而回答错误,培训师可以先肯定其态度,再通过提问引导思路。

案例2-5 一句话自我介绍

一次"以终为始的暖场活动设计"的培训开场,考虑到学员们大多不认识,我请每个人进行一句话介绍。介绍的规则为:我是来自_____(城市)的_____(姓名),在_____行业,培训主要类别为_____。之后,我做了示范。在介绍的过程中,我一直举着写有介绍规则的A4纸。第一位做介绍的张同学说:"我是张林,很高兴认识大家。"他说完后,我将手中的A4纸举高了些,对张同学说:"张同学已经为大家示范了部分规则,从您的自我介绍中,我们知道了您的姓名。同时,您看看还需要补充哪些信息呢?"张同学说:"不好意思,刚才没注意到规则。我重新说:我是来自深圳的张林,在物流行业,培训类别为服务类。"我说:"谢谢您的示范,请坐。我们请第二位同学来做自我介绍。"王同学站起来说:"我是王康,在零售业,培训主要类别为销售。"我接着说:"您的介绍让我们获得了规则要求的三点信息：姓名、行业和培训类别。此外，我们还想知道您来自哪个城市。"王同学说："跟张林一样，也是深圳。我以为重复的就不用说了。"我说："不好意思，是我没有说清楚。规则应该是每个人都按照这个公式填空，让大家了解自己的相关信息，便于后续的学习和交流。"同时举起写有介绍规则的纸说："您能按照这个规则，重新给大家示范一下标准版本吗？"王同学按照规则又重新说了一遍。有了这两次的纠正和示范后，不到3分钟，20人的一句话介绍就顺利完成了。

图 2-5　一句话自我介绍

案例点评

在该案例中，我运用了"先跟后带"＋"借力模板"＋"示范"来应对回答错误的学员。

1. 先跟后带

在该案例中，两位同学在第一次进行自我介绍时，都没有严格按照要求来进行，但原因有所差异。张同学是因为没有留意到规则，所以我先肯定了他介绍中符合规则的部分（介绍了自己的名字），然后重申规则，请其补充剩下的内容。王同学是因为误解了规则导致介绍的信息不全，所以我先肯定了他符合规则的三点信息，然后通过自我检讨给他台阶，最后提出要求，请其按照规则重新完整地介绍自己。

2. 借力模板

为了让学员们快速按照要求进行一句话自我介绍，我借助了手写模板，通过手举模板的方式，帮助学员们做到以下几点：

(1) 集中注意力，关注目前正在进行的环节。

(2) 清晰了解规则要求进行准备。

(3)按照这个规则进行自我介绍。

(4)聚焦这个规则的内容,来倾听其他学员的自我介绍。

3. 示范

在这个案例中,一共有三次示范。第一次是我自己的示范。张同学和王同学在我的提醒后,按照模板补充完整信息,分别是第二、三次示范。这个过程看起来有些烦琐,但非常必要。因为要确保20人在3分钟内完成自我介绍,且要说出规定的信息,必须要统一标准,且引起学员们的足够重视。从张同学的第一次自我介绍的内容可以看出他对自我介绍的规则不太在意。所以,通过引导他按照要求完成自我介绍,既是一次示范,又让其他学员看到了我对规则的重视,从而引导学员的关注。王同学第一次自我介绍,虽然按照模板的要求进行,但遗漏了部分内容,此时要做的是重新说明规则,确保准确。通过王同学按照规则重新进行完整介绍,再次强调了规则的重要性,并进行了正确的示范。这三次示范,确保了后面的自我介绍顺利进行。

案例2-6 暖场方式的讨论

在"以终为始的暖场活动设计"培训中,我给大家介绍了以终为始选择暖场方式的方法后,问学员们一个问题:"如果明天下午2—5点,我们要做一个培训,参加者为30~40岁的技术人员,场地够大,适合采用什么样的暖场方式?给大家30秒思考。"30秒后,刘同学抢先回答:"唱歌、跳舞、讲笑话!"我说:"刘同学说了三种暖场方式,您的理由是什么呢?"刘同学说:"因为下午容易犯困,这三种方式可以快速集中学员的注意力,消除疲劳。"我说:"大家的看法呢?"张同学说:"年龄30~40岁的学员,不会配合唱歌、跳舞的。"接着王同学也说:"是啊!技术人员最慢热了,也比较腼腆,唱歌、跳舞可能放不开吧?讲笑话不知道他们是否擅长,别冷场了。"我说:"看来唱歌、跳舞的暖场方式对于30~40岁的技术人员来说,可能不太适合。讲笑话也有一定风险。刚才刘同学说下午容易犯困,暖场的目的应该是快速集中注意力,消除疲劳,大家同意吗?"学员们回答:"同意!"我问:"那么,结合前面我分享的内容,大家认为动脑、动手、动脚哪类活动更有利于达成这两个目的呢?"学员们回答:"动手、动脚。"我说:"是的,肢体运动越大的活动越有利于达成我们这两个目的。刚才大家认为肢体运动大的跳舞,不适合我们这次的学员。那么什么样的活动适合呢?"王同学说:"我看到您提供的暖场活动中有发红包、有奖问答,我觉得都挺合适的。"我问:"理由是什么呢?"王同学说:"发红包是现在比较流行的方式,不分年龄层次,大家都喜欢。有奖问答,比唱歌、跳舞难度低。"我说:"您说的在线下培训中发红包,具体怎么操作呢?"王同学说:"开课前先建群,发两拨红包让大家抢。"我说:"然后呢?"王同学说:"然后开始上课。"我还没说话,张同学就说:"大家在群里积极,不等于在培训现场也活跃。说不定抢红包后,学员们的注意力转移到看手机上了,比不发红包还糟糕呢。而且,抢红包就动动手指,好像对消除疲劳没什么作用吧?"我问王同学:"关于张同学这两个顾虑,您是怎么考虑的呢?"王同学说:"刚才我也没有想那么多,只是觉得发红包比较特别。现在看来好像的确不太适合。"我说:"这就是大家交流和讨论的价值所在。恭喜大家的收获!我来总结一下,这个问题中,有几个关键词:时间、对象、场地,我们一个个来看。从下午2点开课这个时间点,我们确定了暖场的目的是集中注意力、消除疲劳。从对象为30~40岁的技术人员,我们凭经验可以知道学员们的特点是不太活跃、慢热、不擅长跟人打交道。根据这几个特点,我们可以判定唱歌、跳舞这些活动不太适合他们。但是要想达到吸引注意力、消除疲劳这两个目的,又恰恰是肢体活运动较大的活动效果更好。大家快速查找一下暖场活动类别,看看有哪些活动既有较多的肢体活动,又适合我们这批学员呢?"有学员说:"场地够大,可以用互相采访的方式。"我说:"是的。一方面,互相采访是一对一的,可以缓解学员们面对公众的心理压力;另一方面,互相采访可以进行多轮,让学员们随着音乐在场地内走动……"学员们又开始了新一轮的交流。

图 2-6 暖场方式的讨论

案例点评

在该案例中,我运用了"刨根问底"+"借力学员"+"引导思考"的方法来应对回答错误的学员。

1. 刨根问底

刘同学和王同学给出答案后,我都通过追问理由了解了他们答案背后的考虑。这样做的目的是帮助学员深入探讨这个问题,更清楚地认识到回答错误的原因所在。

2. 借力学员

通过提问了解学员回答的理由后,我没有直接给出评判和答案,而是询问其他学员的看法。通过这样的方式,不但调动了学员参与讨论的积极性,也能引导学员更全面地思考问题,反思自己。

3. 引导思考

学员们针对刘同学的回答进行讨论后,我先总结了大家分享的看法,然后就培训暖场的目的达成共识,最后结合课程内容引导学员思考适合的活动。同样,在学员们对王同学回答的"发红包"讨论结束后,我通过提问对关键词进行抽丝剥茧,引导学员们借助资料选择适合的方式,最后进行了总结。这样的方式,既回顾和总结了课程内容,又带着学员们联系实际进行思考。与我直接说出答案相比,引导思考的方式让学员们理解更深刻,记忆也更持久。

问题 4　插话者

在培训互动时,冷场让人不安,但发言太积极也会带来困扰。例如,其他学员在发言时,有人直接打断并插话。表 2-7 列出了这个问题的常见原因和对策。

表 2-7　"插话者"的原因和对策

描述	常见原因	马上可以采取的措施	预防措施
打断其他学员发言并插话	插话者同意发言者并表示支持	认可插话者的发言欲望,然后将话题转回给被打断者。	建立发言规则:同一时间只有拿到话筒的一人发言。
	插话者不同意发言者的观点	提醒发言规则,请其等被打断者发言结束后再发言。	
	插话者认为自己要说的更重要	肯定插话者的积极态度,并请其等被打断者发言结束后再发言。	
	插话者对发言者的说话速度没有耐心	提醒规则,并帮助被打断者尽快梳理观点。	提供发言的要点或模板。
	发言者的表达不清晰	培训师提问,协助发言者明确表达内容。	

总结

为了避免"插话者"的情况,可以从发言前和发言中两个方面入手。

1. 发言前

(1)事先确立发言规则,对插话者的出现可以起到预防作用。

(2)提供发言的要点或模板,可以避免因发言者的问题导致的插话。

2. 发言中

出现插话者时,培训师要根据相应的情况进行干预,具体如下:

(1)当插话者是因为同意发言者的观点,急于表示支持而插话时,培训师可以先认可插话者的发言欲望,然后将话题转回给被打断者。

(2)如果插话者是因为不同意发言者的观点而插话,培训师可以先提醒发言规则,然后请其等被打断者发言结束后再发表观点。

(3)当插话者认为自己要说的更重要而插话时,培训师可以先肯定插话者的积极态度,然后请其等被打断者发言结束后再表达自己的观点。

(4)如果插话者因为对发言者的说话速度没有耐心而插话,培训师可以先提醒规则,然后帮助被打断者尽快梳理观点。

(5)当发言者的表达不清晰导致插话时,培训师可以通过提问,协助发言者明确表达内容。

案例2-7 艰难的收获分享

在一次"引导式课程设计"培训前,我提供了课前阅读资料给学员,并布置了三次作业。学员们在线提交作业后,我进行了批改和辅导。在线下课程开场时,我请学员们先将课前的三点收获写在便利贴上,然后进行两两分享,最后全体分享。在全体分享阶段,王同学刚说了一条收获,李同学就说:"是的,我也是这样……"王同学被打断了,只好停下来听李同学说。我用手势叫停李同学,说:"看来你们是英雄所见略同。我们也很期待您稍后的分享呢。现在我们先听听王同学的另外两条收获,好吗?"李同学说:"好的。"王同学继续分享,刚说到第二条,张同学插话说:"我觉得不是这样的,例如……"于是,王同学又停了下来。我依然用手势叫停张同学,说:"看来您课前有不少思考和收获呢,先恭喜您!同时,大家有没有发现今天王同学好难呢,一共三条收获,站起来半天了,两条还没有说完。"这时,张同学马上说:"不好意思,我不是故意要抢你的话,我的意思是……"

我接着用手势打断说:"我们都理解您急于分享的心情。同时,为了确保分享的有序进行,我们在培训公约上增加一句话'不打断他人发言',好吗?"学员们齐声回答:"好!"于是,我先将这句话添加到培训公约中,然后继续说:"我的课程中,大家发言都很踊跃,我能理解大家有话急着要说出来的心情,所以提供一个方法给大家:当他人发言时,如果自己有话想说,可以在纸上写下关键词。大家觉得这样做有哪些好处呢?"有学员说"可以避免以后分享时忘记",有学员说"方便自己培训后的温习",有学员说"避免打断其他同学的发言"……我说:"没错呢!既然在纸上写下自己思考的关键词有这么多的好处,大家要记得用哦。"在之后的分享中,没有学员插话的情况发生了。

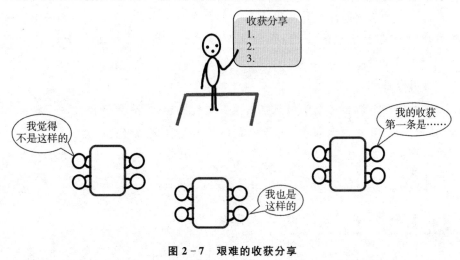

图 2-7 艰难的收获分享

案例点评

在该案例中,我运用了"手势叫停"+"先跟后带"+"引导思考"的方法,具体表现如下。

1. 手势叫停

对于插话者,手势叫停比口头叫停效果更好。原因有两方面,一是用口头叫停可能会让对方觉得没面子或难堪;二是插话者都急于用语言来表达,如果口头叫停,对方可能会因为过于专注自己的内容而忽略或根本没有听到,不一定有效果。甚至有些插话者听到后,会说"让我说完"或"很快就好"后继续。要想引起对方的注意,最好的方法是采用与对方不同的方式。例如,刚走进教室,学员们都在说话时,让大家快速安静的方式,不是大声喊"安静!要上课了!",而是静静地站在讲台上看着大家。喊声会淹没在大家的声音中,完全没有辨识度,安静地站着这样的反差反而会达到意想不到的效果。这个案例中选择手势叫停也是同理。

2.先跟后带

在两次叫停后,我均使用了"先跟后带"的方法。其中,叫停李同学后,先说"看来你们是英雄所见略同"肯定了他的想法,再用"我们也很期待您稍后的分享呢"表达出对他分享的期待。这两句话处理了李同学的心情,再用"现在我们先听听王同学的另外两条收获,好吗?"来处理事情。这样,李同学就愉快地答应了。针对张同学的插话,我叫停后,先肯定了他的思考和收获,并恭喜他,然后将话题转到了王同学被打断的现况。虽然张同学表达出了歉意,但并未停下。这时,我再次运用了"先跟后带"的方法,先表示理解他急于分享的心情,再提出建议,将大家的注意力从张同学转移到了培训公约上。

3.引导思考

我提出在培训公约上增加不打断他人发言的建议,得到学员们的一致同意后,并未停止,而是通过提问,引导学员们思考这样做的好处。这样的做法,可以帮助学员们深入思考这个建议,也反思之前的做法,为后续的落实执行奠定了基础。

案例2-8 关于提问的总结

在一次"生动授课技法"培训的第一天课程结束前,我带着学员们回顾了一天的所有环节,请大家思考:"苏老师在提问时有哪些做法?在1分钟的思考后,按照举手顺序邀请三位学员来分享。"第一位分享的刘同学说:"语气词带来的回答不同。"马同学立刻说:"什么意思呀?听不懂。"我接下来说:"看来不止我一个人感到困惑呢。刘同学,您能举个例子吗?"刘同学说:"例如,苏老师在提问时常用'还有呢?',我就常用'还有吗?'。"我接着问:"那您觉得这两种语气词会带来什么不同的回答呢?"刘同学说:"'还有呢?'会促进学员进一步思考,但听到'还有吗?'时,一般会回答'没有了',从而关闭了思考。"于是,分享继续。轮到第三位分享的孙同学时,他慢悠悠地站起来,缓缓地说:"根据不同的目的进行提问……"大概30秒后,吴同学说:"我来替你说吧,你的意思是……"在吴同学说话的间隙,我说:"感谢吴同学的补充。请问孙同学,这是您想要表达的意思吗?"孙同学说:"不是的。"我说:"那您能举个例子吗?例如,出于什么样的目的,提出什么样的问题。"孙同学说:"例如,想要了解学员对课程内容的理解情况,可以提出二选一的问题,让他们做判断;想要引发思考,就提出一个开放式问题。"我问:"大家对孙同学的分享还有什么疑问?"学员们回答:"没有了。"课程继续进行。

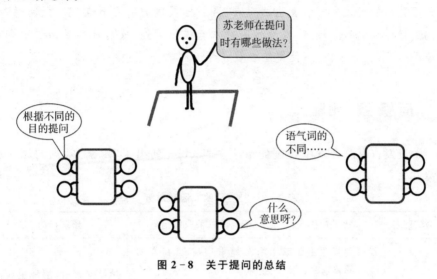

图 2-8　关于提问的总结

案例点评

在该案例中,我运用了"先跟后带"+"回旋镖"+"提问引导"的方法来干预两位插话者,具体表现如下。

1. 先跟后带

在干预两位插话者时,均使用了"先跟后带"的方法。其中,当马同学插话表示听不懂时,我用"看来不止我一个人感到困惑呢"肯定了他的感受,然后提问帮助刘同学梳理思路。当吴同学因不耐烦打断孙同学时,我用"感谢吴同学的补充"来肯定他的积极态度,然后实施干预。这两种做法,都是先处理心情,再处理事情,也为成功干预奠定了基础。

2. 回旋镖

回旋镖的特点是飞出去以后会再飞回来。针对发言者被打断的情况也是一样,虽然需要先处理插话者的心情,但话题最终要回归到发言者。否则,任由插话者滔滔不绝,不但喧宾夺主,挫伤了发言者的积极性,也助长了随意插话的风气,引起其他学员的效仿,从而破坏分享的秩序和氛围。培训师干预插话者的最终目的是要将话语权转回发言者手中。

3. 提问引导

如果是因为发言者本身的问题导致插话，如本案例中的刘同学和孙同学，就需要培训师的引导了。针对不同的情况，需要不同的引导方式。例如，刘同学的发言内容过于空泛，我先通过请求其举例来具体化，然后针对举例进一步提问，帮助刘同学细化了内容。孙同学的发言速度慢导致吴同学没有耐心听，我先跟孙同学确认吴同学表达的观点，再给出具体的发言要点"目的、问题"帮助他进行详细说明。最终，我通过因材施教提出问题，成功地引导两位发言者梳理思路，细化分享内容，使得发言顺利进行。

问题 5 跑题

学员发言有时会发生跑题的情况。表 2-8 列出了"跑题"常见的原因和对策。

表 2-8 "跑题"的原因和对策

描述	常见原因	马上可以采取的措施	预防措施
学员发言时，表达的观点或内容与主题无关或关联不大	没有弄清楚主题或发言的要求是什么	培训师重申主题和发言要求。	学员发言前，解释主题，明确发言的要求。
	表达不清晰	培训师通过提问引导学员清晰表达。	
	思维发散，忘记了主题	1.重申主题，并提问："你表达的观点与主题的关系是什么？" 2.重申主题，提供发言的基础。	请学员自问："我的观点与主题的关系是什么？"
	对发言内容不熟悉或不擅长	通过提问引导降低难度，或者让发言者寻求"亲友团"帮助。	1.提问与学员知识相匹配。 2.学员自荐发言。

为了避免"跑题"的情况，可以从发言前和发言中两个方面入手。

1. 发言前

(1)清晰解释主题，明确发言的要求，以避免学员因没有弄清楚主题、发言要求或表达不清晰导致的跑题。

(2)有些学员思维发散,很容易跑题,培训师可以请其自问"我的观点与主题的关系是什么",由此来判断是否跑题。

(3)根据学员的基础和掌握知识的程度提出难易度相匹配的问题,学员自荐回答问题。

2. **发言中**

如果学员发言时跑题,培训师需要出面干预,措施如下:

(1)发现有学员没有弄清楚主题或发言的要求时,培训师再次重申主题和要求。

(2)当学员表达不清晰时,培训师通过提问,引导学员梳理观点,明确表达。

(3)如果学员思维过于发散,忘记了主题,培训师可以重申主题,或问学员"我们现在讨论的主题是什么呢?",然后问该学员"你表达的观点与主题的关系是什么?"。

(4)当发言者对发言内容不熟悉或不擅长时,培训师可以通过提问引导降低难度,也可以让发言者向其他学员求助。

案例2-9　视频中的会议

在一次"有效的会议技巧"培训中,培训师张怡问:"刚才我们看了一个关于会议的视频,大家觉得这是一个有效会议吗?"学员们回答:"无效!"张怡说:"现在给大家1分钟时间思考:视频中这个会议,有哪些表现让你觉得无效?想到答案的学员可以举手示意,我会邀请三位同学来分享。"汪同学第一个发言,他说:"我认为一个有效的会议应该……"张怡立刻做出暂停的手势,等汪同学停下来后,她说:"汪同学,您是第一个举手发言的,果然跑得很快哦。您还记得我们要回答的问题是什么吗?"汪同学挠了挠头说:"不是有效会议技巧吗?"张怡说:"您说得没错,今天我们的培训主题是有效的会议技巧。同时,我刚才的问题是:视频中这个会议,有哪些表现让你觉得无效?您是现在回答还是需要坐下来思考一下?"汪同学说:"那我再想想吧。"于是,他坐了下来。张怡请第二位发言者杨同学分享,他说:"视频中的会议是无效的,这个会议中,王经理可能昨天没睡好……"张怡说:"我很好奇:视频中的哪个部分显示出王经理没有睡好?"杨同学说:"哦,我看到他一直低着头,就猜他可能是犯困了。"张怡说:"您很善于思考呢。同时,我的问题是:视频中这个会议,有哪些表现让你觉得无效?您能举例说明吗?"杨同学说:"整个会议进行得很拖沓,没有规则,也没有达成目标。"张怡说:"那您能用'我看到'或'我听到'作为开头语来举例吗?"杨同学说:"我听到会议结束时,王经理说'很遗憾,今天的会议目标没有达成,我们下次再安排会议吧',说明这是个无效的会议。"

图2-9　视频中的会议

案例点评

在该案例中,张怡运用了"手势叫停"＋"先跟后带"＋"重申主题"＋"提问引导"的方法来干预两位跑题者,具体表现如下。

1. 手势叫停

在汪同学发言跑题时,张怡运用了暂停手势叫停。这样的做法,既能顾全汪同学的面子,又能快速达到叫停的目的。

2. 先跟后带

在对汪同学和杨同学的跑题进行干预时,张怡均使用了"先跟后带"的方法。其中,对第一位发言的汪同学说"您是第一个举手发言的,果然跑得很快哦",对其发言的速度和积极性进行了肯定,通过"您说得没错,今天我们的培训主题是有效的会议技巧"肯定了对方说话中的关键词,让对方感觉被"听到"了。在得知杨同学猜测王经理没睡好后,说"您很善于思考呢",肯定了对方的态度。这些肯定都是在处理心情,为后面的处理事情做铺垫。

3. 重申主题

两次先跟后带的运用,在处理完心情后,均通过重申主题来引出当前的事情,但在具体运用上有些差别。听到汪同学答非所问后,通过提问"您还记得我们要回答的问题是什么吗?"发现对方并不清楚主题,张怡重申了主题。针对杨同学的跑题,张怡没有一开始就重申主题,而是结合了提问来进行。

4. 提问引导

针对两位学员的跑题干预,张怡均使用了因人而异的"提问引导"方法。其中,通过提问主题,确认汪同学不清楚主题,也就意味着对方可能没有足够的时间思考。所以,张怡通过提问给出两个选项,让学员自己选择是回答还是坐下。这样的做法,不但给了汪同学台阶下,也节省了大家的时间。杨同学说"王经理可能昨天没睡好"后,张怡没有立刻指出跑题了,而是通过提问了解他为什么会这么说。得知是他的猜测后,重申主题的同时请其举例说明。当杨同学的回答为大而全的评判,而非视频中的事实描述后,张怡提供了两个开头语来帮助他细化内容,使得分享顺利进行。

问题 6 长篇大论

在课程中,有些学员的发言虽然没有跑题,但长篇大论停不下来,对培训师来说也是一种挑战。表 2-9 列出了"长篇大论"常见的原因和对策。

表 2-9 "长篇大论"的原因和对策

描述	常见原因	马上可以采取的措施	预防措施
学员发言时滔滔不绝,内容烦琐、词句重复	当领导养成的习惯	提醒时间或结束话题。	1. 建立发言规则:确定每个人的发言时间,且发言内容不重复。 2. 设立时间官,负责提醒发言时间。 3. 提供发言的要点或模板。
	发言者说话没有重点	提问协助或提供发言框架。	
	发言者表现欲强	限制时间和观点。	
	发言者为了炫耀自己	请其总结观点,课后分享。	

总结

为了避免"长篇大论"的情况,可以从发言前和发言中两个方面入手。

1. 发言前

发言前,先建立发言规则,确定每个人的发言时间,并请专人负责。如果有必要,可以提供发言的要点或模板。

(1) 建立发言规则,可以包括:

① 每个人发言 1 分钟或 30 秒,具体时间视现场可用时间而定。

② 发言不得重复。这个规则可以促使学员认真倾听其他学员的发言内容,

一方面提升专注度,另一方面促进课程内容的交流和理解。

(2)设立时间官,负责提醒发言时间,并与学员们协商确定提醒的时机和方式。例如,是倒计时提醒还是到截止时间叫停,是用手势、铃声还是口头等。

(3)提供发言的要点或模板,为发言者提供方向或框架,使其发言内容尽量保持在正轨。

2.发言中

在学员发言过程中,如果发现长篇大论者,培训师要及时干预。采取的措施如下。

(1)有些学员因为当领导养成的习惯,所以在发言时会长篇大论。此时,培训师可以提醒发言时间,并给30秒请其做总结。

(2)遇到发言者说话没有重点时,培训师可以通过提问或提供发言思路帮助其梳理要点。

(3)如果发言者表现欲强,发言时长篇大论停不下来,培训师可以限制其发言时间或观点数量,便于及时叫停。例如,给他1分钟时间或分享2个观点。

(4)有些学员发言时长篇大论是为了炫耀自己,这时,培训师可以请其总结观点,课后分享。

案例2-10 沟通案例分享

在一次"职场沟通秘籍"培训中,培训师李明请学员举出一个工作中有效沟通的真实案例。销售部门的张经理第一个发言,他说:"有一次,我……为什么说这是一个有效的沟通呢? 我的经验是……"他举例后,又针对案例进行了一番评价,然后说:"我再举一个失败的沟通案例吧。"李明听到有学员小声说:"他平时开会就是这样滔滔不绝的,听得人都犯困了。"李明赶快做出暂停的手势,说:"太好了! 现在我们已经收集到了一个有效沟通的真实案例。感谢张同学的分享。大家用掌声感谢吧!"在掌声中,李明示意张同学坐下,然后问:"哪位愿意提供第二个案例呢?"吴同学举手发言,他说:"我的案例是……"学员们一脸疑惑,说:"说了半天,都没弄明白在说什么?"李明说:"吴同学,您可以按照STAR的框架来发言,也就是什么情况下,您要与谁沟通,希望达成什么样的目的,之后,你们都说了什么、做了什么,最终结果如何。您试试看。"吴同学按照这个框架重新组织了语言,清晰描述了这个案例。

图 2-10 沟通案例分享

案例点评

在该案例中,李明运用了"手势辅助"+"先跟后带"+"提问引导"的方式,帮助两位长篇大论者。具体表现如下。

1. 手势辅助

在对张经理的发言进行干预的过程中,李明两次借助了手势。其中,第一次是发现张经理在分享了真实案例后依然喋喋不休,他通过暂停的手势叫停了发言。第二次用掌声+示意坐下的手势,引导张经理放弃继续发言并坐下。这两次手势的辅助,都快速达到预期目的,并避免了张经理的尴尬。

2. 先跟后带

针对张经理的发言,李明没有指出他的长篇大论及其影响,而是先肯定他提供的真实案例。这样做可以缓解张经理被打断后的不悦,因为在他自己看来,可能还在兴头上就被打断了。之后,李明请大家用掌声感谢他的分享,提供了终止发言的台阶,顾全了他的面子,也维护了他的自尊心。

3. 提问引导

当吴同学因表述不清而长篇大论时,李明不但提供了发言的框架,还通过提问细化了框架内容,并给予鼓励,使得吴同学顺利完成了分享。

案例 2-11 我知道……

"职场沟通秘籍"培训继续进行,培训师李明请学员们思考:一个有效的沟通有哪些特点?李明请大家思考 30 秒,然后每人发言 1 分钟。孙同学先举手发言,他说:"一个有效的沟通应该有下面几个特点,一是……,我解释一下;二是……,我举个例子;三是……,为什么这么说呢?……"时间过去了快2分钟,他还没有要停下来的意思。这时,李明做出暂停的手势,说:"感谢孙同学的细致解说。同时,每个人只有1分钟的发言时间,我来帮您总结一下吧。刚才您的观点是有效沟通有三个特点……对吗?"孙同学说:"是的。"李明说:"好的,非常感谢您的分享。让我们听听其他老师的想法,可以吗?"李明说"好的",然后坐下。接下来,罗同学要求发言。他说:"我刚好之前去参加过一个关于沟通的公开课,一个有效的沟通应该有以下特点……你们知道吗?还是我来揭秘吧……"时间已经超过1分钟了,罗同学没有丝毫要停下来的意思。李明做出暂停的手势,说:"看来罗同学是位值得我们学习的好同学!您将学习内容记得如此清晰,太让人惊讶了!同时,因为时间有限,我先总结一下您刚才的发言……我的总结准确吗?"罗同学说:"没错!"李明说:"感谢您的分享!我相信您还有不少宝贝,等课间休息时,您再一一展示,好吗?"罗同学说:"没问题!"于是,课程继续。

图2-11　我知道……

案例点评

在该案例中,李明使用了"先跟后带"+"协助总结"+"封闭式提问"+"意见征询"的方式,干预了两位长篇大论者。具体表现如下。

1. 先跟后带

在干预两位长篇大论者时,李明都运用了先跟后带的方法,但具体做法又因人而异。其中,叫停孙同学后,通过感谢分享方式进行了认可,然后自己进行总结。叫停罗同学后,先肯定他是个好同学,然后协助总结。

2. 协助总结

总结发言的方式,常用的有三种:自己总结、培训师协助总结、其他学员总结。在这个案例中,总结的目的是尽快结束这位学员的发言。如果请发言者自己总结,可能依然又会引发一番长篇大论,从而适得其反。在发言者本身就超时的情况下,如果再请其他学员总结,就太浪费时间了。所以,该案例中,李明选择了自己协助总结的方式尽快结束发言,从而节省了时间。

3. **封闭式提问**

如果想要结束某个谈话或发言,最好的方式是提出封闭式问题,对长篇大论者更是如此。在该案例中,李明协助发言者进行总结后,都提出了封闭式问题,跟发言者进行了内容确认。

4. **意见征询**

对发言者的发言内容进行确认后,李明提出自己的建议,并询问对方的意见。这样做,一方面表现出了对发言者的尊重;另一方面也不给对方继续发言的机会,达成了干预的目的。

问题 7 争论不休

在课堂发言过程中,有时因发言者观点或立场不同,会发生辩论或争论,如果不及时干预,可能导致课程难以进行。表 2-10 汇总了"争论不休"的常见原因和对策。

表 2-10 "争论不休"的原因和对策

描述	常见原因	马上可以采取的措施	预防措施
发言时,学员不赞同彼此的观点,发生争执	对问题的理解不同	重申问题,并进行解说。	提出问题后,确认学员们对问题是否有一致的理解。
	立场不同	说明不同立场,并找到共同目标或相似点。	说明分享观点是互相学习的机会,观点不同恰恰是学习的切入点。遇到不同观点时,要求用"我很好奇……"开头来提问观点背后的思考。
	关注点不同	指出不同的关注点,引导思考。	
	纠结于措辞	了解彼此对该措辞的理解和分歧,寻找折中的表达。	
	有情绪	了解情绪的来源,对症下药解决。	
	表达不清晰	提问帮助发言者清晰表达。	明确发言的要求,如果有必要,提供发言的框架或模板。

 总结

为了避免"争论不休"的情况,可以从发言前和发言中两个方面入手。

1. 发言前

(1)提出问题后,询问学员对问题的理解,检测大家对问题的理解是否一致,以避免对问题的理解不同而导致的争执。

(2)在回答问题前,向学员说明:分享观点是互相学习的机会,观点不同恰恰是学习的切入点。遇到不同观点时,要求学员用"我很好奇……"开头来提问观点背后的思考。这是对学员进行心理建设,使他们的心态从"我是对的"转变为"他/她为什么这么说",将可能的争执变成互相学习的机会。

(3)事先明确发言的要求,提供发言的框架或模板,可以减少因表达不清晰导致的争执,也避免浪费时间。

2. 发言中

发言者争执不休时,培训师需要介入进行干预,以免影响课程节奏和氛围,浪费时间。具体措施如下。

(1)如果因为对问题的理解不同而发生争执时,培训师可以重申问题,并进行解说,确保学员们对问题有一致的理解。

(2)如果因立场不同而争执时,通常他们自己并未意识到分歧的来源。此时,培训师可以分别说明各自的立场,并找到共同目标或相似点,帮助争执者看到彼此观点之间的联系。

(3)如果争执的源头是关注点不同,培训师可以指出各自关注的关键词,引导大家"看到"并理解彼此的观点。

(4)有时学员们只是纠结于某个措辞,这时培训师可以先了解彼此对该措辞的理解和分歧所在,然后引导大家寻找折中的表达方式或措辞。

(5)发现争执者有情绪时,培训师可以通过提问了解其情绪的来源,对症下药先处理情绪。

(6)如果争执是因表达不清晰所致,培训师可以提供框架或提出问题来帮助发言者梳理思路,清晰地进行表达。

案例 2-12 小组讨论时学员彼此打断

在一次"内训师授课技法"培训中,我提问:"可能会有哪些原因导致在小组

讨论时学员彼此打断呢?"学员们通过头脑风暴,得出了结论:①讨论的主题不明确;②分享者的观点偏离主题;③小组成员对于讨论主题不够明确,在讨论过程中有疑问则会打断别人分享;……我问:"大家还有什么需要补充的吗?"李同学站起来说:"我觉得②、③都是一回事。"王同学马上说:"明明是不同的情况,怎么可能是一回事?!"李同学说:"怎么不可能!我就觉得是一回事。"……于是,我叫停两位学员说:"两位同学都很善于思考。同时,我也分享一下自己的理解。②是针对发言者观点的,③是针对讨论主题的。二者的确有些类似,但各有侧重。你们觉得呢?"李同学想了想说:"的确是这么回事。"接下来对这些问题进行原因分析。曹同学说:"讨论的主题不明确,肯定是培训师没有讲清楚。"刘同学说:"那可不一定,有时学员不认真听也会导致讨论的主题不明确。"曹同学又说:"虽然也有这种可能性,但培训师的责任更大些。"刘同学马上说:"现在的学员……"我趁双方说话的间隙说:"两位同学围绕着讨论的主题不明确这个问题,分享了各自的看法,这让我想到了一个硬币的两面。大家说得都没错呢!培训师的表达不清晰,学员们的倾听和理解不到位,都会导致讨论的主题不明确。我们这个环节的目的是找到问题的可能原因,之后再一一提供对策。那么,现在我们是否可以将培训师和学员可能的原因都写下来呢?"这个建议得到了所有学员的赞同。

图 2-12 小组讨论时学员彼此打断

案例点评

在该案例中,我运用了"先跟后带"+"一视同仁"+"总而言之"的方法,具体表现如下。

1. 先跟后带

针对李同学和王同学的争执,我先用"两位同学都很善于思考"进行肯定,先处理了心情,然后才处理事情。针对曹同学和刘同学的争执,我用"大家说得都没错呢"进行肯定,为接下来处理事情打下了好的基础。

2. 一视同仁

在干预两次争执的过程中,我均采取了"一视同仁"的态度,没有偏向任何一方。无论是因立场不同还是关注点不同导致的争执,都有其价值,培训师不能因个人喜好而偏向某一方,否则会引起更大的争执。培训师的中立、客观,一方面能够快速地为争执的氛围降温;另一方面也让争执各方感受到培训师的关注和认可,很好地处理大家的情绪。

3. 总而言之

通过展示中立的立场处理好学员们的情绪后,还需要有策略地处理事情。这时,我没有使用"各打五十大板"的方法,而是相反,通过"总而言之"的方法,将争执各方的观点逐一罗列出来,然后进行总结。这样的做法,不仅使得观点因博采众家之长而更全面,也增强了学员们对总结内容的拥有感,印象更深刻。

案例2-13 好问题的特点

处理完上面的问题后,"内训师授课技法"培训继续。在进行到"提问"环节时,我问:"好问题有哪些特点?"学员们纷纷发言,我在白板上记录下来。张同学说:"好的问题应该让学员能够回答出来。"吕同学立刻说:"不对!如果问题太简单,也不是好问题。"张同学说:"我的意思不是一定要问简单的问题。"吕同学说:"那能不能问太难的问题呢?"张同学一边说"太简单不行,太难也不行",一边挠头。吕同学笑着说:"你说不出来标准了吧?!"张同学说:"就你行!那你说呀!"吕同学说:"恼羞成怒了吧!"我赶快叫停两位学员,说:"理不辩不明,张同学的观点引发了一场小型快问快答游戏,这也给了我不少启发。因为之前我也没有想到可以从难易的标准这个角度来讨论好问题的特点,感谢两位同学的分享。同时,我试着理解一下,张同学想要表达的是好的问题不应该超出学员的已有知识,不知道我的理解准确吗?"张同学说:"对呀!我想表达的就是这个意思。"我接着问吕同学:"如果这么表达,您觉得可以吗?"吕同学说:"这样就容易理解了。我没问题了。"我说:"刚才两位同学讨论的问题,帮助我们深入思考了什么是好问题。正如刚才的讨论,一个问题的难易,如果只是空谈很难有确定的标准。但我们在培训课程中进行提问时,有具体的场景,例如课程开场、中间还是结尾;有具体的对象,即学员们是什么年龄层次,有多长时间的培训主题相关经验,他们的问题和困扰是什么等;还有我们提问的目的。如果为了让学员们开口,那就要提相对容易回答的问题,如果要检测学员们对知识的理解,就要提出难易适中的问题;如果为了引发思考,就需要提出稍有难度的问题。也就是说,好问题同样需要遵循以终为始、以学员为中心的原则。"

图 2-13 好问题的特点

案例点评

在该案例中,我运用了"问题诊断"+"先跟后带"+"总结升华"的方法,具体表现如下。

1. 问题诊断

在两位同学言语交锋时,我通过观察发现二人都带着情绪。先是吕同学用质问的态度和语气与张同学交流,张同学因无法清晰回答吕同学的质问而受挫,甚至有些恼火,导致后面的交流已经演变成了人身攻击。了解两位学员情绪的来源,为后面的干预提供了方向和切入点。

2. 先跟后带

叫停时,两位同学都有情绪了。这时,我先用"理不辩不明"肯定了二人的交流,然后用"张同学的观点引发了一场小型快问快答游戏",将刚才针锋相对的问答说成是快问快答的游戏,以此来缓解刚才的紧张气氛。再通过分享交流带给自己的启发,让两位学员感受到来自培训师的关注,也感受到刚才交流的价值所在。这些都是在处理两位学员的心情。之后,我再处理事情,帮助张同学梳理自己的观点,最终得到双方的认同。

3. 总结升华

帮助双方达成共识后,我通过总结升华了主题。通过"正如刚才的讨论,一个问题的难易,如果只是空谈很难有确定的标准",不但解释了两位学员讨论无果的原因,也给了他们台阶下;之后对这个问题进行更深入、更具体的剖析和举例,对问题进行总结的同时,也升华到了两个原则。

在这个案例中,我没有特别针对二人的情绪进行干预。因为通过问题诊断,我发现两位学员情绪的来源主要是对话内容。所以,我将解决问题放在首位。事实证明,这样的策略是有效的。当大家对观点达成共识后,态度也随之转变。反之,如果没有进行问题诊断,直接干预二人的态度,可能会起到适得其反的效果。

问题 8 唱反调

培训中,有些学员在别人发言时发布消极言论,这样的学员通常被称为"刺头",他们让不少培训师感到棘手。表 2-11 列出了这种情况的常见原因和对策。

表 2-11 "唱反调"的原因和对策

描述	常见原因	马上可以采取的措施	预防措施
有学员在其他学员发言时,发出不悦的叹息、摇头或给出消极言论,例如"这行不通"	因工作性质或个人风格,习惯于发现问题和关注风险	请其说出自己的担心,学员们一起讨论解决方案。	强调彼此尊重,确定发言规则;同一时间只有一人发言;当有人发言时,先写下自己的问题或想法。
	基于自己的认知或实践,认为发言者的观点行不通	询问反对的理由。	
	自认有了更好的想法	请其分享自己的想法。	
	真心想跟大家探讨问题	听听他想说什么。	
	不管别人说什么,习惯性地反对,以此突出自己	问:"那你的想法是什么呢?"	

总结

从表 2-11 中的常见原因可以看到,除了最后一种情况外,其他"唱反调者"都是正向的,他们的表现,无论发出不悦的叹息、摇头,还是说"不行",可能都是希望参与交流的信号,而非故意捣乱或者刻意刷存在感。因此,我们将"唱反调者"分为两类:正向的"唱反调者"和消极的"唱反调者",并根据这两个类别,从发言前、发言时、发言后三个阶段来采取有针对性的策略。

1. 发言前

为了确保发言有序进行,并围绕主题展开,在发言进行前,需要强调彼此尊重,并确定发言规则,具体内容如下。

(1)同一时间只有一个人发言。

(2)当有人发言时,先写下自己的问题或想法,等发言者的分享结束后,举手发言。

2. 发言时

如果发现有学员在他人发言时说话,培训师可以通过手势来提醒对方。例如,先用把食指放在嘴唇上的手势制止,再做出写字的手势给予提示,以维持发言秩序。

3. 发言后

在发言者的分享结束后,培训师需要处理"唱反调者",以免此类言行蔓延下去,影响到课堂秩序和氛围。首先,我们需要分辨这位学员是正向还是消极的"唱反调者"。一个最简单的方法就是提问,例如,问这位学员:"我注意到×同学发言时,你说'行不通',我很想知道理由是什么呢?"然后,根据对方的回答来确定其所属类别。表2-12列出了可能的关键词及所属类别。

表2-12 判断"唱反调者"类别的关键词

回答的关键词	举例	所属类别
问题、风险	这样做可能会有风险	正向的"唱反调者"
经验、教训	以我的经验……	
更好的、更优的	我有更好的方法	
疑问、困惑	我有个疑问,我有个问题	
肯定、一定	肯定行不通	消极的"唱反调者"

确定了所属类别后,就需要采取不同的策略。其中,针对正向的"唱反调者",处理原则是鼓励发言,给予肯定。针对消极的"唱反调者",处理原则为聚焦内容,弱化影响。下面是具体的做法。

(1) 有些"唱反调者"是因工作性质（例如做财务、质量管理工作）或个人风格，习惯于发现问题和关注风险。有这样的学员存在，其实是一种幸运。因为有了他们的思考，讨论的内容或观点更加客观、全面。所以，遇到这样的学员，可以请其说出自己的担心，然后跟学员们一起讨论和完善解决方案。

(2) 有些学员在该主题方面，有一定的经验，他们基于自己的认知或实践，认为发言者的观点行不通，才成了"唱反调者"。对于这类学员，培训师可以询问他们反对的理由，然后请其谈谈自己的想法或建议。

(3) 有些学员自认有了更好的想法，此时，培训师就可以顺水推舟，请其分享自己的想法。

(4) 有些学员是真心想跟大家探讨问题，他不一定有好的观点或想法，可能只有疑问或困惑，这时，就听听他想说什么，再决定后续怎么做。

(5) 有些学员就像网络上的键盘侠，不管别人说什么都习惯性地反对，以此突出自己。针对这类负面的"唱反调者"，可以一针见血地问："那你的想法是什么呢？"他们通常是为了反对而反对，大多没有针对主题进行深入思考，可能回答不出来这个问题。此时，培训师不必跟他们纠缠，立刻将话题转移到其他学员的发言内容中，以便弱化此类学员的负面影响。

案例 2-14　发言的碰撞

在一次"时间管理技巧"培训中，培训师张岚提出问题："如何才能确保完成每天的工作计划呢？"李同学说："将所有事项列出清单，严格执行……"张岚看到曹同学不屑地撇撇嘴，王同学则直接说："肯定不行呀！"张岚将食指放在嘴边，看着王同学。王同学做个鬼脸后闭嘴了。等李同学发言结束后，张岚问王同学："我听到你刚才说'肯定不行'，能跟大家分享一下理由吗？"王同学说："因为我以前就是这么干的，结果依然每天都无法完成工作计划。"张岚说："哦，那你现在有解决方案了吗？"王同学说："现在我在做工作计划时，会先做筛选，这样每天的工作内容就不会那么多了，也容易完成。"张岚说："感谢王同学跟我们分享自己的宝贵经验。曹同学，你的想法或经验是什么呢？"曹同学说："我就是觉得李同学说的做法过于理想化了。如果真的这么简单，我们就不用在这里了。"张岚说："看来你很善于思考。同时，关于如何才能确保完成每天的工作计划，你的看法是什么呢？"曹同学说："我的想法是关键要看怎么执行。同样一件事情，有人10分钟做完，有人要1个小时。"张岚说："这是一个不错的角度。刚才王同学从计划的角度分享了自己的经验，现在曹同学从执行的角度来看问题，大家还有哪些角度或内容的补充呢？"刘同学说："还需要跟领导确认一下工作的完成期限,分清楚轻重缓急,然后才列出当天的工作计划。"马同学说:"那怎么可能!"张岚说:"马同学,你觉得刘同学的观点中,哪部分是不可能的呢?"马同学说:"如果跟领导确认工作的完成期限,领导肯定说都重要呀!那不跟没说一样吗?"张岚问:"那你的建议是什么呢?"马同学说:"我也想知道答案呢。"张岚注意到刚才罗同学不停地摇头,还说"肯定不行",于是她问罗同学:"我看到你刚才不断地摇头,是有不同的见解吗?"罗同学说:"是啊!"张岚问:"我很好奇:具体是什么呢?"罗同学说:"不行呀!"张岚问:"你认为不行的理由是什么呢?"罗同学说:"那还用得着说吗?肯定不行呀!"听到这里,张岚转过身,向全体学员提问:"刚才刘同学说跟领导确认工作的完成期限,大家觉得有必要吗?"学员们一致回答:"有必要。"张岚继续问:"那如何做才能对我们制订合理的工作计划有帮助呢?"学员们又展开了热烈的讨论。

图2-14 发言的碰撞

案例点评

在此案例中,出现了多位"唱反调者",张岚采用了"对症下药"+"提问引导"+"冷处理"的方法。

1. 对症下药

张岚通过提问,从他们的回答中找到其关注点,进而对多位"唱反调者"进行了区分,然后对症下药,采取了相应的策略,详见表2-13。

表 2-13 针对不同"唱反调者"的策略

学员	关注点	所属类别	策略
曹同学	问题、风险	正向"唱反调者"	问见解
王同学	经验、教训		问原因和对策
马同学	疑问、困惑		问困扰
罗同学	肯定、一定	消极"唱反调者"	冷处理

从表 2-13 可以看出,张岚不但识别出了正向"唱反调者"和消极"唱反调者",还针对各自的关注点进行引导,将学员们看似负面的表现转化为对提问内容的全方位探讨。这个方法的关键在于"对症"二字。例如,对于正向"唱反调者"的策略,都是问开放式问题,引导其说出自己的想法。而对于消极"唱反调者"则相反,要冷处理,甚至忽略。如果用的"药"(即策略)不对症,则会出现更多的问题。例如,与消极"唱反调者"讨论为什么不行,可能有两种情况发生。

(1)消极"唱反调者"拒绝继续讨论。为了反对而反对的学员,可能根本就没有思考这个问题。如果培训师提出要围绕其观点进行讨论,他们可能会当场拒绝。这样就会造成两种后果:

①培训师被当场拒绝,自寻尴尬。

②该学员不爽,他可能会觉得培训师故意让他下不了台,从而产生对立情绪,在后续的课程中继续唱反调,甚至故意捣乱。

(2)讨论得以进行。同样会有两种后果:

①浪费时间。如果非要讨论,只能是打口水战,浪费大家的时间。

②其他学员无聊。因为讨论的内容空洞,削弱了学员们对话题的兴趣,其他学员可能就会开小差,从而影响到课程氛围。

与此相反的是,如果对正向"唱反调者"进行冷处理,可能会有下面的后果:

第一,打击了学员的参与积极性,导致其后期不愿参与课堂发言或活动。

第二,失去了多角度探讨问题的机会。

2. 提问引导

针对案例中的四位学员,张岚均使用了提问引导的方式,同样是因人而异,具体表现如下。

(1)描述言行+探究原因。针对说"肯定不行"的王同学和不停摇头的罗同学,张岚都是先描述自己观察到的言行(话语和肢体动作),然后问他们的理由和见解。

(2)先跟后带。对于撇嘴的曹同学,张岚先总结了王同学的观点,然后问:

"曹同学,你的想法或经验是什么呢?"在曹同学说出理由后,用"看来你很善于思考"进行肯定,接着问他关于主题的思考,引出了执行这个新的角度。

(3)刨根问底。针对马同学泛泛的一句"那怎么可能!",张岚通过问"你觉得刘同学的观点中,哪部分是不可能的呢?"将其具体化,然后询问他的建议,从而得知他也在寻求的答案。

(4)冷处理。针对罗同学的摇头,张岚连续问了三个问题,均未获得实质性的回答。此时,她基本上可以判断出罗同学属于消极"唱反调者"。于是,选择了冷处理。

3. 冷处理

冷处理是指将人或事情暂时搁置在一边,不做处理。具体到本案例,是指张岚发现罗同学为消极"唱反调者"后,立刻转移话题,不再给予回应。这样的方式,既能预防跑题,也可以避免在空洞的争论中浪费时间。在培训中,遇到有人脱离主题时,培训师可以直接指出,但有时该学员会带领其他学员继续进行讨论。如果此时该学员的话题得不到回应,自己也会觉得无趣,便不了了之了。这样做的好处,一是培训师不太会因此与这位学员产生正面冲突,二是不会因此浪费全体学员的时间。

本章总结

本章一共有8个关于培训现场问答的问题,其中3个发生在师生之间,5个出现在学员之间。通过前面的常见原因和对策分析,我们可以看到:虽然很多问题是在提问后凸显出来的,但源头可能在之前的环节,只有预防措施到位,很多问题才能避免。《〈培训师成长实战手册:授课现场的问题及对策〉使用指南》表2汇总了师生问答各阶段的策略,方便大家查询使用。

第三章
小组讨论时的问题及对策

本章要解决的是授课现场小组讨论场景下出现的各种问题。

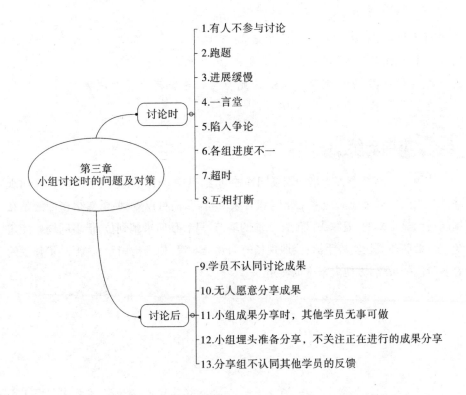

针对以上每个问题,本章都进行了常见的原因分析,并提供针对性的解决方案,同时进行相关案例分析。为了方便大家运用,我将本章出现较多的方法汇总为表 3-1。

表 3-1 小组讨论中问题的对策汇总

方法	说明	举例
先跟后带	这是一种说话方式,是指先认同和肯定对方,避免否定和批评。在培训中,可以: 1. 肯定对方说过的话(哪怕只认同一句话或一个词)。 2. 考虑对方的情绪或态度。 3. 肯定对方的动机。 4. 站在对方的角度来肯定。 5. 承认新的可能。	1. "我很赞同你刚才说的合作这个词。" 2. 看到学员未能按时完成任务,可以说:"没能完成任务,很受挫吗?" 3. "我知道你发言超时,是为了帮助团队追赶进度。" 4. "你是觉得他说话的语气让你不舒服吗?" 5. "你这个想法挺有创意的,我都没想到。"
重申目标	发现小组讨论或分享偏离主题时,通过重新告知或询问讨论主题、成果,帮助学员们回到正轨。	"我们现在要讨论的主题是什么呢?""这次讨论的成果有哪些要求呢?"
倒计时提醒	为了确保各组在规定的时间内完成讨论任务,培训师可以根据讨论的时长,设计不同的倒计时提醒。可以口头提醒,也可以书面提醒。	"现在离讨论结束还有 3 分钟了。"
叫停	发现多个小组遇到相同或类似问题时,培训师可请全体学员停止讨论,进行解释或说明。	"请大家先暂停一下,因为我发现大家掉进了一个共同的陷阱……"
观点展示	当学员们因为不同观点发生争执时,请各方说出自己的观点及背后的考虑,并记录下来,展示给全体学员,帮助大家互相聆听和理解。	"我看到现在出现了几种不同的观点,让我们一个一个来说,请记录官帮忙写在大海报纸上……现在所有的观点都列出来了,大家来找找看有哪些共同之处?"
谈话棒	谈话棒相当于话筒,使用谈话棒的规则为:只有拿到它的人才能发言,一个人发言结束后,将它传递给另一个人。这样的规则可以避免一言堂,给大家相同的参与机会。	"刚才我们已经选择了这个水杯作为谈话棒,并确定从王同学开始,顺时针传递谈话棒。下面我们再重温一下规则:只有拿到谈话棒的同学才能发言,每人发言 1 分钟,由时间官刘同学负责提醒,时间一到,就将谈话棒传递给下一位同学,直到本组的每位同学都发过言,再开始下一轮(如果还有时间的话)。"

方法	说明	举例
引导思考	当学员们对要讨论的主题没有思路或讨论内容、方向出现偏差时,培训师通过提问,引导学员们进行思考,以获得思路,回到正轨。	"课堂上提问时,我们一般有哪些目的呢?例如,想了解学员对课程内容是否了解。" "这个观点跟我们正在讨论的主题是什么关系呢?"

问题 1 小组讨论时,有人不参与

常有读者问我:"苏老师,培训现场要求小组讨论时,总有人不参加,该怎么办呢?"针对这个问题,表 3-2 列出了原因分析和相应的对策。

表 3-2 "小组讨论时,有人不参与"的原因和对策

描述	常见原因	马上可以采取的措施	预防措施
小组讨论时,有成员坐在小组圈子之外,或不发言	被其他成员排挤或主动脱离小组圈子	帮助该成员回到小组的圈子。	在小组讨论前,先请成员们彼此介绍,并设定发言规则,例如:使用谈话棒,确保每个人都可以参与。
	没有信心参与	给予鼓励,激发信心。	小组讨论前,说明没有对错,每个人的观点都值得尊重。
	没弄明白要讨论什么	再次说明讨论的主题,提供示范。	讨论前,提出讨论主题后,提供示例,并询问是否有疑问。
	认为没必要讨论	先询问原因,再给予针对性的回应和引导。	讨论前,说明为什么要进行这个讨论,以及大家均能从讨论中收获什么。
	一个小组人数太多(例如 7~10 人),轮不到自己发言	将每个小组分成两个小组同时进行讨论,完成后再汇总成果。	在分组时,将每个小组的人数控制在 5~6 人,若因场地或其他原因分大组,讨论时再细分为小组进行。

为了避免"小组讨论时,有人不参与"的情况,可以从小组讨论前和小组讨论进行中两个方面入手。

1. 小组讨论前

大多数培训现场发生的问题，都源自准备不足。针对这个问题，讨论前的准备工作是关键。下面列出了小组讨论前，培训师需要做的事情。

(1) 让小组成员彼此介绍，互相认识。中国人常说"见面三分熟"，学员们彼此熟悉后，就更容易参与到小组讨论中来。同时，这也是学员们的社交需求。

(2) 培训师提出讨论主题时，说明为什么要进行讨论，以及大家均能从讨论中收获什么。其中，说明为什么讨论，让学员们了解讨论跟课程内容的关系；说明学员们从讨论中得到的收获，则将讨论与学员们的切身利益结合起来。这样就从课程内容和自身收获两个方面激发了学员参与讨论的动机。

(3) 提供示例，并询问是否有疑问。很多时候我们以为自己说清楚了，但验证下来却发现学员们的理解各有不同。所以，讨论前提供示例非常重要。这一方面可以帮助学员们形成共同的理解，另一方面也能为学员们提供讨论的思路。询问是否有疑问，不但可以了解学员对讨论的主题、要求是否理解，还可以避免一些在小组讨论时发生的问题。

(4) 设定发言规则，并强调没有对错，每个人的观点都值得尊重。其中，发言规则是为了确保每个人都有机会发言，并确保讨论有序进行。强调尊重每个人的观点，是在营造讨论氛围，鼓励每个人大胆发言。

(5) 在分组时，将每个小组的人数控制在 5～6 人，因为这是确保每位学员能够充分参与的小组规模。如果因场地或其他原因一定要分大组，讨论时再细分为小组进行。这样做，可以避免因每个组的人数过多导致有些学员没有机会参与的情况。分组不仅需要考虑到人数，还需要评估学员的基础和性格。在我的课程上，很少让学员随机选择座位，都是在课程开始前，通过课前作业的完成和作业辅导，综合评估所有学员的基础和实力，进行平衡后分组。这样可以避免在小组活动进行的过程中，各组之间进度差异过大而导致的时间浪费和节奏混乱。当然这也要看目的。以"问题树课程开发模型"培训为例，如果是为了讨论本部门及需要解决的问题进行鱼骨图分析，我更倾向于将同一个部门的学员放在同一组。这样可以节省很多时间，不需要去反复解释问题发生的背景和各种专业术语。如果企业希望不同的部门通过这次培训增强彼此之间的感情，那我就会将不同的部门成员穿插放在同一个小组。这样，在选择鱼骨图分析的问题时，就不能局限在某个部门了，需要选择所有学员都能够参与的主题。

2. 小组讨论进行中

在小组讨论进行时，培训师需要在全场巡查，发现问题后及时了解原因，当场处理。

(1)发现有学员脱离了本组,不管是主动还是被动出圈,都需要借助外力重新回到圈内,而这个外力就是培训师恰当的协助。培训师可通过口头或肢体语言来帮助圈外的学员回到本组的圈子。

(2)如果学员没有信心参与,先了解原因,再进行鼓励。例如,当学员说"我在这方面没有什么经验",培训师可以说"那可以提出问题或困惑,请有经验的伙伴分享经验";当学员说"我不确定自己说的是否正确"时,培训师可以说"现在是头脑风暴阶段,先不考虑对错,每个人将自己的想法说出来就可以了"。

(3)当学员不了解主题时,再次解释要讨论的主题,并提供示范。

(4)如果有学员认为没必要讨论,先询问原因,再给予针对性的回应和引导。例如,说明为什么要进行这个讨论,跟目前所学的主题有什么关系,解释这个讨论会给学员个人带来哪些收获。

(5)当一个组的人数超过 6 人时,先将每个组分成两个小组后,再进行讨论。

案例 3-1 主动出圈的刘同学

在一次培训的小组讨论环节,A 组一共有 4 人,其中 3 人在热烈讨论中,刘同学的椅子与本小组至少隔了一个座位的空间。培训师王晓看到这个情况后,便拿了手机,先给旁边的小组拍了张照片,然后来到这个小组。她举起手机问:"刘同学,请问您是哪个小组的?"刘同学用手指指向右边的小组,培训师说:"那您靠近小组一点吧,否则拍出的小组照片好像您'叛逃'了一样。"刘同学笑笑,将椅子移向本小组,也加入讨论中。

图 3-1 主动出圈的刘同学

案例点评

在该案例中,王晓采用了"旁敲侧击"的方法。这样的做法既照顾到了刘同学的面子,又达到了快速请其回到小组中的目的。这个做法的关键在于要有缓冲,例如先给旁边的小组拍照,以免让刘同学觉得突兀、没面子,从而产生抵触情绪。

案例 3-2 被动出圈的李同学

刘同学回到本组后,王晓继续在培训室内走动,发现 B 组中的 4 人并排坐着在热烈讨论中,而李同学坐在小组之外。王晓经过观察,发现李同学旁边的张同学将跷着的二郎腿直直地伸向李同学,导致她只能向后坐,而无法参与到小组讨论中。于是,王晓走近小组,看了看大家讨论的成果,说:"你们这个小组产出还很丰富呢!李同学,您的想法是什么呢?也来补充一些吧。"此时,其他小组成员注意到了被排除在外的李同学。张同学立刻将腿缩了回来,说:"你说吧,我来做记录。"

图 3-2 被动出圈的李同学

案例点评

在该案例中,王晓使用了"引人注目"的方法。小组成员并非有意将李同学排除在外,而是讨论过于专注忽略了她。如果直接提醒张同学,会让其觉得很尴尬、不好意思,可能会影响到后续的参与度。王晓通过请李同学发言的方式,引导其他学员关注到她,从而发现问题,及时纠正。这样的做法在不影响小组讨论节奏的情况下,帮助李同学快速回到了小组的怀抱中。

案例 3-3 "逛街"的张同学

刚处理好出圈问题,王晓发现学员张同学离开本组,依次走到其他组前观看。于是,王晓走到他面前,说:"你们小组这么快就结束讨论了吗?"张同学说:"没有,我只是过来学习一下。"王晓说:"您很好学哦!等大家讨论结束后,我会专门留出时间让大家互相分享和学习的。您先回到本组去贡献自己的智慧,好吗?"张同学边说"哦,好的"边回到了本组,并参与讨论。

图 3-3 "逛街"的张同学

案例点评

在该案例中,王晓运用了"先跟后带"的方法。其中,当听到张同学说"我只是过来学习一下"时,王晓通过"跟"(说"您很好学")来认同对方的动机,再"带"出自己的想法和要求,促使对方回到所在小组。

问题 2　小组讨论时跑题

小组讨论时,常会发生跑题的情况。表 3-3 列出了这个问题的常见原因和对策。

表 3-3 "小组讨论时跑题"的原因和对策

描述	常见原因	马上可以采取的措施	预防措施
小组讨论偏离了正在讨论的主题	部分成员被另一个主题吸引了	帮助大家回到当前的主题。例如,问:"我们要讨论的主题是什么?"	讨论前,设置小组角色,如导航员(评估内容是否在正轨上)等。
	有人主导了讨论方向	提醒大家主题和方向,例如,说:"我们今天要讨论的主题是客户会提出哪些问题,我听到大家已经在交流五一假期安排了。让我们赶快回到现在,每个人说说自己都听到过哪些客户提出的异议,从谁开始呢?"	在小组讨论前,设定发言规则,例如轮流发言或使用谈话棒,确保每个人都可以参与。

续表

描述	常见原因	马上可以采取的措施	预防措施
小组讨论偏离了正在讨论的主题	觉得该主题没必要讨论	提出问题,了解大家的真实想法,给予引导。例如,有学员说:"客户每天都会提出各种问题,有什么好讨论的。"培训师可以说:"没错呢!嫌货才是买货人,这些问题正是我们成交的机会。所以,现在我们先将平时客户常提出的问题列出来,等会儿我们进行分类,然后提供有针对性的话术或解决方案,大家运用到工作中,就可以提升成交率了。"	讨论前,说明为什么要进行这个讨论,会给学员带来哪些收获。
	错误地理解了要讨论的主题和要求	再次说明要讨论的主题和要求。	讨论前,说明讨论主题和要求后,询问是否有疑问?
	没有讨论的思路	提供一些示例和方向,引导和启发学员。	讨论前,提供一些示例,询问是否有问题。

总结

为了避免"小组讨论时跑题"的情况,可以从小组讨论前和小组讨论进行中两个方面入手。

1. 小组讨论前

小组讨论前,培训师需要与学员一起建立一些规则,并清楚解释要讨论的主题和要求,提供示例。

(1)在讨论前,设置小组角色,如导航员(评估内容是否在正轨上)、时间官(负责提醒时间)。这些角色的设置,一方面是为了确保讨论在规定的时间内完成,另一方面也可增加小组成员的责任感和参与度。

(2)在讨论前,设定发言规则,例如轮流发言或使用谈话棒,确保每个人都可以参与。

(3)遇到有学员觉得该主题没必要讨论时,说明为什么要进行这个讨论,这个讨论与所学内容的关系是什么,会给学员带来哪些收获。

(4)讨论前,说明讨论主题和要求后,询问是否有疑问。这样可以确认学员们是否已经理解了主题和要求。若有学员未理解,进行更细致的讲解。

(5)讨论前,提供一些示例,询问是否有问题。提供示例,可以为后续的小组讨论提供一些思路,降低讨论的难度,也为讨论做了热身。

2.小组讨论进行中

在小组讨论进行时,培训师需要在全场巡查,发现问题后及时了解原因,当场处理。

(1)发现有小组跑题时,询问讨论的主题和目标,帮助他们重新回到主题。

(2)如果有人主导讨论,重申主题,并邀请其他成员发言。

(3)当学员认为没必要讨论时,可通过提问了解学员的真实想法,并给予相应的引导。

(4)如果学员错误地理解了要讨论的主题,重新进行讲解,再次说明主题和要求。

(5)当小组成员对要讨论的主题没有方向时,可提供一些示例和讨论的方向,引导和启发学员。

案例3-4 提前超车的"对策"

在一次"门店销售技巧"培训中,培训师刘洋要求学员们分组讨论"在销售过程中,客户会提出哪些问题"。小组讨论过程中,刘洋在培训场地四处走动,了解各组的进展。他发现第二组的海报纸上只写了一个问题,而大家正在热火朝天地讨论如何应对这个问题。趁着大家说话的间隙,刘洋说:"讨论得这么热烈,大家在说什么呢?"有学员回复:"我们在讨论×××问题怎么解决?"刘洋说:"看来你们效率很高呢!同时,大家还记得我要求在10分钟内讨论的是什么主题吗?"学员们沉默了,一位学员说:"如何解决销售过程中的问题。"刘洋说:"没错,是销售过程中的问题。那我们要讨论谁的问题呢?"一位学员说:"那肯定是要找出客户提出的问题,然后解决。"刘洋说:"是的!我们这个模块的目标就是要列出在销售过程中,客户会提出哪些问题,然后给出有针对性的解决方案或话术。在现在的10分钟里,我们只进行第一个步骤:列出在销售过程中,客户会提出哪些问题。第二步骤找对策我会专门安排时间让大家讨论。我看到海报纸上已经写了一个问题,大家赶快继续接龙吧,只剩8分钟了。"学员们说:"哦,原来是我们想多了!只写问题呀,那简单,快点吧!"大家很快回到主题,继续讨论起来。

图 3-4 提前超车的"对策"

案例点评

在该案例中,刘洋运用了"提问"＋"先跟后带"＋"重申目标"＋"倒计时提醒"的方法,具体表现如下。

1. 提问

此案例中,刘洋先通过第一个问题获得学员们正在讨论的内容,再提问"10分钟内要讨论的是什么主题",帮助学员们回到主题。这样的操作,一方面用问题牵引着学员慢慢调头,避免了急刹车的惯性危险;另一方面,也维持了学员参与的积极性,为后面的讨论保留了持续的动力。

2. 先跟后带

这个案例中,刘洋先用"讨论得这么热烈"认同了学员们的情绪,肯定了大家的讨论热情。当听到学员回复"我们在讨论×××问题怎么解决?"后,刘洋先用"看来你们效率很高呢"肯定了对方的角度,然后提出自己的问题。在后面的每次对话中,刘洋都是先肯定对方的话,然后提出自己的问题或说明自己的观点。这样的方式,不但让学员们感受到了被认可、被尊重,也更愿意参与后面的讨论和课程。

3. 重申目标

"不识庐山真面目,只缘身在此山中",很多时候是当局者迷。在讨论时,走错方向或纠结某个细节,常会导致迷失目标。在偏离主题的情况下,最常用的方法就是重申目标。重申目标有两种方式——直接重申和引导重申。在这个案例中,刘洋发现第二组的讨论偏离目标后,如果直接说"我们要讨论的是客户会提出哪些问题,不是怎么解决这些问题",这样虽然看起来节省时间,但会有潜在的负面影响:一方面会让学员受挫,另一方面也可能会让学员觉得被指责,感到没面子,这两方面均会打击学员参与的积极性。所以,运用直接重申的方式并不适合此案例。刘洋通过提问辅助,进行了引导重申,效果更佳。

4. 倒计时提醒

重申目标后,刘洋使用了倒计时提醒的方法,告诉学员们只剩8分钟,而该组只写了一个问题。这样的对比可促使学员们产生紧迫感,加快讨论的进度。

案例 3-5 没必要讨论的主题

看到第二组回到正轨后,刘洋继续在培训场地内四处走动。他发现第五组在讨论即将到来的五一假期去哪里玩,于是,他说:"大家讨论得这么开心,把我的兴趣都勾起来了,这个问题课间可以继续交流。回到现在,我们要讨论的主题是什么呢?"有学员做出了回答。

刘洋问:"关于这个主题,大家想到了哪些问题呢?"

学员们安静下来,沉默了一会儿,组长说:"老师,我们刚才讨论了一下,一致认为这个问题没必要讨论。"

刘洋问:"大家认为没必要讨论的原因是什么呢?"

组长说:"这是我们天天都听到的,每天都要做的事情,去做就好了,有什么好讨论的。"

刘洋说:"大家说得没错!我们做销售的,关键在于行动。同时,大家觉得:为什么有些人很努力,但业绩不好呢?而有些人看似轻松却是销售冠军?"

学员们你一言我一语地回应,刘洋说:"看来大家深有感触。我将刚才大家的观点总结为一句话:方法比努力重要。大家同意吗?"学员们表示同意。

刘洋说:"我们现在的讨论,就是先将平时遇到的这些问题列出来,然后分类,最后针对这些问题集思广益,找到简单有效的解决方案,变成实用的话术,为销售助力。"

有学员说:"平时的确遇到很多客户提问题,但现在却想不起来。"

刘洋说:"大家可以回想一下,在销售过程中,有些客户很快就付款了,有些客户会提出各种问题,有关于产品性能的,有关于价格的,还有售后服务的……这时,他们一般会提出哪些具体问题呢?"

于是,学员们像爆米花一样说出了一个个问题,很快就写满了一张大海报纸。

图 3-5 没必要讨论的主题

案例点评

在该案例中,刘洋运用了"追根究底"+"先跟后带"+"循循善诱"的方法,具体表现如下。

1. 追根究底

当刘洋听到学员们反馈"这个问题没有必要讨论"时,他没有直接给予反驳,而是询问原因。这样做,一方面可以避免因争论浪费时间,另一方面也便于后续进行针对性的引导。

2. 先跟后带

这个案例中,刘洋多次使用了先跟后带的方法,如表 3-4 所示。

表 3-4 案例 3-5 中的"先跟后带"

序号	情境	刘洋的回应		目的
		"跟"	"带"	
1	发现学员在讨论五一去哪里玩时。	把我的兴趣都勾起来了。	我们要讨论的主题是什么呢?	将学员的注意力引回正题。
2	学员们说客户的问题是天天都听到的,去做就好了,有什么好讨论的。	大家说得没错!我们做销售的,关键在于行动。	大家觉得:为什么有些人很努力,但业绩不好呢?而有些人看似轻松却是销售冠军?	引发学员的思考。
3	学员们回答了:"为什么有些人很努力,但业绩不好呢?而有些人看似轻松却是销售冠军?"	看来大家深有感触。	我将刚才大家的观点总结为一句话:方法比努力重要。大家同意吗?	对学员观点进行总结,引出讨论的目的。

3. 循循善诱

当发现学员跑题时,刘洋没有直接指出,而是结合提问,多次使用先跟后带的方法,不但将学员们从偏离的轨道拉了回来,而且了解到学员们跑题的原因后,逐步对症下药,给予引导和提示,帮助学员们进行深入思考和讨论。

问题 3 小组讨论进展缓慢

培训现场小组讨论进展缓慢,可分为两种情况:大部分小组进展缓慢和个别小组进展缓慢,表3-5分别列出了这两种情况的原因分析和相应的对策。

表3-5 "小组讨论进展缓慢"的原因和对策

描述	常见原因	马上可以采取的措施	预防措施
大部分小组的讨论进展都比预计慢	这个问题超出了学员们的知识、理解或能力	询问学员们觉得这个问题难在哪里,给予相应的解答,如果有需要,提供相应的知识或思路。	在课程设计前,先进行需求调研,了解学员们的基础和问题,设计循序渐进的课程内容。
	问题太大,学员们不知从哪里开始	将这个问题拆分为几个循序渐进的小问题。	根据调研获得的学员信息,设计与之匹配的、具体的问题。
	学员们过于关注正确与否	提醒学员们:小组讨论是个思维碰撞的过程,只要参与就有收获,不必纠结于对错。	小组讨论开始前,说明很多问题没有标准答案,讨论的目的就是帮助大家从各种角度来看待问题。
	学员的注意力跑偏了,例如,讨论成果的美化	提示学员内容是关键,美化只是点缀。	小组讨论前,说明针对讨论的评估指标中,最重要的是讨论的内容和是否按时完成。
	在某个环节花了较多的时间,例如,起队名	强调重点是后面的讨论内容,提醒加快进度。	讨论前,将起队名的任务单独纳入一个环节,要求在规定时间完成。
个别小组的讨论进展比预计慢	没理解要讨论的主题	再次说明讨论的主题。	讨论前,提出讨论主题后,提供示例,并询问是否有疑问。
	讨论时没有方向	提供一些方向和示例,引导和启发学员。	讨论前,提供一些讨论方向,询问是否有问题。
	在某方面停留太久	重申主题和时间,举牌提醒所剩时间。	准备倒计时牌,例如:还剩3分钟,还剩1分钟。

 总结

为了避免"小组讨论进展缓慢"的情况,可以从以下两个方面入手。

1. 小组讨论前

一方面,好课程是设计出来的,好设计以调研为依据;另一方面,通过规则和说明来预防可能会发生的问题。

(1)课程内容的难易度。在课程设计前,先通过七大方法(面谈、行为观察、数据资料分析、问卷、小组讨论、测试、自我分析)做培训需求调研,了解学员们的基础和问题,设计循序渐进的课程内容。

(2)具体的问题。根据调研获得的学员信息,设计与之匹配的、具体的问题。具体的问题,才能获得有针对性的解决方案,才能对学员的学习和工作有实实在在的帮助。这些问题不但要具体,还需尽量与学员们的工作场景相联系。

(3)关于主题。小组讨论前,详细解释要讨论的主题,并提供一些方向和示例,引导学员思考。

(4)关于时间。说明讨论的总体时间,准备倒计时牌。拆分任务,细化时间安排。

(5)过程引导。明确讨论成果的评估规则,利用规则的导向作用,将学员们的注意力放在讨论本身。同时,说明讨论的目的,打消学员们发言的顾虑,预防讨论中的争执和唱反调等情况。

2. 小组讨论进行中

在小组讨论进行时,培训师需要在全场巡查,发现问题后及时了解原因,当场处理。

(1)了解难点并解决。了解学员们的困难点,给予有针对性的解答,必要时提供相应的知识或思路。

(2)降低难度。将这个问题拆分为几个循序渐进的小问题,以降低难度。

(3)说明主题,引导方向。如果有需要,再次说明讨论的主题,并提供一些方向和示例,引导和启发学员。

(4)时间控制。重申主题和时间,举牌提醒所剩时间。

(5)过程引导。提醒学员们小组讨论的目的是思维碰撞,交流的内容是关键。

案例 3-6　画画高手

企业内训师王明在进行 TTT 培训中,请学员们进行 8 分钟的分组讨论,主题为"如何有效互动",并写在大海报纸上,讨论后分享。讨论开始后 1 分钟,他看到第一组的一位学员在海报纸上画精美的边框和繁复的装饰,其他成员站在旁边看。他走过去说:"从这幅作品上看,王同学是美术系毕业的吧?"其他学员抢着说:"他可是我们部门的画画高手!"王明说:"看来我们发现了人才!以后找时间教教大家吧。"王同学一边继续画,一边说:"好!"王明说:"我发现你们这组偏科很厉害,只上美术课,不上语文课。大家还记得我们现在要讨论的主题是什么吗?"学员们边笑边说:"如何有效互动。"王明说:"没错呢!我们将大家讨论的成果写在大海报纸上,8 分钟后全体分享。现在 1 分钟过去了,纸上还只有画没有字,大家是否该加快进度了?"于是,王同学停止画画,跟大家一起讨论并记录内容。

图 3-6　画画高手

案例点评

在该案例中,王明用了"先跟后带"+"幽默"+"重申目标"+"时间提醒"的方法,具体表现如下。

1. 先跟后带

王明看到第一组将注意力放在了画画而非正在讨论的主题时,先说"王同学是美术系毕业的吧?"来肯定他的绘画能力,并提议"以后找时间教教大家",这句话一方面是对王同学的认可,另一方面也为他停止作画做了铺垫,因为"以后找时间"这几个字,暗示现在其他事情更重要。

2. 幽默

王明通过"王同学是美术系毕业的吧?"这句话既肯定了王同学,又快速融入了这个小组。在指出这个小组的问题时,他没有用"光画画不写字"的表达,而是说"我发现你们这组偏科很厉害,只上美术课,不上语文课",这样幽默的方式,既能达到提醒的目的,又活跃了气氛。

3. 重申目标

在处理了学员们的心情后,王明先提问要讨论的主题,然后直接重申了目标:我们将大家讨论的成果写在大海报纸上,8分钟后全体分享。

4. 时间提醒

重申目标后,王明通过1分钟和一个字未写的对比,让学员们体会到损失和紧迫感,并运用"大家是否该加快进度了?"这个反问句进行助推。反问句无须回答,且比陈述句的语气更强烈,更能引发反思和促进行动。

案例3-7　进度缓慢

王明继续在培训场地走动。2分钟过去了,他发现其他几个小组的进度也比预期慢,有的小组还在美化队名,有的小组没人说话,有的小组在争执讨论该从哪里开始。于是,王明立刻让所有小组停下来,他说:"我刚才在各组之间走动,发现了几个影响大家进度的问题,因为比较有共性,所以请大家暂停,我来集中提示一下。第一个问题涉及我们前面说的以终为始。我给大家8分钟讨论,主题是如何有效互动。我看到有三个小组在美化标题、边框和队名上花了不少时间,讨论还未进行。大家认为,讨论的内容和美化,哪个是我们的目标呢?"学员们回答:"讨论内容。"接下来,王明说:"大家说得没错!小组讨论跟我们做工作一样,做正确的事情,比正确地做事更重要。此外,我看到有两个小组在争执讨论应从哪里开始。要弄清楚这个问题有两种方法,一种是在讨论开始就确定,另一种是想到了什么就先写下来,先不去判断对错,等讨论结束后将这些成果进行汇总分析得到答案。现在我们只有8分钟,大家觉得哪种方法更合适呢?"学员们异口同声地说:"第二种。"王明继续说:"看来大家都有了共识。刚才我发现还有两个小组一片寂静,询问后了解到,原来是不知道从哪里开始。在这里我给大家提供一个思路,从目的-方式来考虑。也就是说,我们互动的目的有哪些,为了达成这些目的,可以通过哪些方式进行互动。例如,如果想了解大家是否听懂了我刚才的这番话,可以用哪些方式来互动呢?"学员们回答了提问、测试、转述……之后,王明说:"我感觉大家的小宇宙开始爆发了!除了我刚才说的这三个问题之外,还有什么疑问或问题吗?"学员们回答:"没有了!"王明说:"那就借助小宇宙的能量加油追赶进度吧,现在还有6分钟。"

图 3-7 进度缓慢

案例点评

在该案例中,王明用了"全体叫停"+"列举法"+"先跟后带"+"重申目标"+"时间提醒"的方法,具体表现如下。

1. 全体叫停

王明看到大部分小组的讨论进度缓慢,且有一些共性的问题之后,及时叫停了所有的讨论,并针对这些问题进行了集中讲解和说明。这样的做法,比起逐个小组进行单独说明效果更好,也更节省时间。

2. 列举法

王明在集中说明时,运用了"列举法",将各组在讨论时发生的共性问题一一列出,并给出了相应的对策。这一方面有针对性地解决了学员们在小组讨论中的问题,另一方面也处理了他们被突然叫停时的情绪,更有利于后续的讨论。

3. 先跟后带

王明在说明三个问题时,均借助提问,结合了"先跟后带"的方法,先肯定学员们的回答,再提出问题。这样的做法一举三得,不但让学员们通过参与避免了走神,还促进了学员们的思考,并提供示例进行了演练。

4. 重申目标

王明通过现状说明和重申目标,引导大家结合课程的内容"以终为始"来思考正确的做法。这比直接指出一味注重美化是错误做法更容易让学员们接受。

5. 时间提醒

通过最后一句话"那就借助小宇宙的能量加油追赶进度吧,现在还有 6 分钟",王明不但帮助大家指明了行动——追赶进度,还进行了时间提醒。这句话的前半部分为学员们赋能,后半部分制造了紧迫感,二者共同促使学员们更高效地完成讨论任务。

问题 4　小组讨论时一言堂

小组讨论时,常会发生某位学员主导了整个讨论,导致一言堂的情况。表3-6列出了这个问题的常见原因和对策。

表3-6　"小组讨论时一言堂"的原因和对策

描述	常见原因	马上可以采取的措施	预防措施
小组讨论时,有成员主导了整个讨论,其他成员没有机会发言	某学员是本组中职位最高者,大家把他/她当成权威。	叫停发言,并总结观点,引导其他成员发言。	课程开始时,声明"人人皆可为师"的原则,要求成员间互称"某同学"。
	某学员表现欲强,限制了其他人发言的时间和机会	叫停发言,并总结观点,然后建立或重申规则,请其他成员发言。	课程开始前,确定人人参与的规则,例如轮流发言,并设立时间官进行监控。
	某学员过于维护自己的观点,打压其他成员	询问已经获得的观点,协助小组说/写出来,对其他成员的观点给予肯定,并鼓励他人发言。	小组讨论前,强调观点没有对错,而是不同角度的思维碰撞。
	其他人没有思路	提供一些方向和示例,引导和启发学员。	小组讨论前,提供一些讨论方向,询问是否有问题。

总结

为了避免"小组讨论时一言堂"的情况,可以从小组讨论前和小组讨论进行中两个方面入手。

1. 小组讨论前

为了确保讨论时的全员参与,在课程开始和讨论前就要声明某些原则,建立相应的规则和职责。

(1)课程开始时,引导学员们讨论"人人皆可为师"的原则,要求在课程中不以职务相称,均互称"某同学"。这样的做法,有利于营造平等交流的范围,弱化职位或权威的影响。

(2)课程开始前,确定人人参与的小组讨论原则,并建立轮流发言或发言棒的规则,设立时间官监督执行,预防有人成为"麦霸",独占小组讨论时间。

(3)小组讨论前,强调小组讨论是一种多角度思维的碰撞,也是互相学习的好机会,无须过于关注对错。

(4)小组讨论前,提供一些讨论方向或示例,并询问大家是否有问题。这样可以引导学员思考,为即将进行的讨论做热身。

2.小组讨论进行中

在小组讨论进行时,培训师需要在全场巡查,发现问题后及时了解原因,当场处理。

(1)叫停被当成权威的成员发言,总结其发言,并引导其他成员发表观点。

(2)叫停表现欲强的成员发言,总结其观点,然后建立或重申规则,请其他成员发言。

(3)对于为维护自己观点而打压其他成员的发言者,打断并询问小组已经获得的所有观点,对其他成员的观点给予肯定,并鼓励他人发言。

(4)针对某些学员对讨论没有思路的情况,提供一些方向和示例,引导和启发学员。

案例 3-8 经理最大

在一次"问题分析与改善"培训中,为了节省实战演练的沟通成本,培训师马飞以部门为单位划分小组。在进行"什么是问题意识"的小组讨论时,他发现第二组一直是该部门的王经理在发言,其他成员要么在听,要么在看手机。马飞走过去,拍拍看手机的李同学肩膀说:"李同学,平时您发言都很积极,现在怎么不说话呀?"李同学马上将手机放下,说:"不是,就是不知道说什么,插不上嘴。"马飞又问旁边发呆的张同学:"那您是什么情况呢?"张同学说:"王经理是领导,我们听他的。"于是,马飞趁着王经理说话的间隙开口:"我们这组的讨论,王同学已经发布了自己的观点,我总结一下,……我有遗漏吗?"王经理说:"没有!"马飞接着说:"那让我们用掌声感谢王同学开了个好头!同时,大家还记得在小组讨论前,我们说讨论是一个什么样的机会呢?"有学员说:"学习的机会。"马飞追问:"谁学习的机会呢?"学员答:"互相学习的机会。"还有学员说:"思维碰撞的机会。"马飞说:"大家说得没错!小组讨论是一个多角度思维碰撞的机会,也是互相学习的机会。刚才有同学说不知道说什么,如果不知道什么是问题意识,我们可以反过来想:工作中,有哪些没有问题意识的表现?这些表现可能会导致哪些后果呢?"学员们七嘴八舌地说了起来。马飞说:"看来我们每个人都有自己的角度和观点,大家说出来,通过碰撞就创造了互相学习的机会。刚才王同学已经开了个好头,现在我们按照顺时针方向来接龙吧。哪位学员愿意先开始呢?"李同学站了起来……

图 3-8 经理最大

案例点评

在该案例中,马飞运用了"问题诊断"+"先跟后带"+"提问引导"+"启发思路"+"建立规则"的方法,具体表现如下。

1. 问题诊断

马飞看到王同学在讨论中一言堂时,没有马上打断,而是结合行为观察,询问两位成员,了解到问题所在:一位是因为不知道说什么,一位是觉得应该听领导的。这样做,便于有针对性地解决一言堂的问题,比盲目打断并要求其他成员发言效果更好。因为可能会出现虽然王同学停止发言,但其他学员依然不发言的情况,就更难以处理了。

2. 先跟后带

马飞在打断王同学发言时,先总结了其发言要点,并进行了确认。这样不但肯定了对方说的话,还处理了王同学被打断后的情绪。在帮助大家回顾"讨论是一个什么样的机会"时,用"大家说得没错"进行总结,更容易让学员们接受。这两次"先跟后带"的运用,前者处理个人的情绪,并提炼要点,给其他人参考;后者强化了学员们的共识,促进行动,对于后续的讨论顺利进行,发挥了重要作用。

3. 提问引导

马飞在帮助大家回顾"讨论是一个什么样的机会"时,通过对学员们回答的追问,强调了关键词"互相学习"。这个词从学员们自己嘴里说出,比培训师说出来更有力量,因为这更像一个推动大家一起参与的公众承诺,是学员们发自内心要去做的事情,而非别人要求的。

4. 启发思路

针对不知道说什么的情况,马飞当场提供了思路,启发学员们从相反的角度思考,并提供了两个问题进行引导,很快就将学员们的思路打开了。

5. 建立规则

从一言堂到人人参与,不但需要有参与意识,还需要相应的规则。马飞提出了按照顺时针方向来接龙,就是帮助这个小组建立参与规则。同时,他通过问"哪位学员愿意先开始呢?"将建立规则的一部分(从谁开始)责任分享给了学员们,以此调动了大家的积极性。在该案例中,因前面的启发思路已经带动了学员们的发言积极性,用这样的方式很合适。如果学员们比较内向或参与意识不是很强,可能由培训师来指定开始者更合适。当然,开始者并不是随便指定的,需要参考之前的课堂表现,例如发言积极者、善于思考者,并结合现场观察,例如,欲言又止者、跃跃欲试者等,选择可以带动参与热情的学员开始,才能避免尴尬冷场的情况发生。

案例 3-9 我还没说完

马飞继续在培训场地巡回,发现第四组的刘同学一直拿着作为"谈话棒"的水杯,旁边的时间官石同学提醒了两次,他都说"我还没说完呢",然后继续发言。马飞趁刘同学说话的间隙接过话说:"刘同学向来思维活跃!同时,我把您刚才的三个观点总结成三句话……没错吧?"刘同学说:"没错!"马飞一边说"那您休息一下,先把谈话棒给我,好吗?",一边伸出手。从刘同学手里拿回"谈话棒"后,马飞将其交给时间官石同学,然后问:"大家知道我为什么要将'谈话棒'交给石同学吗?"学员们回答:"他是时间官。"马飞又问:"时间官的职责是什么?"学员们说:"控制每个发言者的时间。"马飞接着问:"为什么要控制时间呢?"学员们回答:"讨论时间有限,让每个人都有发言的机会。"马飞说:"大家说得很好!我们这个讨论一共8分钟,现在已经过去了3分钟,还有四位同学没有发过言。为了确保人人都有机会发言,大家认为应该怎么做呢?"有人说"每个人发言要简要",有人说"每人发言1分钟",有人说"时间官叫停立刻交出谈话棒"。马飞说:"总结一下刚才大家说的规则,每个人发言1分钟,内容简要,时间官叫停后,立刻交出谈话棒,下一位继续,大家同意吗?"学员们回答:"同意!"于是,讨论有序进行。

图 3-9 我还没说完

案例点评

在该案例中,马飞使用了"先跟后带"+"追根究底"+"循循善诱"+"建立规则"的方法,具体表现如下。

1. 先跟后带

马飞打断刘同学的发言后,先总结了他的三个观点,并进行了确认。得到肯定答复后,请其将"谈话棒"交给自己。在这里,"跟"的是对方的观点,"带"的是拿回"谈话棒"。在这个过程中,有两个细节,一是"谈话棒"不是直接交给时间官,而是给自己,这样做是为了确保快速达到效果。如果要求交给时间官,以刘同学的个性,可能不愿意在此时交出"谈话棒"。他不给,石同学也不能硬抢。如果要培训师出面强行要求交给石同学,可能刘同学又觉得没面子,要么死扛着不交,要么可能很生气地交出"谈话棒"。前者无法解决当前的问题,后者会对整个小组讨论造成负面影响。此外,由培训师将"谈话棒"亲手交给时间官石同学的做法,无形中树立了时间官的威信(针对刚才石同学多次提醒刘同学时间到,却被对方无视的情况),为后续的提问做了铺垫。第二个细节是马飞在要求刘同学将"谈话棒"交给自己的同时伸出了手,这也是一种肢体的暗示,无声地催促对方行动,看似无声胜有声。

2. 追根究底

马飞将"谈话棒"交给时间官石同学后,提出"大家知道我为什么要将'谈话棒'交给石同学吗?"后,针对学员们的回答进行了一次次的追问,直至将大家引导到了做时间控制的目的,为后面建立规则奠定了基础。

3. 循循善诱

通过一次次追问,帮助大家回顾了小组讨论的原则"人人参与",并说明时间情况,询问之后的讨论规则,一步一步地引导大家建立了规则。在这个过程中,没有命令,没有一言堂,培训师通过循循善诱,带着学员们一起思考、探索问题的答案,最终形成共识。

4. 建立规则

同样是建立规则,此案例与上一个案例的方式有所不同。在这个案例中,马飞运用提问引导大家集思广益,之后进行总结,最后通过"大家同意吗?"进行确认。运用这样的方式,学员们因为参与而认同,因为认同而执行,执行力会更强。

案例 3-10　我是对的

在该培训的另一次小组讨论时,马飞看到第五组 90% 的时间都是张同学在发言。他站在旁边听了一会儿,发现只要有学员发表不同意见,张同学就进行反驳,导致其他学员不愿意开口了。于是,马飞趁着张同学说话的间隙插话:"同学们,我记得上一次关于'工作中常见的问题'讨论中,我们小组头脑风暴出来的成果最多!我很好奇大家都是怎么做到的呢?"有学员说"因为大家想到什么就说什么",有学员说"记录员听到什么就记录什么",有学员说"不评判他人的想法"……马飞说:"看来成功一定有方法!那么,之前的成功方法中,哪些可以借鉴到现在的讨论中呢?"学员们将刚才的内容进行了总结。马飞说:"太好了!现在还有 6 分钟,相信有了这些宝典后,你组能够很快赶上其他组的进度,加油!"学员们立刻投入了热烈的讨论中。

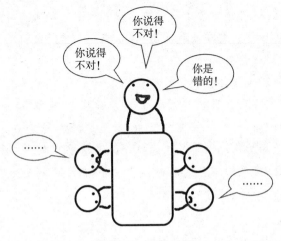

图 3-10　我是对的

案例点评

在该案例中,马飞使用了"问题诊断"+"先跟后带"+"时间提醒"的方法,通过调动学员们的参与,进行互动、总结,形成了新的讨论规则。具体表现如下。

1. 问题诊断

马飞发现第五组90%的时间都是张同学在发言后,没有立刻干预,而是通过观察找到问题的症结所在。这样的做法有利于对症下药进行后面的干预,一方面更容易解决问题,另一方面也能节省时间。

2. 先跟后带

因张同学的不断反驳,第五组其他成员士气低落,也严重缺乏信心。此时,马飞先指出他们在"工作中常见的问题"讨论的成果最多,用肯定的方式给予大家信心,然后提出问题,引发学员们的踊跃发言,不但带动了现场的气氛,也为后面的引导做了很好的铺垫。在学员们将上次成功经验进行总结后,马飞先用"看来成功一定有方法!"肯定了大家,再提出"之前的成功方法中,哪些可以借鉴到现在的讨论中呢?",帮助学员们将答案延伸至现在。

3. 时间提醒

在引导学员们总结了讨论规则后,马飞进行了倒计时提醒,同时鼓励该小组加油。其中,倒计时提醒是为了增加紧迫感,鼓励则是再次为团队赋能。请注意马飞鼓励时的用词:"[你们组]能够很快[赶上][其他组]的进度",方括号中的关键词组成的这句话"你们组赶上其他组",可以很好地激发该组成员的竞争意识,从而加快讨论进程。

问题 5 小组讨论时陷入争论

在小组讨论时,如果大家都不发言会让人发愁,与之相反的是讨论时陷入争论,也很让人头疼。表3-7汇总了这个问题的常见原因和对策。

表 3-7 "小组讨论时陷入争论"的原因和对策

描述	常见原因	马上可以采取的措施	预防措施
小组讨论时,有学员与其他学员就某观点或想法进行争论,相持不下	培训营造了竞争的氛围	重申讨论的目的和要求,强调小组成果的产出。	在课程开始时,营造互相学习的氛围。
	在讨论流程、内容方面无法达成共识	建议投票,少数服从多数。	在小组讨论前,请各组选主持人,明确其职责,提供相应的策略,例如列清单、投票等。
	学员在工作中就有冲突	总结双方观点,分别给予肯定,并帮助小组建立讨论规则。	课程开始前,进行团队建设活动,强化团队合作的意识。
	两个观点刚好对立	跳出对立观点,找到二者的共同点或第三种可能性,引导学员开拓视野。	在小组讨论前,强调讨论是多角度的思维碰撞,而非争论对错。
	双方没有认真倾听对方的观点	列出双方的观点,请双方认真阅读后发表看法。	在小组讨论前,制定讨论规则:在发言前,先重复前一位发言者的观点。

总结

为了避免"小组讨论时陷入争论"的情况,可以从以下两个方面入手。

1. 小组讨论前

运用暖场活动,营造学习氛围,并在讨论前明确规则,引导学员们关注分享和学习,而非竞争和对抗。

(1)如果培训师过于强调培训中的小组和个人竞赛,会给授课现场带来潜在的负面影响。因此,即使采用小组竞赛的方式,在课程开始时,也需要引导学员更多地关注其他学员的优点和长处,互相学习。

(2)在小组讨论前,请各组选主持人,明确其职责,提供相应的策略,例如列清单、投票等,以便在小组成员无法达成共识时采取措施。

(3)有些部门,例如销售和生产、制造和质检,因工作性质的关系,在平时的工作中容易产生矛盾、冲突。将他们分配在同一个小组,可以通过团队合作来增进了解,建立感情,有利于培训后的工作开展。但要达到这个目的,需要在课程开始前,进行相应的团队建设活动,强化学员们的团队合作意识。

(4)在小组讨论前,引导学员们认识到在培训现场,不仅仅要跟培训师学习,更要向学员们学习。而学习的前提就是彼此倾听,认真思考和吸收。

(5)在小组讨论前,制定讨论规则:在发言前,先重复前一位发言者的观点。这个规则特别适合思维活跃、表现欲强的学员群体,例如销售、管理层。同时,每个小组还可选出一位"发言监督官"专职负责这项规则的落实。

2.小组讨论进行中

在小组讨论进行时,培训师需要在全场巡查,发现问题后及时了解原因,当场处理。

(1)发现小组中的竞争氛围大于学习氛围时,培训师可以重申讨论的目的和要求,强调小组成果的产出这个目标,引导学员们从竞争转向合作。

(2)发现小组就讨论的流程、内容的意见不统一时,可建议投票,通过少数服从多数来做出决策,以节省时间。

(3)如果学员在工作中就有冲突,培训师可以先总结双方观点,分别从各自的角度给予肯定,然后帮助小组建立讨论规则。

(4)当正在争执的两个观点刚好对立时,培训师可以跳出两个对立观点,找到第三种可能性,引导学员开拓视野,运用头脑风暴激发更多视角和想法,将小组从争执不下的处境中解脱出来。

(5)如果发现双方没有认真倾听对方的观点,培训师可以请学员们先列出双方的观点,然后请双方认真阅读后发表自己的观点。如果有必要,协助小组建立讨论规则:在发言前,先重复前一位发言者的观点,以避免类似情况的发生。

案例3-11 李同学和王同学的争执

张浩在给企业中层管理者进行"向下沟通技巧"培训时,请学员们分组讨论"如何有效批评"。在小组讨论过程中,他发现第一组的李同学和王同学并未认真听对方的观点,陷入了维护自己观点的激烈争执中,其他成员束手无策。于是,张浩走过去,用手势示意两位学员停了下来,说:"看到大家讨论很热烈,我很好奇:都产出了哪些好点子?哪位同学是我们组的记录官?"朱同学说:"我是!"张浩说:"那可以麻烦您来记录一下吗?"朱同学说:"没问题!"张浩说:"为了方便朱同学记录,李同学,您是否可以用一句话来总结您刚才贡献的观点呢?"李同学按照要求说出自己的观点后,张浩说:"好的,谢谢李同学。王同学,现在我们迫不及待想听到您的一句话观点总结了!"王同学立刻滔滔不绝地说了起来。张浩打出暂停的手势说:"不好意思,为了方便朱同学记录,您可以用一句话来总结自己的观点吗?"于是,王同学按照要求分享了自己的观点。然后,张浩请朱同学展示刚才的记录,问:"请问大家看到了什么?"有学员说出了其中的关键词。张浩又问:"大家来找找这些观点中的区别是什么?"有学员说:"一个赞同在公开场合以杀一儆百,一个赞同在私下进行以保全面子。"张浩说:"是的,这两种观点的共同点是以终为始选择批评的场合,基于不同的目的选择不同的场合进行批评。后面我们可以分别针对这两种目的和场合来细化一下,讨论在哪些情况下,适合什么样的目的,不同的目的和场合下,该如何表达和措辞,才能到达预期的目的。大家同意吗?"学员们一致表示赞同。

图 3-11 李同学和王同学的争执

案例点评

在该案例中,张浩运用了"手势提醒"+"先跟后带"+"观点展示"+"提供思路"的方法,具体表现如下。

1. 手势提醒

在这个案例中,张浩两次运用了"手势提醒"来叫停发言者,效果均比口头方式好。其中,第一次是在李、王两位同学激烈争执时,如果直接口头喊停,声音可能会被淹没,需要更大的声音才能引起注意,这样做即使达到目的,也浪费了时间,且让两位学员觉得没面子。第二次是在王同学滔滔不绝发表观点时,暂停的手势立刻就发挥了作用。

2. 先跟后带

现场安静下来后,张浩通过"看到大家讨论很热烈"肯定了学员们的参与热情,再说"我很好奇:都产出了哪些好点子?"让学员们感受到了发自内心的关注。然后借力小组的记录官,要求两位学员各自总结自己的观点。

3. 观点展示

两位学员发表了自己的观点总结后,张浩进行"观点展示",并引导大家进行交流。这样的做法,将大家的注意力从两个人的争执中转移到了两种观点的异同上来。"观点展示"是小组讨论时常用的方法,通过清单、列表等方式,将各种观点视觉化呈现在大家面前,一方面有利于集中学员们的注意力,另一方面也更便于观点的交流和讨论。

4. 提供思路

在引导学员们对展示的观点进行讨论后,张浩进行了总结,指出两种观点的共同点:基于不同目的而选择不同的批评场合。然后提供了细化的讨论思路,并得到了学员们的一致赞同,成功化解了两位学员的争执。

案例3-12 两个部门的冲突

在之后的一次小组讨论时,张浩发现第三组正在争吵,原来是来自生产部的刘同学和来自质检部的郑同学为了维护各自的观点互不相让。张浩听到刘同学说:"我认为我说的是对的,你们质检部就会吹毛求疵。"郑同学反驳说:"那凭什么说我的观点是错的呢?你们生产部为了追求数量,完全没有质量意识。"这些话引起了小组其他几位来自生产部和质检部学员的反驳。两个人的争执很快扩大为小组的争吵。

张浩用手势示意大家停下来,说:"我们现在是以小组为单位进行小组讨论,然后分享各组的讨论成果。现在其他几个小组已经写了半张海报纸,你们小组进展如何呢?"学员们沉默了。张浩继续说:"我刚才站在旁边听了听,本来是交流观点,后来演变为人身攻击了。以生产部和质检部为例,这两个部门因工作性质关系,在平时的工作中容易有分歧和冲突。我之所以将两个部门放在同一个小组,原本是希望通过课程中的小组合作来增进彼此的了解,便于以后的工作开展。刚才有伙伴说质检部吹毛求疵,我们来回顾一下,在工作中质检部的同学们有哪些言谈举止让你们觉得是吹毛求疵的呢?"学员们列举出了一些表现。之后,张浩又问:"那么,生产部没有质量意识,又有哪些具体表现呢?"学员们再次说出了一些具体的言行。张浩问:"刚才大家列举了质检部吹毛求疵的表现,现在采访一下质检部的伙伴们,你们这么做很容易得罪人,为什么还要坚持呢?"有学员说:"这是我们的工作职责,不能让不良品流入客户那里,影响到公司的声誉。"张浩又问:"那生产部这么做的出发点又是什么呢?"有学员回答:"是为了如期交货,否则会影响到公司的业务。"张浩提高了声音问:"大家听到刚才两次回答中都出现了哪个关键词?"小组成员异口同声地说:"公司。"张浩接着问:"这说明什么呢?"学员们说:"都是为了公司的利益。"张浩说:"对呀!虽然大家的表达方式不同,但我们的目标是一致的。很多时候,我们可能不了解某些言行,但当我们深入了解他们的动机或出发点时,就知道为什么了。今天我们这个小组也像一家公司,我们的目标是产出讨论成果。虽然大家观点可能不同,但目标是一致的。那么,接下来,我们要如何共同达成讨论成果这个目标呢?"刘同学说:"就事论事,不做人身攻击。"郑同学说:"不急于下结论,多了解对方观点背后的想法。"……张浩说:"大家很善于反思和总结!我们只剩下5分钟了,赶快加油吧!"

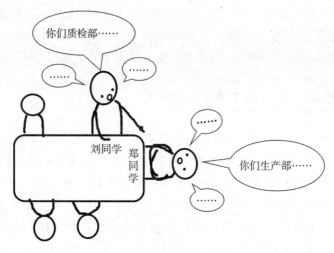

图 3-12 两个部门的冲突

案例点评

在该案例中,张浩运用了"问题诊断"+"现状说明"+"刨根问底"+"类比法"+"引导思考"的方法,具体表现如下。

1. 问题诊断

发现小组成员争吵后,张浩没有马上干预,先在旁边观察,发现了其中的问题所在,然后才叫停。这样的做法更有利于对症下药解决问题。

2. 现状说明

张浩叫停后,没有直接介入争执的问题,而是先说明讨论的目的、各小组讨论的进度,并询问本组的情况。其中,张浩在"现状说明"时,特别强调了"我们现在是以小组为单位进行小组讨论,然后分享各组的讨论成果",其中暗示:我们是一个团队,我们的目标是讨论成果。这样的做法,不但将学员们从争执的"点"拉回到小组讨论这个"面",也给学员们刚才高涨的情绪降温,为后面的反思和改善做铺垫。

3. 刨根问底

张浩说明了自己分组的依据和目的后,请大家分别列出"吹毛求疵"和"没有质量意识"的具体表现,并询问背后的动机和目的,为后面引导学员们找共同点提供了素材。

4. 类比法

通过思考工作中部门间的冲突背后的原因,张浩运用"类比法",将小组当成一个公司,引导大家以团队目标为重。

5. 引导思考

有了小组像公司的类比后,如何才能共同达成讨论成果这个目标呢?张浩通过提问,引导学员们反思后续的做法,并给予了鼓励。

问题 6 小组讨论时,各组进展不一

在小组讨论时,有些组效率高,提前完成了讨论,有些组却反映时间不够……遇到这样的情况,该怎么办呢?针对这个问题,表3-8列出了原因和相应的对策。

表3-8 "小组讨论时,各组进展不一"的原因和对策

描述	常见原因	马上可以采取的措施	预防措施
小组讨论时,有的小组提前完成了任务,有的小组进展缓慢	小组的整体实力差异大	为进度慢的小组提供帮助,给进度快的小组分配额外的任务。	1. 分组时将经验、能力高低不同的学员平均分配到各组,确保实力均衡。 2. 事先准备一些与讨论主题相关的额外任务,写在小纸条上。
	有些小组偏离了方向	帮助小组回到目标,并提供思路或示例。	在小组讨论前,将讨论的主题和目标张贴在墙上,方便学员们随时查看。
	有的小组过于纠结细节	再次强调讨论的主题和要求,提醒时间。	准备倒计时牌,进行阶段性的提醒。
	有些小组的讨论过于空泛	对空泛的内容进行引导、细化,指导小组完善。	在小组讨论前,说明讨论成果的要求,并举例。

总结

为了避免"小组讨论时,各组进展不一"的情况,可以从小组讨论前和小组讨论进行中两个方面入手。

1. 小组讨论前

(1) 课前通过学员的资料收集和分析，按照他们与主题相关的经验、能力分成不同的层级，然后打散，平均分配到各组，确保各组实力相当。同时，在分组时，也需要考虑到学员的性别和个性差异，尽量将男女以及性格内、外向的学员进行穿插分组。此外，还可以准备一些与主题相关的额外任务，事先写在小纸条上，以便提供给进度快速小组来完成。

(2) 事先将要讨论的主题和目标写在大纸上，张贴在培训场地中大家都可以看到的显眼位置。在小组讨论前，结合这张纸进行讨论要求说明，并提醒各组随时对标，避免偏离主题或方向。

(3) 准备醒目的倒计时牌，并将可替换的讨论主题张贴在时间下面，以便在提醒时间的同时，帮助学员们关注目标。

(4) 讨论前，给出讨论成果的具体要求和示例。

2. 小组讨论进行中

在小组讨论进行时，培训师需要在全场巡查，发现问题后及时了解原因，当场处理。

(1) 发现小组间进度差异过大时，一方面为进度慢的小组提供帮助，例如帮助梳理思路、提供示范；另一方面，要给进度快的小组分配额外的任务，避免他们无所事事。

(2) 如果有小组偏离了方向，培训师通过回顾讨论主题和成果要求，帮助小组回到目标。必要时，提供讨论的思路或给出一些示例，确保小组回到正轨。

(3) 有的小组过于纠结细节，培训师需要再次强调讨论的主题和要求，同时提醒时间，告知"完成比完美更重要"，督促他们加快进度。

(4) 当某些小组的讨论过于空泛时，培训师可以重申讨论要求，并通过提出关于"PDCA"或"5W1H"的问题，引导学员们对空泛的内容进行细化和完善。

案例 3-13　我们完成了

在我的"问题树课程开发模型"培训中，一直都用 80% 的时间为学员演练。尽管在课前分组时，已经充分考虑到各组的实力、人员的个性等因素，但在小组演练时，依然会遇到各组进度不一的情况。此时，针对进度慢的小组，我运用本章"小组讨论进展缓慢"部分的对策给予协助。针对进度快的小组，我根据小组讨论成果的具体情况,采取不同的对策。

情况1:小组成果不理想

发现声称已完成任务的小组成果不理想时,我通过提问请学员们思考和完善,然后离开。过段时间再回去看他们调整后的成果,必要时给予辅导。

情况2:小组成果达标

看到小组讨论的成果符合要求后,我先恭喜他们,然后根据其他小组的进展情况确定他们的额外任务。如果其他几个小组进度均缓慢时,则邀请他们作为我的助教,分散到各组去指导完成任务。如果其他几个小组已有自己的节奏,只是需要时间,我提出几个问题,请已经完成的小组思考和深入讨论,例如,如果有人对这几点提出异议,你们该如何说服他;或者让他们为即将举行的小组成果分享做准备:确定分享人,并进行分享演练。

图3-13 我们完成了

案例点评

在该案例中,我采用了"因材施教"+"借力学员"+"引导思考"的方法,具体表现如下。

1. 因材施教

在该案例中,针对进度快的小组,我通过评估小组成果来确定他们需要完成的任务。通俗地说,就是让达标的小组去帮助其他组或进行深入思考、为分享做准备,让未达标的小组进行反思和完善。这样的做法,不但可以调整各组的进度,还能帮助进度虽快但效果不理想的小组进一步完善,提升讨论质量。

2. 借力学员

针对其他几个小组进度均缓慢的情况,邀请讨论成果达标的小组成员担任助教。这样的方式,既肯定了达标小组的成果,又通过借力学员的方式更高效地帮助了其他小组,带动全体学员的讨论进度。

3.引导思考

在其他组不需要额外帮助的情况下,我会提出两类拓展问题:一类是促使学员们对讨论成果进行深入思考的问题;另一类是提供情境引导学员们去运用的问题。这些拓展问题,不仅帮助学员们深化了对主题的理解,强化了讨论效果,也让进度快的小组有事做,从而平衡了各组进度。

问题 7 小组讨论超时

每次小组讨论,我们都会规定一定的时间。但有时时间已到,学员们的讨论还没有结束,该怎么办呢?针对这个问题,表3-9列出了原因和相应的对策。

表3-9 "小组讨论超时"的原因和对策

描述	常见原因	马上可以采取的措施	预防措施
小组讨论的截止时间已到,学员们的讨论尚未结束	给学员们的讨论时间过短	延长讨论时间。	在小组讨论前,结合学员在主题方面的知识、经验和技能,评估所需时间,确定合理的讨论时间。
	学员过于追求完美	叫停,回顾讨论的目的,重申"完成比完美更重要"的原则。	在小组讨论前,说明"完成比完美更重要"的原则。
	小组未关注时间	说明时间是完成任务的前提条件和稀缺资源,一旦逝去无法追回,提醒引以为戒。	讨论前,各组设置时间官。

总结

为了避免"小组讨论超时"的情况,可以从小组讨论前和讨论进行中两个方面入手。

1.小组讨论前

(1)合理确定小组讨论时长。小组讨论的时长不是随便说出的。我们应该在课程设计阶段,通过对学员资料的收集、分析,结合学员在该主题方面的知识、经验和技能,并参考该讨论主题所在模块的重要性(课程的重点模块和内容分配较多时间,非重点模块和内容则安排较少的讨论时间),综合评估确定讨论所需的时间。此外,讨论成果的深浅程度,要与所给时间相匹配。针对非重点模块、时间较短的讨论主题,如果要求很深入的讨论成果,时间就会不够用。

(2)及时提醒重点。课程中,总是不乏过于追求完美的学员,他们有的专注于绘画,有的专注于排版,有的专注于措辞……如果没有及时提醒,就会导致时间到而任务未完成的情况。为此,在小组讨论前,可以列举这些过于完美的情况,说明"完成比完美更重要"的原则。如果有必要,可以将这个原则写在纸上,张贴在培训现场的墙上,或者直接将原则用 PPT 展示出来,以便在小组讨论期间随时提醒学员们。

(3)设置时间官。有时,虽然讨论过程中培训师进行了阶段性的倒计时提醒,但有些小组可能讨论过于专注,或出于其他原因并没有关注到时间,导致培训师叫停后,他们才喊"我们还没讨论完呢"。为了避免类似情况发生,在讨论前,可请各组设置时间官。在讨论过程中,培训师可以根据各组的进度,提醒进度稍慢组的时间官。

2. 讨论进行中

在小组讨论进行时,培训师需要在全场巡查,发现问题后及时了解原因,当场处理。

(1)在时间截止时,如果发现全体或大多数小组未完成讨论,需重新评估所需时间,给予延长。延长时间的原则是"取最短的时间"。例如,根据各组的进度,要完成讨论还需要 3~5 分钟,那么就再给全体 3 分钟时间。这样可以避免先完成的小组没事做,也可以给进度慢的小组紧迫感。到 3 分钟后,大部分小组尚未完成,可酌情再给 1 或 2 分钟。如果只有少数组未完成,可继续下一个环节。

(2)针对陷入"追求完美"陷阱的小组,培训师应立刻叫停,带领学员们回顾讨论的目的,结合墙上的海报或 PPT 展示,重申"完成比完美更重要"的原则,然后进行倒计时提醒,督促学员们加快进度。

(3)如果某个小组因没有关注时间而超时,且多次提醒无效时,培训师不必因此延长全体的讨论时间。这时,只需要说明时间是完成任务的前提条件和稀缺资源,一旦逝去就无法追回,提醒大家在后面的课程中引以为戒。如果有时间,可以引申到工作中的类似情况。例如,任何一项任务都是有时间期限的,有些机会稍纵即逝,即使后续补救,也是事倍功半。

案例 3-14　纠结在"包装"上的小组

在一次"问题树课程开发模型"培训中,进行到了"润色包装课程大纲"环节。在讨论前,每个小组设置了时间官,我强调了"完成比完美更重要的原则",并告诉学员们:演练的目的是体验整个课程开发的流程,感受什么是量身定制。

所以,请大家按照"内容汇总—确定逻辑关系—决定课程框架—润色包装主题"的顺序来完成任务。在小组讨论期间,我发现第四组一开始就讨论课程主题,先是热烈讨论主题的关键词,然后思考如何包装。我走过去提醒完成任务的顺序,并说:"课程的主题,等大纲完成后,使用课程重点模块的关键词即可。现在大纲还没有出来,花太多时间讨论如何包装,可能后面时间会不够用。"本组组长说:"老师,没事!我们已经知道重点模块了,后面会抓紧时间的。"于是,我嘱咐时间官记得关注进度后离开。时间过半,我看到他们依然停留在主题的包装上,再次进行了提醒。他们的回答依然是:"放心吧,我们来得及。"此时,他们才开始进行内容汇总。截止时间到了,其他小组均已完成,第四组要求再给2分钟。我说:"我相信如果再给2分钟,你们小组一定可以展示给大家一份完整的课程大纲。同时,大家是否觉得刚才完成课程大纲这个任务的过程,跟我们工作、生活中的很多情况类似呢?"有学员说:"在工作、生活中,很多时候我们以为还有时间,但客户不等我们,竞争对手不等我们,外界的一切都不会停下来等我们。"有学员说:"时间是最稀缺的资源。"有学员说:"如何合理、有效地安排时间,不仅仅是培训演练中需要思考的问题,也是我们人生中的一项重要修炼。"……我说:"大家说得没错!虽然第四组在刚才的演练中,将太多的时间花在了课程主题的包装上,导致未能完成任务,但通过这次真实的体验,再次提醒我们什么是以终为始,让我们用掌声感谢他们的贡献。"然后,课程继续,我请各组将课程大纲的成果展示出来,彼此互相点评……在之后的课程中,第四组吸取了教训,在每次讨论前,都先明确产出是什么,应该按照什么样的步骤来达成产出,再也没有发生过超时的情况。而且,其他小组也更关注如何在有限的时间内达成产出。

> 讨论步骤:
> ①内容汇总;②确定逻辑关系;
> ③决定课程框架;④润色包装主题。

图 3-14 纠结在"包装"上的小组

案例点评

在该案例中,我运用了"杀一儆百"＋"先跟后带"＋"引导思考"的方法,具体表现如下。

1. 杀一儆百

在该案例中,我运用了"杀一儆百"的方法,通过拒绝为第四组延长时间,警示所有小组以终为始,按照要求的步骤完成任务。这样做是出于两个方面的考虑:一方面,第四组超时并非因为时间不足或能力不够,而是没有按照讨论的要求来进行,这样的行为不能鼓励。如果同意延长,则表示支持该行为,可能会导致其他小组接下来的效仿。这样不仅使学员们脱离正确的轨道,还会打乱课程的节奏,影响课程目标的完成。另一方面,其他小组均已完成了任务,给第四组延长时间,会导致整体进度延缓。从后续学员们的表现来看,这个"杀一儆百"的方法的确起到了应有的作用。

2. 先跟后带

通常情况下,自己提出的要求被拒绝后,心里总会有些不爽。这时,我通过"我相信如果再给2分钟,你们小组一定可以展示给大家一份完整的课程大纲"先肯定了小组的能力,处理好大家的心情,然后再提出问题,将大家的注意力转移到这件事与工作的联系上。

3. 引导思考

肯定了小组能力后,要建立这件事与工作、生活的联系,可以通过培训师自己讲解和引导学员们思考、交流两种方式达成。其中,后者的效果好于前者。因为前者容易让学员们认为是在说教,从而引起反感和抵触;而后者通过提问引导学员们思考、参与,将学员们的注意力从未完成任务这件事本身转移。这件事带来的启发和帮助,更有助于强化"杀一儆百"的效果。

问题 8 小组讨论时,小组成员互相打断

有些小组在讨论时,成员之间互相打断,导致讨论无法有序进行,也难以形成有共识的成果。针对这个问题,表 3-10 列出了常见的原因和相应的对策。

表 3-10 "小组讨论时,小组成员互相打断"的原因和对策

描述	常见原因	马上可以采取的措施	预防措施
小组讨论时,成员之间互相打断发言	小组成员为外向型,乐于分享	重申或协助建立发言规则。	在小组讨论前,设定发言规则,例如:拿到谈话棒者方可发言。
	小组成员忽略了倾听	记录并展示出所有发言者的观点,帮助学员们彼此倾听。	在小组讨论前,建立规则,例如:发言前,先重复前一位发言者的观点。
	成员致力于维护自己的观点或立场	提问帮助学员们看到对立观点背后的立场或动机,强调彼此理解而非争对错。	在小组讨论前,强调讨论是多角度的思维碰撞,而非争论对错。
	没有主持人	协助小组推选出主持人,确定讨论规则。	在小组讨论前,请每组推选出主持人以维持讨论秩序。
	小组成员对讨论主题有疑问或理解不一致	询问小组成员,了解疑问或异议是什么,给予针对性的解答。	在小组讨论前,明确告知讨论主题、成果要求,必要时提供示例,并询问是否有疑问。
	某些发言者的观点跑题	重申主题,询问其观点与主题的关系是什么,协助其回到正轨。	提醒学员们以终为始思考自己的观点与主题有什么关系。

总结

为了避免"小组讨论时,小组成员互相打断"的情况,可以从小组讨论前和讨论进行中两方面入手。

1.小组讨论前

(1)有些小组学员(例如销售、管理类的学员)性格比较外向,平时就乐于分享,在小组讨论时,也会急于表达自己的观点。为了避免类似情况,在小组讨论前,需要建立发言规则,例如:拿到谈话棒者方可发言,每位发言时间为 1 分钟,且时间一到就要将谈话棒交给下一位发言者。

(2)如果外向型学员比较多,或发现学员们有忽略倾听的苗头,在小组讨论前,就需要建立规则,例如:发言前,先重复前一位发言者的观点。这样不但可以提醒学员们彼此倾听,也促使学员们强制执行。

(3)为了避免小组成员间为了维护自己的观点或立场而打压或反对他人观

点,在小组讨论前,应强调讨论是多角度的思维碰撞,而非争论对错。

(4)为了使讨论有序进行,在小组讨论前,请每组推选出主持人以维持讨论秩序。

(5)为避免在讨论进行时,学员们对讨论主题有疑问或理解不一致,在讨论前就要明确告知讨论的主题、成果要求,必要时提供示例,并询问是否有疑问。

(6)在小组讨论前,提醒学员们以终为始思考自己的观点与主题有什么关系,并在讨论中常常自问或互相提问,以免跑题。

2.讨论进行中

在小组讨论进行时,培训师需要在全场巡查,发现问题后及时了解原因,当场处理。

(1)发现外向型的小组成员急于表达观点时,培训师可以重申或协助建立发言规则(如果没有的话),以确保讨论有序进行。

(2)当小组成员急于表达而忽略倾听时,培训师指导小组成员先记录所有发言者的观点,然后展示出来,帮助学员们了解彼此的观点。

(3)如果学员们彼此打断是为了维护彼此的观点或立场,培训师可以通过提问,帮助学员们看到对立观点背后的立场或动机,加深彼此的了解。同时,强调讨论是多角度的思维碰撞,而非争论对错。

(4)如果发现彼此打断是因为小组没有主持人所致,培训师可以先叫停讨论,然后协助小组推选出主持人,并确定讨论规则。

(5)如果小组成员对讨论主题有疑问或理解不一致,培训师可通过提问询问了解疑问或异议是什么,然后给予针对性的解答或引导思考,达成共识。

(6)有发言者的观点跑题时,可以重申主题,并询问其观点与主题的关系是什么,以此协助其回到正轨。

案例 3-15 听我说

在一次"引导式课程设计"培训中,我请各组运用"五线谱"(课程设计的工具)设计一个5分钟的培训暖场活动。我在各组巡查时,发现第三组的几位成员发言多次被互相打断。经过观察,发现这几位学员之前都至少参加过一次该培训,在五线谱的理解和运用方面有着不同的见解,且都觉得自己是对的。所以,当其他学员发言时,就会选择打断对方并重申自己的观点。于是,我用手势叫停讨论后说:"讨论这么激烈,让我们来看看你们组的成果在哪里?"学员们安静下来,沉默了一会儿,有学员说:"我们的主题已经有了,但该如何开始,现在还没有达成共识。"我说:"确定了主题是个很好的开始,不错哦!那我们这个暖场要达成的目标有哪些呢?"有学员进行了回答。然后,我说:"关于如何开始才更有利于达成暖场目标,我们已经收集到了哪些想法呢?"大家开始七嘴八舌地发表观点。我说:"我实在听不清大家在说什么。大家先将自己的观点用白板笔写在大海报纸上,好吗?"学员们很快就写完了。我问:"现在,我们给每位写了观点的伙伴一个机会,用一句话来说明自己的观点。但有个要求,有人在发表观点时,其他人不说话,大家能做到吗?"学员们回答:"可以!"于是,小组成员逐一说明观点。结束后,我说:"听了大家的说明,我们再来思考:如何开始更有利于达成我们的暖场目标?"……学员们很快就达成了共识,进行下一个步骤。

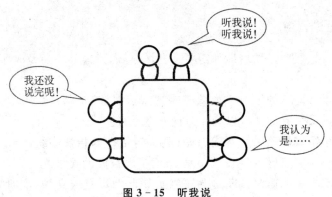

图3-15 听我说

案例点评

在该案例中,我运用了"问题诊断"+"关注产出"+"先跟后带"+"展示观点"+"引导思考"的方法,具体表现如下。

1. 问题诊断

发现第三组出现互相打断的情况后,我先在旁边观察,通过大家的发言内容和表现进行分析,找到了问题的症结所在:觉得自己的观点是正确的,所以打断别人。这样的做法为后面的对症下药解决问题打下了基础。

2. 关注产出

我用手势叫停讨论后,没有直接指出个人的问题,而是通过"关注产出",将小组成员的注意力从个人观点转移到小组的讨论成果。这样做,一方面,让学员们从热烈的氛围中冷静下来,为后面的思考做好准备;另一方面,也引导大家更关注讨论的目标和产出。

3. 先跟后带

通过"关注产出"让学员们看到现状和差距后,我先用"确定了主题是个很好的开始"表示肯定,认可了小组的第一个成果,为大家建立信心。然后,通过提问,帮助大家回顾该暖场活动的目标,引导学员们找到后续判断的依据。

4. 展示观点

对各种观点在打断中未能充分表达的情况,我请大家将自己的观点写在海报纸上并展示。这样做有两个方面的考虑:一是转换方式,用"写"来打破刚才互相打断的"说"的模式;二是帮助大家看到彼此的观点。

与口头交流相比,写下来并展示,更方便学员们了解彼此的观点和进行交流。

5. 引导思考

最后,通过询问"如何开始更有利于达成我们的暖场目标?"引导学员们思考并做出选择,从而达成共识,确保讨论顺利进行。

问题 9 小组成员不认同讨论成果

有时,到了小组成果分享阶段,出现小组成员并不认同讨论成果的情况。这时,该怎么办呢?表3-11列出了常见的原因和对策。

表3-11 "小组成员不认同讨论成果"的原因和对策

描述	常见原因	马上可以采取的措施	预防措施
小组讨论已经结束,即将进行成果分享,有成员不认同本组的讨论成果	觉得讨论得到的观点或想法没有新意	告知或重申讨论的目的,引导学员更关注讨论中带来的思考和收获。	在小组讨论前,说明讨论的目的和思路,引导学员关注讨论的过程。
	感觉成果偏离了主题	询问原因,提出问题,帮助厘清关系。	1. 小组讨论前,说明成果要求,提供示例,提供帮助修正的问题。 2. 小组讨论时,培训师通过提问帮助小组进行检视。
	小组成员强势表达观点,未得到大家认可	说明本组发言人可以自主选择分享成果中的哪几项。	1. 小组讨论前,建立发言规则,确保每个成员都有机会发表看法。 2. 小组讨论过程中,培训师可视情况提供必要的帮助。
	小组讨论时意见不统一,结果未明确	给1分钟时间统一结果,或请分享人来总结。	小组讨论的过程中,培训师进行巡查,及时提供指导,帮助小组达成共识。

为了避免"小组成员不认同讨论结果"的情况,可以从以下三个方面入手。

1. 小组讨论前

在小组讨论前,需要说明讨论的目的,视情况提供思路,进行示范,建立发言规则。具体措施如下。

(1)说明讨论的目的和思路,引导学员关注讨论过程中的思考和收获,而非单纯的讨论成果。

(2)小组讨论前,说明成果要求,提供示例,提供帮助修正的问题。例如,请学员们在讨论过程中随时问"这个问题跟现在讨论的主题之间是什么关系?",将这个问题当成导航仪,确保小组讨论不偏离目标。

(3)小组讨论前,建立发言规则,确保每个成员都有机会发表看法。

2. 讨论进行中

在小组讨论进行时,培训师需要在全场巡查,发现问题后及时了解原因,当场处理。

(1)在巡查时,如果发现某个小组的讨论成果偏离了主题,培训师可以提出问题,帮助学员们思考成果与主题之间的关系,及时调整方向,回到正轨。

(2)小组讨论中,有成员表现得很强势时,培训师可以先提醒规则,再协助其总结观点并记录后,将发言机会传递给其他学员。

(3)培训师巡查时如果发现有小组意见不统一,可以指导学员们先写下来,然后分享彼此的观点和想法,最后投票确定认同的观点。

3. 小组讨论后

小组讨论结束后,当有成员对讨论成果提出异议或表示不认同时,可通过询问原因,有针对性地采取下面的措施。

(1)如果小组成员觉得讨论得到的观点或想法没有新意,可以告知或重申讨论的目的,引导学员更关注讨论中带来的思考和收获。

(2)当小组成员感觉成果偏离了主题时,询问原因,然后问其他成员的想法。此时,如果有时间压力,可以通过投票的方式来筛选成果,选出未偏离主题的成果。

(3)如果有小组成员强势表达观点未得到大家认可,可以说明由本组分享人自主选择分享成果中的哪几项。

(4)当小组讨论时意见不统一、结果未明确时,可以采取以下两种方式:

①如果这是共性问题,再给1分钟时间,让各组统一讨论结果,1分钟后再进行分享。

②如果只是某个组的个案,可宣布由分享者来总结,然后开始分享。

案例3-16 我不认同小组讨论的成果

在给一家企业做"以终为始的授课技巧"培训时,各组已经完成了关于"如何有效提问"的讨论。我请各组先将讨论成果张贴到前面的白板上,然后派代表分享成果。第二组的分享者张莉说:"其实我不认同我们小组的讨论成果。"我问:"我看到你们小组的成果一共有8条,您不认同哪一条呢?"张莉说:"不认同3和5。"我接着说:"我要求每个小组分享2条,那您就从剩下的几条中选择2

条来分享,好吗?"张莉说:"好的。"于是,小组分享得以顺利进行。课间休息时,我找到张莉,询问她不认同3和5的原因,并请提出3和5观点的学员一起交流,分享自己提出这两点的思路和出发点,最终达成共识。

图3-16 我不认同小组讨论的成果

案例点评

在该案例中,分享者在发言时突然说不认同小组讨论的成果。遇到这种情况,如果处理不当,不但会影响到分享的有序进行,还可能引起争执,导致课程难以继续。对此,我采用了"展示观点"＋"区分"＋"延后处理"的方法,具体表现如下。

1. 展示观点

小组讨论后,请各组展示观点,这样的做法可以吸引更多学员的注意力。我请学员们在讨论时,用白板笔将大家的观点写在大海报纸上。如果学员人数少,可以将所有的成果张贴在培训场地的前方。如果学员人数多,可以将成果穿插张贴在各组附近的墙面上,例如,第一组的成果张贴在第二组旁边,第二组的成果张贴在第三组旁边……以此类推。这样做可以一举三得:一是满足人们的好奇心(希望知道别人对这个问题的看法);二是听+看的方式更容易吸引学员们的注意力;三是提升了分享的质量。

2. 区分

当张莉说自己不认同小组的讨论成果时,我问"小组的成果一共有8条,您不认同哪一条呢?",这个问题区分了整体(所有成果)和部分(哪一条),使得"不认同"具体到某个观点,更有利于后面的处理。

3. 延后处理

当张莉回答不认同3和5后,我请其从剩下的几条中选择2条来分享。这样的做法,不但尊重了张莉的个人看法,成功处理了她的心情,也确保了正常的分享秩序和节奏,避免了不必要的争执。在课间休息时,我召集张莉与提出观点 3 和 5 的小组成员进行交流,通过引导大家分享观点背后的思路和出发点,帮助他们彼此了解,并达成了共识。至此,张莉不认同小组讨论成果的问题,通过分享现场和课间休息两个阶段的不同处理方式得以解决。

问题 10　小组讨论结束后,无人愿意分享成果

小组讨论结束后的分享成果阶段,有的小组成员争相分享,有的小组无人愿意分享。针对后者,表 3-12 列出了常见的原因和对策。

表 3-12　"小组讨论结束后,无人愿意分享成果"的原因和对策

描述	常见原因	马上可以采取的措施	预防措施
小组讨论结束后,要求各组分享讨论成果时,有的小组无人愿意分享成果	对小组讨论的成果不清楚	安排时间,各组进行模拟分享后,培训师随机选择分享人。	在小组讨论开始前,说明讨论后会随机挑选分享者,促使每个人均参与和了解本组的讨论成果。
	学员性格内向,不愿意/不善于表达	1.允许学员用自己擅长的方式分享。 2.每组只分享 1 或 2 条。 3.示范并鼓励发言。	1.分组时,将性格内向、外向的学员穿插分组。 2.确定分享规则时,考虑到内向学员的情况,提供多种分享方式的选择
	担心出错或分享不好	说明分享者只是团队的代言人,消除顾虑。	在小组讨论前,强调小组讨论的目的是深入思考,彼此学习,而非比赛。
	怕被别人说爱表现	用规则来确定分享人,例如,每组靠右边的第一人,头发最长或最短者。	在课程开始时,就强调"分享是最好的学习"的理念。
	想先听听别人的观点	先用爆米花的方式,对抢到前两名发言的小组给予奖励,后面的小组分享顺序由培训师指定。	可在讨论开始前就确定分享顺序。

为了避免"小组讨论结束后,无人愿意分享成果"的情况,可以从小组讨论前和成果分享前两个方面入手。

1. 小组讨论前

很多培训现场的问题，源头都在课程设计。针对这个问题，具体表现如下。

（1）在小组讨论开始前，说明讨论后会随机挑选分享者。这样可以促使每位成员都参与讨论并了解本组的讨论成果，做到心中有数，从而避免分享环节学员因对小组讨论的成果不清楚而不愿分享的情况发生。

（2）有些学员性格内向，不愿意或不善于表达。为了鼓励他们分享，在小组讨论前，就需要进行有针对性的设计。

①分组时，将性格内向、外向的学员穿插分组。

②确定分享规则时，考虑到内向学员的情况，提供多种分享方式的选择，不仅仅局限于说。因为说、写和画、表演是与人们偏好的三种学习方式（听觉型、视觉型、感觉型）相对应的。写包括写关键词或句子，画包括画简笔画、关键词画圈＋连线、画流程图、画概念图、画关系图等。有些技术型的学员不喜欢说，就可以请他们画或写。有些学员不擅长说，怕说不好，也可以让他们画流程图或表演怎么做。总之，要根据学员的性格、特点来确定分享方式，尽量提供多种选择。

（3）有些学员会担心出错或分享不好，所以不愿意分享。这个问题需要在小组讨论前，强调小组讨论的目的是深入思考，彼此学习，而非比赛，以此消除学员们的顾虑。

（4）有些学员怕被别人说爱表现而不愿意分享。在课程开始时，就强调"分享是最好的学习"的理念，让大家知道：准备分享的过程就是再次学习的过程，分享者是最大的受益者。

（5）有些学员想先听听别人说什么，所以不愿意分享。针对这种情况，可在讨论开始前就确定分享顺序。

2. 成果分享前

在小组的成果分享前，要针对学员的不同心理和表现，进行相应的引导或说明，以消除顾虑。

（1）如果发现有较多成员对于本组的讨论成果不是很清楚，可安排专门的模拟分享时间，并说明结束后，由培训师随机选择分享人，以此促进小组成员全面了解讨论成果。同时，模拟分享也增强了学员们分享的信心，有助于积极分享。

（2）针对有些学员性格内向，不愿意或不善于表达的情况，可以采取以下措施：

①允许学员用自己擅长的方式(说、写、画等)分享。

②每个小组只分享1或2条。具体可根据学员们的组数和讨论成果的总数而定,原则是让每组都有内容可以分享。

③培训师示范,并鼓励发言。

(3)针对担心出错或分享不好的学员,可以说明分享者只是团队的代言人,只需要读出讨论成果即可。

(4)针对怕被别人说爱表现的学员,可以用规则来确定分享人,例如,每组靠右边的第一人,头发最长或最短者(需要标准明确,避免引发争议)。

(5)针对想先听别人观点的学员,可以先用爆米花的方式,谁想先说就说,对抢到前两名发言的分享者给予奖励或鼓励,然后由培训师指定后面的小组分享顺序。

案例 3-17　表演不恰当的肢体语言

我给一家企业内部培训师做"生动授课技法"培训前,通过对参训学员的信息汇总分析,发现管理人员和技术能手各占一半。于是,在分组时,我特意将两类学员穿插分组。同时,在课程的暖场活动中,引入了"谈话棒"这个工具,并跟学员们一起确定了"谈话棒"的规则:只有拿到谈话棒者方可发言,每次发言时间由时间官来确定并监督执行,小组每个人均发言一次后,方可进行第二轮发言。

在"不恰当的肢体语言有哪些"的小组讨论前,我要求各组先确定一个物品做谈话棒,然后按照顺时针顺序发言,每人说出一条,由记录官写在A4纸上,等讨论结束后请两位学员上台来,一位读,一位表演。然后,我提出问题:"大家可以回想一下,在自己参加过的培训中有不少老师,他们有各种不同的肢体语言,有仰头数灯泡的,有手插裤兜'逛街'的,还有哪些呢?……作为学员,你们认为培训师的哪些肢体语言是不恰当的呢?"我的话音刚落,各组就迫不及待地讨论起来。小组讨论结束后,我请各组选出管理类和技术类的成员各一人,两人分工后,上台表演。同时规定:每组最多表演2条,其他小组若有雷同,则不必表演。大家意识到越到后面表演就越"吃亏",纷纷举手抢先表演。最后,我按照组长举手的先后确定了分享顺序。这次的表演非常生动,让所有学员印象深刻。在之后的授课过程中,大家常用表演中的肢体语言作为基础进行交流和互相提醒。同时,在后面的课程中,无论小组讨论还是分享,技术类的学员都非常积极。

图 3-17 表演不恰当的肢体语言

案例点评

在该案例中,我运用了多种方式来带动内向学员参与讨论和分享,其中包括"穿插分组"+"谈话棒"+"提问引导"+"建立组合"+"差异化任务",具体表现如下。

1. 穿插分组

从学员的信息汇总和分析可以看到学员中的管理人员和技术能手各占一半。根据多年的经验,管理人员相对外向,乐于沟通和表达,而技术人员则刚好相反,他们大多不喜欢或不擅长沟通和表达。因此,我对两类学员进行了穿插分组,以确保各组中的内、外向学员比例保持平衡。

2. 谈话棒

通过穿插分组解决了两类学员在各组人数上的平衡,接下来引入"谈话棒",建立相应的规则,为各组学员创造了平等的发言机会。这样就避免了小组讨论时一言堂的情况,也让技术类学员有更多机会发言、分享。因为本次课程的目的就是要提升他们的授课技巧,而本次课程中的每次发言和表现都能得到我的指导,对他们而言是非常宝贵机会。

3. 提问引导

有了规则,还需要针对问题的引导。我通过列举一些不恰当的肢体表现来引导思考,降低了小组讨论时发言的难度,也给了技术类学员发言的信心。

4. 建立组合

在成果分享前,我请各组由管理类学员和技术类学员建立一个组合,上台来表演。这样的强制要求,有以下几个目的:

(1)建立团队合作意识。让活跃的管理类学员带动技术类学员"一起玩",增强了团队归属感。

(2)给管理类学员的分享带来乐趣和挑战。如果只是上台来读两句话,可能学员们尤其是管理类学员会觉得太简单,不屑于上台。而将书面的内容表演出来,增加了难度和乐趣,会吸引这类学员。同时,带着比自己"弱"的学员"一起玩",会让他们更有成就感。这两个方面,都能激发管理类学员参与的积极性。

(3)帮助技术类学员建立信心。如果只是自己一个人站在台上,哪怕只读一句话,有些学员可能都会手抖、声音发颤……但有了"队友"(管理类学员)的助力,这样的紧张情绪会有所缓解。同时,大多数技术类学员会选择读的角色。此时,他们的心态从全身心关注在"自己分享"部分转换成了"看别人表演",从而转移走了部分压力。在这样的情况下,技术类学员在台上的"首秀"表现会超出自己和他人的预期,从而大大增强信心,有助于提升后续的参与度。

5. 差异化任务

这个案例的亮点,在于为两类不同基础和特点的学员量身定制了差异化的分享任务:一个读、一个表演。前者是为技术类学员而设计的,目的是增加他们上台表现的机会,并建立信心;后者是为管理类学员而设计的,目的是生动诠释小组讨论成果,同时带动技术类学员参与。从课程中的效果来看,这些目的均已达成。

问题 11 小组成果分享时,其他学员无事可做

小组讨论结束后,培训师通常会让各组分享讨论的成果。有时,可能会出现下面的状况:一个小组分享时,其他学员无事可做,不但显得场面混乱,也让分享的价值大打折扣。表3-13列出了这个问题的原因和对策。

表3-13 "小组成果分享时,其他学员无事可做"的原因和对策

描述	常见原因	马上可以采取的措施	预防措施
一个小组分享讨论成果时,其他学员没事做,有人聊天,有人玩手机,有人走神……	不明白分享者在说什么	重申或明确分享要求,必要时提供模板。	事先列出分享的要求或模板,展示在PPT上,或写在白板/大海报纸上。
	未给其他学员安排任务	现场分配任务,让每个人都有事做。	事先设计任务,必要时准备模板或表格,供分享时使用或填写。
	安排的任务不明确	列出任务要点,进行解释。	将任务要点展示在PPT/表格上,或写在白板/大海报纸上,便于随时查看。
	分配的任务过于简单	增加拓展任务,提升挑战性。	设计难易程度不同的任务,供学员们进行选择。

总结

为了避免"小组成果分享时,其他学员无事可做"的情况,可以从小组讨论前和讨论进行中两方面入手。

1. 小组讨论前

好课程是设计出来的。为了避免此类情况发生,培训师在课前的设计阶段要做好充分的准备,主要包括两个方面:分享的要求或模板的准备,其他学员任务的设计。具体表现如下。

(1)小组讨论的成果包括哪些,这是在小组讨论前就需要明确的。小组成果分享的具体要求,也需要在分享前明确。例如,分享的方式(口头还是书面)、要求(必须包括哪些内容)、每次分享的时长、如何切换分享人等。最好能够提供结构化的模板,方便各组的分享,也有利于其他学员了解分享内容。这些模板和要求,可以事先打印出来发给学员们,也可以将分享要点展示在PPT上,或写在白板/大海报纸上,方便学员们随时查看。

(2)在课程设计时,就要考虑到小组成果分享时其他学员的任务设计。必要时准备模板或反馈表,供分享时使用或填写。

(3)将任务要点展示在PPT/表格上,或写在白板/大海报纸上,向全体学员展示并进行说明,确保大家清楚自己的任务是什么。

(4)设计任务时,结合小组讨论的主题,根据学员们的基础和能力,设计难易程度不同的任务,提供给学员们,让他们在听其他小组分享时选择完成。

2. 讨论进行中

在小组讨论进行时,培训师需要在全场巡查,发现问题后及时了解原因,当场处理。

(1)如果发现分享者的分享内容逻辑不清、重点不明时,培训师可以重申分享要求,必要时提供模板。

(2)现场分配任务,让每个人都有事做。例如,每人关注分享要点中的一个方面,或从分享中找出自己最认同/有共鸣/喜欢的观点,或从分享中找到自己有疑惑/不赞同/想继续交流的观点。如果有必要,可提供模板。

(3)发现学员们不清楚安排的任务时,列出任务要点,进行解释,并询问是否有疑问。

(4) 如果有学员认为任务过于简单,可以临时增加拓展任务,提升挑战性。例如,最初的任务是"找出分享中一个自己喜欢或有异议的观点",如果学员觉得太简单,可以增加"为这个观点提供论据或案例"这个挑战性的拓展任务。

案例 3-18 "活动的目的"讨论

在一次"引导式课程设计"培训的"以终为始活动设计"环节,我在小组讨论前和讨论后,做了如下工作。

1. 小组讨论前

(1) 展示讨论主题。我先将大家投票选出的六个常见的活动目的写在便利贴上,内容见图 3-18。

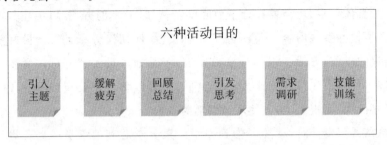

图 3-18 六种活动的目的

(2) 说明讨论框架和要求。接下来,我将写有"目的""方法""注意事项"的纸卡张贴在大海报纸的相应位置,并据此向学员们说明,请各组按照目的—方法—注意事项的框架来讨论。同时,我拿出事先裁剪好的彩色 A4 纸,示范讨论成果的张贴位置(彩色纸的大小及张贴位置,课程开发时我已在大海报纸上摆放后确定)。

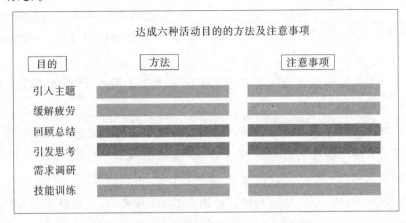

图 3-19 达成六种活动目的方法及注意事项

(3)各组选择讨论主题。我请每个小组任选两个目的,并拿走所选主题的便利贴。

2. 小组讨论后

(1)张贴成果。我请各组按照之前我的示范,将讨论成果张贴在大海报纸的相应位置。

(2)分配任务。分配任务包括了两个方面。一是宣布分享规则:每组各派两人,按照张贴的"目的"顺序分享成果,且分享的方式为"按照目的—方法—注意事项的框架来读一遍"。二是每个小组在听的同时思考有哪些疑问或补充,等分享结束后,举手发言补充,由分享者添加到讨论成果中。

有了这样的规则后,学员们认真倾听,踊跃发言,很快就将所有的讨论成果写满了。

案例点评

在该案例的讨论成果分享前,我一共做了五项准备工作,其中包括小组讨论前的三项和讨论后的两项。表3-14中列出了每项工作的目的或作用。

表3-14 "活动的目的"讨论案例分析

阶段	准备工作	目的或作用
小组讨论前	1.展示讨论主题	通过展示+说明,让学员们清楚地知道讨论的主题是什么。
	2.说明讨论框架和要求	(1)提供结构化的讨论框架,避免跑题。 (2)通过视觉化的成果示范,让学员们对讨论的要点和张贴要求有清晰的了解;同时减少了后续的沟通成本,节省了时间。
	3.各组选择讨论主题	自主选择主题,有利于提升学员的责任感,激发参与度。
小组讨论后	4.张贴成果	成果张贴上墙,有几个作用: (1)讨论成果视觉化,方便学员了解彼此的观点。 (2)提升学员的成就感。 (3)为后面的交流、补充提供素材。
	5.分配任务	分别给分享者和其他学员分配了明确的任务,确保分享有序进行。 (1)针对分享者,明确分享顺序和方式,以节省时间。 (2)针对其他学员,提出了思考的问题,促使其在他人分享时认真聆听、思考,在交流时积极参与。

从表 3-14 中可以看到：充分的准备是分享顺利进行的前提。同时，每项工作的先后顺序也很重要。例如，小组讨论前的准备工作 3 为什么要放在最后，而不是 2 呢？这样的安排是为了确保学员们听清楚讨论框架和要求后再进行讨论，避免先拿到讨论主题后，各组就开始讨论而忽略了讨论要求。与此类似的还有：在说明规则前，就将讨论所需的道具、资料提供给学员们。这样可能出现的结果是：在讨论开始后，不断有学员来询问讨论的要求，或者讨论时偏离目标，或者讨论中各种出错需要返工等，不但浪费大量的时间，还严重降低了讨论的质量，甚至影响到目标的达成。因此，在设计活动流程时，不但要细化每个步骤及内容，还需要斟酌每个步骤的顺序，确保彼此铺垫而非干扰。

在小组讨论后的"5.分配任务"时，一方面给所有学员均安排了任务；另一方面，提出的问题"有哪些疑问或补充"有很强的包容性和挑战性，有利于调动所有学员的积极性。因为"疑问"是没有标准答案的，只要自己不清楚，就可以提出，这给了每位学员发言的机会；"补充"这个词能够激发学员参与的积极性，促进深入思考，而前提就是认真看或听其他组的讨论成果，这也确保了他人分享时聆听的秩序和质量。

案例 3-19 "你演我猜"演练评估

在案例 3-18 中的讨论结束后，我请各组选择一个目的来设计活动，并进行现场演练。事先我做了如下准备。

1. 设计反馈表

在课程开发时，我为这个环节设计了如表 3-15 所示的反馈表。

表 3-15 "引导式课程设计"反馈表　　　　评估人：

活动名称	评估指标及评分（1~5 分）			本环节我收获了什么（至少 2 点）
	指标 1： 评分：	指标 2： 评分：	指标 3： 评分：	
	指标 1： 评分：	指标 2： 评分：	指标 3： 评分：	

2. 量身定制评估指标

第一组的现场演练，是通过"你演我猜"的开场活动，引出"跨部门沟通技

巧"的培训主题。在他们演练开始前,我引导学员们围绕着"引出主题"这个目的,梳理出了下面三项评估指标:

(1)活动与主题的关联度;

(2)活动与导入主题之间过渡是否顺畅;

(3)学员注意力是否集中。

3. 完善反馈表

确定评估指标后,我请学员们填写反馈表的相关内容,如表3-16所示。

表3-16 "引导式课程设计"反馈表   评估人:

主题	评估指标及评分(1~5分)			本环节我收获了什么(至少2点)
你演我猜	指标1: 活动与主题的关联度	指标2: 活动与导入主题之间过渡是否顺畅	指标3: 学员注意力是否集中	
	评分	评分	评分	
	指标1:	指标2:	指标3:	
	评分	评分	评分	

4. 说明反馈流程

最后,我说明反馈流程为自评—他评—总结,并明确了每个步骤的具体要求:

(1)演练完成后,演练的小组所有成员填写"反馈表"后,分享自己针对3个评估指标的打分及其原因,并说明做得好和可以改善的方面。

(2)自评结束后,其他学员报出三个评估指标的评分及其原因,并分享"本环节我收获了什么"的内容。

(3)他评环节结束后,全体讨论总结该演练中值得大家学习的方面,以及可以换种做法的环节或步骤。

有了这样的准备工作之后,后面的演练、反馈环节进展非常顺利,也达到了预期的演练目标。

案例点评

在该案例中,小组讨论的成果是通过小组成员的演练来呈现的。为了让每位学员在这个过程中不但都有事可做,还能有最大的收获,我事先进行了相关设计,表3-17列出了其中的准备工作及目的或作用。

表 3-17 "你演我猜"演练评估案例分析

准备工作	目的或作用
设计反馈表	为学员们提供评估的框架和模板,作用包括: 1. 提供清晰的评估框架,让学员们有全局观。 2. 帮助学员们聚焦事先设定的重点,避免偏离方向。 3. 建立共同的沟通基础,节省后续交流的时间。
量身定制评估指标	通过与学员们一起讨论确定评估指标,既处理了心情,又处理了事情。具体表现在: 1. 共同参与确定的指标,增加了学员们对指标的拥有感,也更容易认同和执行。 2. 为该活动量身定制评估指标,让学员感受到了关注,也激励大家更投入活动。 3. 量身定制的评估指标,能够引导学员们更有针对性地关注小组讨论成果的演练,为有效评估奠定基础。
完善反馈表	确定评估指标后,请学员们将其补充到"反馈表"中,这样做的目的有: 1. 通过填写,再次明确评估指标,强化共识。 2. 为演练评估提供模板,方便填写评估信息和进行后续的反馈、交流。 3. 通过"填写"这个动作,引导后面的评估信息填写。
说明反馈流程	通过反馈的三个步骤及其要求的说明,让学员们清晰地了解到自己的角色和职责,为之后的演练评估和反馈提供保障。

从表 3-17 可以看到,我在本案例中使用的"反馈表"这个工具经历了从通用到定制的两个阶段。先提供通用的反馈表框架并讲解,让学员们对反馈的内容和要求有全局的了解。然后针对具体的活动,讨论确定细化的三个评估指标并据此完善反馈表。这样的两个阶段,从易到难,引发学员们参与、思考反馈的内容及目的,确保后面的环节顺利展开。再加上说明反馈流程,清晰了规则,使学员们也明确了自己在之后的环节需要做些什么。如此层层铺垫之后,在第一组上台演练时,其他学员都认真观察、倾听,填写反馈表,同时思考自己的收获。反馈表的设计中,除了评估演练小组外,还特别设计了"写出自己的两项收获",目的是通过结构化反馈方式来引导学员们彼此欣赏和学习。

问题 12　小组埋头准备自己的分享,不关注正在进行的成果分享

在其他小组进行讨论成果分享时,有些小组埋头准备自己的分享,不关注其他小组的成果分享,这样的情况在培训中时有发生。表 3-18 提供了常见的原因分析及相应的对策。

表 3-18 "小组埋头准备自己的分享,不关注正在进行的成果分享"的原因和对策

描述	常见原因	马上可以采取的措施	预防措施
小组讨论成果分享时,未分享的小组埋头准备自己的分享,不关注正在进行的分享	小组讨论未达到预期的效果,正在补充内容	说明: 1.讨论中的交流本身就是很好的学习过程。 2.此时更应该好好了解其他组的讨论成果,以弥补遗憾。	1.小组讨论前,明确讨论的成果和要求,必要时提供思路和示例。 2.小组讨论进行中,培训师巡回观察,必要时给予引导或指导。
	小组成员的完美心理	1.重申"完成比完美更重要"的原则。 2.分配任务转移注意力。	小组讨论前,确定"完成比完美更重要"的原则。
	过于关注本组的成果	提醒学员们:关注其他组的成果分享,是难得的互相学习机会。	小组讨论前,强调培训不仅是向培训师学习,更是学员间互相学习。
	分享的准备时间不足	1.如果是个别组,要求他们停止准备,引导关注正在分享的内容。 2.如果是大多数情况,暂停分享,给各组额外的时间进行分享准备,培训师进行指导。	1.小组讨论前,明确讨论成果的分享要点。 2.小组讨论进行中,培训师巡回了解各组进度,提醒进行分享准备。 3.小组成果分享前,确认各组的准备情况。如果有必要,留出专门的时间,让各组做分享准备。

总结

为了避免"小组埋头准备自己的分享,不关注正在进行的成果分享"的情况,可以从以下三个方面入手。

1. 小组讨论前

(1)明确讨论的成果和要求,询问学员们是否有问题或疑问,如果有需要,培训师可以提供思路和示例。

(2)事先确定"完成比完美更重要"的原则,防止某些小组过于追求完美而影响讨论的进度和质量。

(3)向学员们强调:培训不仅是向培训师学习,更重要的是学员间互相学习,而小组讨论后的分享是彼此学习的好机会。

(4)讨论前就明确讨论成果的分享要点,最好能通过PPT、白板或张贴的方

式方便学员们随时查看;在正式分享前,确认各组的准备情况。如果有必要,留出专门的时间,让各组做分享准备。

2. 小组讨论进行中

有些问题虽然出现在小组成果分享阶段,但在小组讨论过程中,就可以采取措施进行预防。

(1)培训师巡回观察,必要时给予引导或指导,以避免小组讨论的成果无法达到预期。

(2)培训师巡回了解各组进度,提醒进行分享准备。针对提前完成任务的小组,可请他们确定分享人并进行分享演练和问题应对。针对进度较慢的小组,提示学员们根据分享要求梳理讨论内容,为分享做准备。

3. 小组成果分享前

(1)如果发现有小组忙于补充小组成果而忽略了其他组的分享,立刻叫停,同时强调:讨论中的交流本身就是很好的学习过程,比结果更重要。

(2)针对过于追求完美的小组,重申"完成比完美更重要"的原则,同时分配任务转移注意力。例如,请该组记录每个分享小组中最认同/有趣/有共鸣的观点;分享结束后,培训师随机邀请小组成员向大家汇报。

(3)遇到过于关注本组成果的小组,培训师可以提醒学员们:小组讨论、分享的过程,就像在拼图,每个小组的成果再完美,也只是其中的一小块,关注其他组的成果分享,才是更难得的互相学习机会。

(4)如果发现只是个别组的分享准备不足,可要求他们停止准备,通过"拼图"的隐喻引导小组成员关注正在分享的内容。如果大部分小组均未做好分享准备,可以暂停分享,给各组额外的时间进行准备,时间到了再重启分享。在这段时间里,培训师可以重点对需要帮助的小组进行指导,以确保分享的顺利进行。

案例 3-20　该结束时就结束

在一次"问题树课程开发模型"培训开始前,因采用翻转课堂的方式,我提前一周建立了线上社群,提供课前阅读资料,布置作业并逐一批改,必要时进行辅导。在这个过程中,我发现学员们都非常活跃。于是,在线下课程开场时,我跟大家一起用头脑风暴的方式,在大海报纸上写下了培训公约,如图 3-20 所示。

图 3-20　培训公约

完成后，我重点强调了公约中的 7、8 两条，进行了如下说明：我们两天的课程，以小组为单位，按照"问题树课程开发模型"的流程，通过"确定关键问题—鱼骨图分析—访谈—问题树—对策树—课程大纲"流程完成一个课程大纲，在这个过程中，演练如何使用七大方法、四大工具。这两天培训的目标是通过走完整个流程来学习工具和方法的运用，同时体验一个量身定制的课程大纲是如何诞生的。因为时间关系，我们每个环节在课程上都无法做到真正完美。所以，请大家不要纠结于某个环节，过于追求完美只会白白浪费时间。

然后，我展示了自己本次备课用的满满 3 页课程设计五线谱，继续说："为了确保目标的达成，请大家按照我设计的流程来进行，该开始时，不要纠结在上一个环节。该结束时，只要听到我摇铃，就马上停下来。大家能做到吗？"学员们说："能！"我再问："关于这份培训公约，大家是否还有疑问或需要补充的？"学员们回答："没有。"我说："那你们每个人在两天的课程中能遵守这 8 条培训公约吗？"学员们说："能！"我说："那好！请大家在这份培训公约上签名盖章吧。"于是，大家纷纷在公约上签名。

在课程的"剥洋葱"演练环节，我摇铃宣布"时间到了"，其他小组马上停了下来，只有第二组还在讨论中。我没有说话，静静地等待。这时，其他组的学员提醒他们："时间到了！该结束时就结束！"不到 5 秒钟，第二组也安静下来。于是，我带着大家进入下一个环节——剥洋葱案例分享，由每组派一位代表分享本组完善的案例。当第二组分享案例时，我发现第三组的成员在埋头讨论，便立刻叫停分享，示意大家安静。第三组马上意识到，停止了讨论。我说："第三组这么快就停了下来，我有点怀疑你们这样做是提醒大家培训公约中的'该开始时就开始，该结束时就结束'。"大家都笑了。我继续说："刚才在牺牲自己提醒公约时,第三组有什么发现吗?"第三组说:"从第二组的案例中,我们发现自己也犯了同样的错误,所以想重新剥洋葱。"我说:"学习的精神可嘉,为你们点赞!同时,你们是否想过:如果埋头重新剥洋葱,一方面这么短的时间很难完成,另一方面说不定会错过第二个、第三个类似的错误,损失不是更大吗?"第三组的成员纷纷点头。我又说:"如果怕错过学习的机会,可以在听其他组分享的同时,将自己的收获或思考记录下来,等分享结束后,我会留出专门的时间,让大家交流。"在后面的课程中又出现了两次类似的情况,但在其他学员提醒公约后,小组成员立刻就停止交流,将注意力放在正在进行的分享中了。

案例点评

在该案例中,我运用了"培训公约"+"借力"+"问题诊断"+"先跟后带"的方法。

1. 培训公约

这份培训公约,从产生的方式和内容两个方面,都有玄机。

(1)通过培训师与学员们一起讨论确定培训公约的方式,更有利于公约的执行。其原理是唯有参与才有认同,唯有认同才有执行。学员们自己参与确定的内容,更容易认同和执行。这一点,从后面的培训公约执行中就可以得到验证:学员们不但自己遵守,还主动提醒其他未遵守的学员。

(2)这份培训公约的内容,既包括了一些常规的课堂纪律,也有我针对本次课程特别设置的部分,如表3-19所示。

表3-19 培训公约内容设置的考虑

序号	公约内容	目的
4	不随便串组	针对有些学员喜欢在小组讨论时离开本组,到其他组去"学习"的情况
7	完成比完美更重要	针对有些学员是"完美主义者",习惯性地纠结每一个细节的情况
8	该开始时就开始,该结束时就结束	为了避免有些小组在讨论时间截止时,还不肯停下来,导致其他学员等待浪费时间的情况

之所以设置这些内容,是基于对学员的了解和以终为始的考虑。通过课前的学员信息和作业完成状况,我了解到学员们个性活跃、参与度高,再结合两天课程内容多、演练的工具和方法多,且难度大(80%时间为学员演练)的情况,考虑到要完成培训目标,就需要学员们按照既定的课程规划流程和时间来进行。

因此,我不但在培训公约中有针对性地增加了确保目标完成的内容,还要求学员们在培训公约上签字,作为一种公众承诺,促进学员们执行公约。

2. 借力

在这个案例中,我多次采用借力的方式。具体表现如下:

(1)在制订"培训公约"环节,请学员们通过头脑风暴列出内容,我再提出建议,征询大家的意见。通过这样的方式,提升了学员们对培训公约的参与感和拥有感,为后续的执行奠定了基础。与这种做法相反的是:有些培训师自己制订好了培训公约或纪律,用 PPT 展示或海报张贴出来,要求学员们执行,这是典型的"要你做",执行度主要靠培训师的监督。本案例中请学员们参与制订培训公约的方式,是"我要做",执行度主要靠学员的自觉和互相监督。两者的执行效果可能会有哪些不同呢?大家可以换位思考一下。

(2)在剥洋葱演练环节,我摇铃宣布"时间到了"后,第二组还在讨论中,我并未立刻干预第二组。此时,通过借力其他学员(提醒第二组培训公约)的方式,达到了目的。如果培训师直接干预以维持纪律,可能会让被干预的学员觉得没有面子,甚至引起学员的反感,从而影响到后面的课程参与,导致适得其反。而其他学员的提醒,可以弱化这方面的影响,不但节省时间,也避免了培训师与学员之间的对立或冲突产生。这样做的好处,在后续两次类似情况发生时,均得到了验证。

3. 问题诊断

在将第三组的注意力从埋头讨论重新转移到案例分享时,我并未就此打住,而是通过提问了解他们埋头讨论的原因和内容,为接下来的问题处理提供了依据。

4. 先跟后带

在了解到第三组埋头讨论的原因和内容后,我先为他们的学习精神点赞,然后分析了这样做的弊端,最后提供了边听边写的解决方案,并说明后续会安排专门交流,解决了学员们的后顾之忧。这样做既处理了心情,又处理了事情。

问题 13 分享组不认同其他学员的反馈

小组讨论结束后,通常会请其他组的学员对分享组进行反馈。这时,可能会出现下面的情况:分享组不认同其他学员的反馈内容,并极力辩解,甚至发生争执,从而影响到整个反馈环节的正常进行。表 3-20 列出了这个问题的主要原因和对策。

表 3-20 "分享组不认同其他学员的反馈"的原因和对策

描述	常见原因	马上可以采取的措施	预防措施
某个小组完成讨论成果分享后，其他组的学员对此提供了反馈意见，但分享的小组不认同	反馈者的语气或措辞让对方不舒服	请反馈者用"我的想法是""有没有这种可能"作为开头语。	提供反馈的模板，要求用提问的方式而非建议的方式进行反馈。
	反馈者对背景信息的理解有误或信息了解不全面	培训师通过提问协助反馈者了解背景信息。	1.事先提供分享要点或模板，要求用5W来说明背景信息。 2.反馈前，留出时间针对背景信息进行提问。
	反馈者的表达不够清晰、明确	培训师通过提问引导其明确内容。	提供反馈模板或要点。
	学员们将反馈理解为"找碴"	引导或重申，将反馈视为互相学习的机会。	引导学员，将反馈定义为思维碰撞、互相学习的机会。
	双方的关注点不同	现场提问，并展示双方的观点。	小组讨论前，提供分享的要点和评估的指标。
	一方出于自身经验而否定另一方	询问否定的原因，帮助他们看到对方反馈的价值。	说明反馈的目的是帮助大家跳出经验主义和定式思维。

总结

为了避免"分享组不认同其他学员的反馈"的情况，可以从小组讨论前和反馈时两个方面入手。

1.小组讨论前

（1）在小组讨论前提供反馈的模板，要求用提出问题而非建议的方式进行反馈，从而避免因反馈语气或措辞导致的情绪对立。

（2）事先提供分享要点或模板，要求分享时说明背景信息，或在反馈环节前，留出时间给学员们询问背景信息。同时，也可以帮助反馈者清晰表述观点。例如，要求用 5W（who——谁，when——时间，where——地点或场合，what——什么事情，why——什么原因）来说明背景信息，以避免背景信息介绍不全面。

（3）引导学员，将反馈定义为思维碰撞、互相学习的机会，而非"互相找碴"，以营造积极的反馈氛围。

(4) 说明反馈的目的是帮助大家跳出经验主义和定式思维。

(5) 提供针对分享的评估指标,引导学员们关注共同的目标。

2. 反馈时

在小组讨论后的反馈环节,培训师要关注每位学员的表达,评估是否偏离目标,必要时进行干预,主要措施如下:

(1) 为避免反馈者的语气或措辞让对方不舒服,提供类似"我的想法是""有没有这种可能"的开头语,要求学员们选择其中之一作为反馈的开头语。

(2) 如果发现反馈者对背景信息理解有误或了解不全面,培训师可以通过提问协助反馈者了解背景信息。

(3) 当反馈者的表达不够清晰、明确时,培训师通过提问引导其明确内容。

(4) 引导或重申,将反馈视为互相学习的机会,避免学员们将反馈理解为"找碴"。

(5) 发现双方的关注点不同时,培训师通过现场提问帮助双方展示自己的观点。

(6) 如果一方出于自身经验而否定另一方,培训师可询问否定的原因,帮助他们看到对方反馈的价值。

案例 3-21 点评三部曲

在一次"生动授课技法"培训开场时,我先请学员们选好一对一的学习伙伴。在接下来的课程中,采用点评三部曲的方式,让学员们彼此提供反馈。具体步骤如下。

1. 提供反馈表

我给每位学员发一份"演练反馈表"(以下简称"反馈表")。

2. 说明学习伙伴的作用

说明学习伙伴的作用如下:

(1) 对学习活动的反馈。在培训过程中,大家通过填写反馈表,对学习伙伴在课程中的表现进行反馈。

(2) 学以致用伙伴。培训后,在运用课程所学的过程中,学习伙伴彼此帮助、互相督促。

3. 学习伙伴互相感谢

了解到学习伙伴的作用后,学员们自发地握手,感谢彼此即将带来的帮助。

4. 说明反馈要求

之后,我展示了"反馈三部曲(3-1-1)"的PPT(见图3-21),给出具体的反馈要求。

(1)三点表扬:说出伙伴做得好的三点,要求表扬的内容为具体的言谈举止,拒绝空洞和宽泛的词。

(2)一项改善:以"如果……改善,就更好了"的句式,指出学习伙伴的一项可改善的方面。

(3)一句征询:用"您觉得呢?"作为结束语,征询对方的意见。

在刚开始的两次反馈中,有的学员不习惯,遗漏了反馈三部曲中的某一个环节。这时,我请其他学员给予提醒后,协助其"倒带"重来一遍。慢慢地,学员们越来越喜欢这样的方式了,不但在两天的培训中运用自如,还有不少学员在培训后,将点评三部曲运用到了自己的培训和工作中。

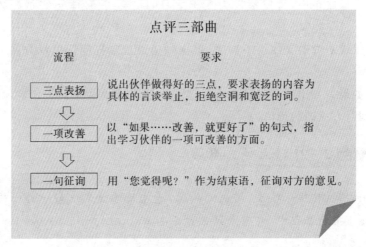

图3-21 点评三部曲

案例点评

在该案例中,我使用了"选择伙伴"+"提供模板"+"明确要求"的方法,具体如下。

1. 选择伙伴

他人反馈的内容,通常会跟我们自己的观点或做法不同。同样的内容,如果是熟人反馈,我们产生抵触情绪的概率通常比陌生人要低很多。生活、工作中如此,培训中也是同理。我通过开场选择一对一学习伙伴的方式,不仅使得学员们变成得更"熟",还达到了下面两个目的:

(1)建立关系,满足学员们的社交需求。

(2)责任到人,确保每位学员获得有针对性的反馈。

此外,我还说明了学习伙伴的作用,引导学员们将反馈的认知从"挑刺"转变为"帮助",心态也随之调整为感谢,为后续的反馈做好了心理上的铺垫。

2. 提供模板

选择学习伙伴的环节侧重在处理学员们的心情,提供反馈表则侧重在处理事情。因为反馈表提供了结构化反馈的内容和清晰的要点,使学员们聚焦在相同的目标上,也为了解反馈信息提供了共同的沟通基础。

3. 明确要求

反馈表一方面提供了反馈的依据,另一方面也确保学员在伙伴演练或分享时有事做,这些都是反馈的准备工作。接下来的反馈三部曲,每个步骤也都有其设计的目的,具体说明见表3-21。

表3-21 反馈三部曲的目的

反馈三部曲	要求	目的
三点表扬	说出伙伴做得好的三点,要求表扬的内容为具体的言谈举止,拒绝空洞和宽泛的词。	具体的表扬不但能让对方感受到被关注,也能从别人的眼中看到自己做得好的具体地方,起到激励作用。
一项改善	用"如果……改善,就更好了"的句式,指出学习伙伴的一项可改善的方面。	这样的表达是柔顺剂,使得针对伙伴不足和问题的建议变得柔软,减少了攻击性,也避免了对方的反感或反击。
一句征询	用"您觉得呢?"作为结束语,征询对方的意见。	通过询问对方的意见,让对方感受到被尊重。

此外,好的方面提三点,待改善的只提一点,这样的设计也是一种引导,将大家的关注点放在彼此做得好、值得鼓励的方面,更有利于增强学员们的信心,激发参与积极性,也就更容易接受伙伴的反馈内容了。

通过反馈三部曲的运用,学员们用事实(具体的表现)给予伙伴赞赏和鼓励,用对方容易接受的句式表达了改善建议,最后通过征询表现出对伙伴的尊重,不但提升了反馈质量,也预防了反馈时可能出现对反馈不认同的情况。

案例3-22 提问风暴

在"引导式课程设计"培训的"学习活动设计"讨论环节,我请学员以小组为单位设计一个5分钟的培训暖场活动,并用实战演练的方式来呈现讨论成果。下面是成果分享环节的流程。

1. 讲解反馈流程

在成果分享前,我借助事先画好的反馈流程海报(见图3-22),讲解了反馈流程:自评—他评(反馈表内容)—提问风暴。

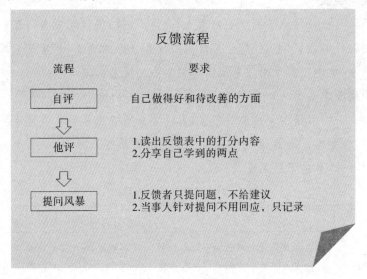

图3-22 反馈流程

2. 明确反馈要点

给每位学员发一份反馈表,并说明表中的内容和要求。

3. 介绍提问风暴

(1)讲解提问风暴的操作要求:反馈者只提问题,不给建议;当事人不回应,只做记录。

(2)举例:"你当时为什么会设置两项任务?"这个问题如果换作建议,一般是这样说:"你应该删掉一个目标。"若换种方式用好奇心提出问题,则是:"这么短时间,设计两个任务,你当时是怎么考虑的?现在做得如何?打算怎么改进呢?"

(3)演练:请学员们进行提问的演练,区分建议和提问。

4. 实施提问风暴

各组的实操演练后,其他组均使用了反馈表+提问风暴的方式进行反馈。表3-21是针对第一组的暖场活动——团队建设进行提问风暴的成果,我将学员们提出的所有问题进行了汇总和分类,见表3-22。

表 3－22　第一组团队建设的提问风暴问题汇总

类别	其他学员提出的问题
目标	1. 这个活动的目的或目标是什么？
	2. 这个活动想要达到什么样的效果？
	3. 这个活动能达到成员间互相了解的目的吗？
	4. 这个活动能保证所有成员都参加吗？
时间	5. 在 2.5 分钟内完成 6 个任务，其中的时间分配是如何考虑的？
	6. 反思环节 1 分钟能完成吗？
	7. 时间到了，坚持走完既定的流程，是出于怎样的考虑？
流程	8. 是什么原因要起队名和确定口号？
	9. 是否考虑过比"找出 3 个共同点"更好的任务？
	10. 如果学员不愿意通过抓阄选队长，打算怎么做呢？
	11. 对小组展示分享进行点评，是出于什么样的考虑？

5. 调整方案

提问风暴环节完成后，给各组 5 分钟时间，讨论第一组活动的调整方案。我先明确了情境和要求：假设马上做这个培训，且需要在 5 分钟内完成该活动，我们可以在原方案基础上做哪些调整或改变，包括哪些可以保留、哪些可以删除、哪些需要调整。

根据其他组提问风暴的问题，第一组对于本组的方案做了如下调整：

(1) 取消选队长，因为用时长，意义不大。

(2) 取消起队名和口号。

(3) 保留"找出成员间 3 个共同点"，要突出指向性和范围，例如，参加培训/学习的共同点，而非生活方面。

(4) 调整：活动目标更具体，缩短开场时间。

同时，其他小组也提出了自己的调整方案。

案例点评

在该案例中，我结合"PDCA"，运用了提问风暴的方法来进行反馈环节。

1. PDCA

"PDCA"即 PDCA 循环，是管理学中的一个通用模型。PDCA 循环的含义是将质量管理分为四个阶段：P(plan) 计划—D(do) 执行—C(check) 检查—A (act)处理。在这个案例中,对应的PDCA如下:

(1)P计划:各组讨论暖场活动,并填写在"五线谱"中,这是对暖场活动的计划过程。

(2)D执行:各组将讨论的成果,用实操演练的方式呈现出来,是对"计划"的执行。

(3)C检查:每个小组的实操演练,本身就是对讨论成果的检验。其他学员通过提问风暴进行的反馈,是对讨论成果的进一步检查,帮助学员们反思其中的问题点。

(4)A处理:反馈结束后,请学员们对原方案进行调整,确定哪些可以保留,哪些可以删除,哪些需要调整。这样的做法,既是对检查结果的处理,也是对暖场活动演练的总结。

2. 提问风暴

提问风暴的规则是反馈方只提问题,不提建议,接受反馈的一方只记录而不做回应。这样的规则,本身就规避了学员们因为某个观点看法不一而产生的争执。原因如下:

(1)提问开启思考。带着好奇心提问,可将人们引向新的思维或方向,而非关注在某个答案上。

(2)建议关闭思考。建议通常为答案,一般会关闭思考,甚至引起争执。给他人提供建议时,很容易带有自己的主观想法,再加上措辞和语气方面的影响,常会引起对方的辩解或反击。

(3)要求接受反馈的一方只记录而不做出回应,是通过规则强制其将注意力放在认真倾听上,暂时搁置自己的判断,也就减少了认同与否的想法。

在提问风暴之后,给学员们专门的时间,审视和思考如何从这些提问中获得新的思路和方向,重新调整原有的方案,这个环节对于所有学员来说都非常重要。首先,对于接受反馈的一方而言,不但拥有了对反馈选择的自由(释放了提问风暴阶段"只记录不做回应"的憋屈、不爽、焦虑等情绪),还能在其他学员的问题引导下深入思考并完善活动方案,获得课程内容的实战收获。其次,对于其他学员而言,也是难得的体验式学习机会。整个过程虽然围绕着演练的小组进行,但其他学员一直通过各种方式参与其中(扮演学员参与到实操演练中,提出问题反思活动,结合提问风暴成果完善活动方案),从而将一个小组的活动设计、演练的价值扩大到了所有学员,起到了事半功倍的效果。

★ 本章总结

本章一共有 13 个关于小组讨论的问题,其中 8 个体现在小组讨论进行中,5 个出现在小组讨论结束之后。通过前面的常见原因和对策分析,我们可以看到:虽然很多问题是在小组讨论进行中或讨论后凸显出来的,但源头可能在之前的环节,只有预防措施到位,很多问题才能避免。《〈培训师成长实战手册:授课现场的问题及对策〉使用指南》表 3 提供了小组讨论环节各阶段的策略,方便大家查询使用。

第四章
学习活动中的问题及对策

 **本章导读**

　　本章要解决的是在授课现场培训师要求学员们进行某项学习活动(除小组讨论以外的所有学习活动,例如,玩游戏,进行竞赛、角色扮演、实操演练等)时出现的各种问题。

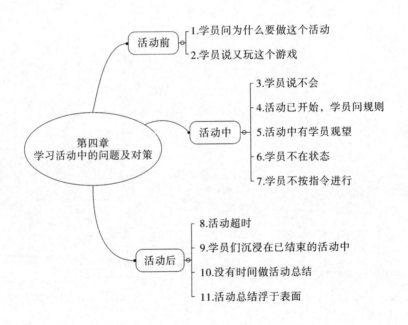

针对以上每个问题,本章都进行了常见的原因分析,提供了针对性的解决方案和相关案例解析。为了方便大家运用,我将本章出现较多的方法汇总为表4-1。

表4-1 学习活动中问题的对策汇总

方法	说明	举例
规则清晰	活动规则的内容要全面,表述必须清晰,并询问是否有疑问。表述活动规则时,可以借助图文说明,必要时进行示范。	1."演双簧的流程是,由站在后面的伙伴来介绍前面的伙伴信息。介绍完成后,被介绍的伙伴提供反馈,例如是否需要补充信息。对于这项规则,大家有什么疑问或不清楚的地方吗?" 2."大家来看一下这张流程图。我们的活动有以下几个步骤,第一步是……关于这张流程图,大家有什么想说的吗?" 3."大家看看自己手中这张活动规则,里面包括了几个步骤?"
指令明确	活动指令发布的注意事项: 1. 分阶段发布指令。 2. 指令具体、明确、无须解释。 3. 每次发布一个指令。	1."我们先来看第一个步骤,请大家起立,然后……" 2."请大家像我这样将双臂平举。" 3."双臂平举后,每个人的右手食指向上。"
先跟后带	这是一种说话方式,是指先认同和肯定对方,避免否定和批评。在培训中,可以: 1. 肯定对方说过的话(哪怕只认同一句话或一个词)。 2. 考虑对方的情绪或态度。 3. 肯定对方的动机。 4. 站在对方的角度来肯定。 5. 承认新的可能。	1."是的,每个人都有自己的喜好。同时,在职场中,有时我们不得不做自己不喜欢的事情。" 2."恐高还被逼做高空项目,是挺恐怖的。做背摔也很有心理压力,我很能理解你的感受,这两个活动让你有心理阴影了吧?……" 3."刘同学担心浪费时间,说明您希望将更多的时间用于今天的培训主题,为您的学习精神点赞!关于这个……" 4."原来你们做过这个游戏,看来很有经验了!我很好奇,你是在什么课程中做这个活动的呢?" 5."这是一个新的思路,大家觉得可以怎么做呢?"
借力学员	当学员走神、未听清楚规则、在旁边观望、被冷落一旁、不知道自己该干什么、需要营造紧张氛围等情况发生时,培训师通过提问或其他方式,来借其他学员的力。	1."你们小组有人知道这个问题的答案吗?太好了,有人知道。那这个问题就由你们组内解决吧。" 2."我们这个活动是以小组为单位进行的,之前已经有了明确的分工,并请导演负责确保大家各司其职。你们小组做到了吗?" 3.通过播报其他组的进度,尤其是分享快速进入状态的小组活动进展来营造紧张氛围。

续表

方法	说明	举例
提供建议	1.当学员提出质疑和想法时，进行解释并提供折中的建议。 2.当学员不知道该如何做时，提供行动方法的建议。	1."你说得没错呢。这个活动的关键是每个组的总数要正确。如果大家觉得这样更好，下次我们按照你说的规则来做，好不好？" 2."那你可以去听听大家说了些什么，先记录下来，然后邀请大家一起对这些信息分类。"
问题诊断	培训现场，当学员对活动提出质疑、不参与活动、活动中不在状态、出现各种突发状况时，培训师要通过观察和提问了解原因所在，才能对症下药。	1.从学员的面部表情和神态，判断学员对活动是否有兴趣。 2.从学员的表情和肢体动作，判断学员对活动的态度。 3.提出问题，了解学员提出某个问题的背景或假设。 4.提出问题，了解学员现场某个表现的原因或隐情。
巡查干预	活动进行过程中，培训师要四处巡查，如果发现有学员或小组"违规"、偏离主题或方向、活动停滞不前、学员们对规则或活动要求产生分歧时，需评估是否需要介入。如果有必要，果断干预。	1.当学员行为不符合活动规则时，给予提醒。 2.当活动过程中偏离主题或方向时，提问"我们讨论的主题是什么"帮助学员回到主题。 3.当活动停滞不前时，询问："遇到了什么问题？" 4.当学员对规则或活动要求产生分歧时，询问："你们的分歧点在哪里？"
提问引导	当出现学员提出问题，发表不同见解、提出质疑、认识有偏差、活动过程偏离方向等情况时，培训师通过提问，引导学员回顾现状、多角度思考，更深入地理解活动和问题。	1."是的，一共才30人，有15人的工作未能达到领导的要求。这件事，让作为公司新人的你们想到了什么呢？" 2."这些人，就算你都能叫得上名字，但对他们的具体情况了解多少呢？……" 3."我看到你们这组的进度最快，先为大家点赞！同时，从完成小组任务的角度来说，你们小组是失败的，大家知道为什么吗？"

在培训时，除了前面的提问和小组讨论外，我们还会使用各种活动或游戏。在这个过程中，也会出现种种问题，最突出的是学员不配合。下面我们就学员不配合的具体表现和原因——进行分析，并提供相应的对策。

问题 1 学员问为什么要做这个活动

培训师在说明活动规则和要求后，如果有学员问为什么要做这个活动，这句话可能会使那些本来准备行动的学员停下来观望。此时，培训师要怎么处理呢？表4-2列出了这种情况的常见原因和对策。

表4-2 "学员问为什么要做这个活动"的原因和对策

描述	常见原因	马上可以采取的措施	预防措施
培训师在说明活动规则和要求后，有学员问为什么要做这个活动	培训师没有说明为什么做这个活动	致歉后，补充说明原因。	在课程设计阶段，做好以下工作： 1. 选择与培训主题相关度高的学习活动/游戏。 2. 事先演练如何清晰表达进行该活动的原因，力求简洁易懂。
	学员未理解培训师已说明的原因	换种表达来解释原因或举例说明，并进行确认。	
	活动看起来与培训主题关系不大	建立活动与培训主题之间的桥梁，并进行详细解说。	
	学员认为该活动离自己的实际太远，与自己关系不大	说明活动与学员的联系。	1. 学习活动的设计需要考虑到学员的年龄层次、工作环境和内容，尽量贴近学员的实际情况。 2. 建立学习活动与学员的联系。 3. 在活动开始前，清晰表达出来第2条中的内容。
	学员认为太耗时	先询问原因，再对症下药。	在课程设计阶段，做好以下工作： 1. 针对课程的重点模块和环节安排学习活动。 2. 结合学员基础，明确目的/目标，用"以少胜多"的原则来设计活动，避免耗时过多。 3. 说明活动每个步骤与实际工作的关联，并提出挑战。

总结

针对活动开始前，学员问为什么要做这个活动这种情况，可以从课程设计阶段和活动前两个方面入手。

1. 课程设计阶段

好课程是设计出来的。培训现场出现的很多问题，源头都在课程设计。针对这个问题，在课程设计阶段，培训师要做好以下工作。

(1) 针对课程的重点模块和环节安排学习活动。因为活动需要学员们的参与,这比单纯讲授更耗时,好钢(稀缺的培训时间)只有用在刀刃(课程的重点模块)上,方可事半功倍。如何确定课程的重点模块和内容,不是拍脑袋做决定,也不是选培训师自己熟悉或擅长的内容,而是在精准需求调研的基础上,根据学员最急需解决的问题和需求来确定。具体如何做培训需求诊断和调研呢?可以去看我的"培训师成长实战手册系列"的第一本书《培训师成长实战手册:培训需求诊断和调研》。

(2)选择合适的活动。这里的"合适",包括两个部分:

①活动与培训主题相关度高。为了做活动而做活动,选择与培训主题无关或相关度低的活动,会被认为浪费时间,引起学员的反感,导致参与度不高,甚至会影响到后面的课程参与度。

②活动与学员的年龄层次、工作环境和内容相匹配,尽量贴近学员的实际情况。要做到这一点,必须先收集学员的基础信息,进行汇总和分析后,才有设计活动的依据。

(3)建立并描述学习活动与学员的联系。取材于学员实际工作中的案例,很容易引起学员的共鸣。而有些活动就算培训师认为与学员的年龄层次、工作环境和内容相匹配,在学员看来,可能联系并不是很明显。有些学员可能会觉得事不关己高高挂起,在参与方面表现出消极态度。为了避免此类情况的发生,需要培训师将其挑明,如果有必要,说明活动每个步骤与实际工作的关联,并提出挑战。同时,事先演练如何清晰表达进行该活动的原因,并力求简洁易懂,以便学员们快速领会。这些前期的铺垫,可以帮助学员们看到其中的价值,提升参与的积极性。

(4)以少胜多。结合学员基础,明确目的/目标,用"以少胜多"的原则来设计活动,避免耗时过多。

2.活动前

(1)如果培训师忘记了说明为什么要做这个活动,可以在学员提问后表示歉意,然后补充说明原因。

(2)针对虽然培训师已经说明了原因,但学员未理解的情况,培训师可以换种表达方式来解释原因,并确认学员是否了解了。

(3)如果活动看起来跟目前的培训主题关系不大,培训师需要建立活动与培训主题之间的桥梁,并进行详细解说。

(4)当学员认为该活动离自己的实际太远,跟自己关系不大时,培训师要说明活动与学员的联系,拉近学员与活动之间的距离。

(5)如果学员认为该活动太耗时,培训师可以先询问原因,再对症下药。

案例 4-1　捏肩膀

在一次新人入职培训时,培训师李成在课程开始前说:"各位学员大家好!欢迎大家来参加今天的培训。在课程正式开始前,让我们来做个热身。请大家起立,站成两列。"等学员们站好后,他说:"每个人将手搭在前面同学的肩膀上,我说开始时,就用力帮对方捏捏肩膀。"他的话语刚落,就听到张学同学说:"为什么要做这个活动呀!没劲!"李成说:"感谢这位学员的提醒。不好意思,我的确忘记跟大家说明为什么要做这个活动了。现在我来补充说明一下为什么要做这个活动,有两个原因:一是因为现在是下午2点,是我们最犯困的时候,捏捏肩膀可以帮助大家提神。二是这个活动跟我们今天的主题有关,也跟你们每个人如何快速融入公司有关。具体关系是什么,等活动结束后,我们一起来探讨。张同学,我这样解释可以吗?"张同学说:"可以的。"于是,学员们按照李成的要求捏肩膀后,全体向后转,又做了一轮。活动结束后,李成问:"与刚进入教室相比,现在大家感觉有什么不同呢?"有学员说:"没刚才那么困了。"有学员说:"被捏疼了。"其他学员立刻笑了起来。李成说:"哈哈,有人被捏疼了。现在我来调查一下,被捏疼的举一下手。"他数了数说:"有5位。那觉得捏得完全没有力道的有多少呢?也请举手。"他看了看说:"有10位。那剩下的同学是觉得力道刚刚好吗?"学员们笑着说:"是的。"李成说:"这个简单的活动,就把人在职场的很多场景还原出来了。活动开始前,我说过这个活动跟每个人快速融入职场有关。我先来抛砖引玉一下。如果领导给你们分配一项工作,如捏肩膀,目的是要提神。那么,从刚才调查的情况来看,大家这个任务完成得如何呀?有多少人没有达到领导要求呢?"学员们说:"15人。"他继续说:"是的,一共才30人,有15人的工作未能达到领导的要求。这件事让作为公司新人的你们想到了什么呢?"有学员说:"就算简单的工作也不敷衍。"有学员说:"完成工作要考虑达到的目的是什么,确定做到什么程度。"李成说:"大家说得没错!刚进入公司,领导和同事们都不了解自己,就需要通过出色完成本职工作来秀出自己。除了这点,人际关系是否也很重要呢?刚才有多少人是因为别人的力道不够,所以自己也轻轻捏的呢?有多少人是不管别人怎么样,自己都尽力去满足对方需求的呢?这两个问题就不举手了。大家心里有数就行。那么,这样的情况,对于职场人际有什么启示呢?"有学员说:"己所不欲,勿施于人。"有学员说:"不要被别人的态度所左右。"有学员说:"用真诚去赢得良好的人际关系。"……李成说:"没错!刚才我们讨论的这两个问题,都是今天培训的内容,现在让我们看看课程大纲吧。"

图 4-1 捏肩膀

案例点评

在这个案例中,李成使用了"致歉"+"补充说明"+"调查统计"+"提问引导"+"总结升华"的方法,具体表现如下。

1. 致歉

致歉看起来不算什么秘籍,但对于培训师而言,却是简单有效的方法。在本案例中,因为培训师没有事先说明为什么要做这个活动,导致学员提出异议。此时,学员是带着情绪的,如果培训师强词夺理或随意搪塞过去,会让学员感到不被尊重,甚至被激怒,后果可想而知。真诚地道歉,可以很快缓解学员的各种负面情绪,集中注意力等待培训师后面的解答。

2. 补充说明

前面忘记了,在致歉后进行补充说明,这是亡羊补牢,也是必要的做法。因为为什么要做某件事,是决定不同的人产生不同动机的源头。根据不值得定律,人们不会将自己认为不值得做的事情做好。所以,在进行活动前,一定要让学员们清楚地知道为什么要做这个活动,这个活动与培训主题、与自己有什么样的关系。人们对跟自己相关度高的事情更有兴趣。很多时候,学员不参与、不配合某个活动,就是因为不知道为什么要做,或者认为跟自己没有什么关系。李成在说明活动原因时,运用了换位思考和留悬念的方法。其中,帮助大家提神,让学员们有了共鸣,更容易认可。留悬念则只说活动与培训主题有关,与学员如何快速融入公司有关,但具体是什么,要活动后揭晓。这样犹抱琵琶半遮面的方式,极大地吊起了学员们的胃口,引发参与活动的兴趣,为后面配合活动做好了铺垫。这个补充说明,不但让看起来与培训主题无关、跟自己关系不大的活动与主题和每位学员产生了密切的关系,还激发了大家的好奇心和参与热情。

3. 调查统计

活动结束后的反思,是重要的一环,如果缺失,可能就会沦为娱乐,白白浪费了时间。在本案例中,李成想通过活动是否达到要求了引导大家思考日常工作,便通过请学员们举手的方式来统计各种"工作成果"的人数,为后面的引导奠定了基础。

4. 提问引导

在调查数据的基础上,李成通过提问将学员们带入公司新人的角色中思考,过渡非常自然,也达到了引发学员深入思考的目的。这样,他不但成功地将捏肩膀这个活动与每位学员都建立了紧密的联系,还借此导入了课程。整个过程如行云流水,一气呵成。

5. 总结升华

在提问引导的过程中,李成先提出问题,请学员们畅所欲言,然后自己进行总结。将学员们说的想法总结升华为"刚进入公司,领导和同事们都不了解自己,就需要通过出色完成本职工作来秀出自己",这句话不仅仅是观点的总结,也站在学员们的角度,为他们提供了以后的行动指南。

案例 4-2 团队介绍

在一次针对基层管理者的"向下沟通技巧"培训开场时,培训师张凯请每个小组按照规定的模板将本组每位成员的姓名、兴趣/爱好、一个沟通的问题/经验写在一张写有"团队介绍"的大海报纸上。刘同学说:"为什么要写这个呀!"张凯说:"为了让大家彼此认识。"刘同学说:"参加培训的都是同事,大家都认识呀,有什么必要再写这个呢?!就是浪费时间!"张凯说:"刘同学担心浪费时间,说明您希望将更多的时间用于今天的培训主题,为您的学习精神点赞!同时,您这是逼着我揭秘这个活动设计的目的了。好吧,我坦白,要求大家写的内容中,姓名、兴趣/爱好是帮助大家彼此了解的。在座的同学都是公司的管理者,有的下面管几个人,有的管几十人。这些人,就算你都能叫得上名字,但对他们的具体情况了解多少呢,例如兴趣、爱好。可能有同学会说没必要了解这些。至于是否有必要,后面的课程中大家自会有答案。我们先看让大家写的最后一项内容:一个沟通的问题/经验,这个问题与我们今天的培训主题密切相关,也跟大家都息息相关。例如,如果大部分同学都写到不知道该如何批评,那这就是我们今天的培训中需要重点解决的问题。而大家分享的沟通经验,就可能成为这些问题的解决方案。所以,这个小小的团队介绍,不仅可以帮助大家深入了解,还是非常重要的需求调研,以了解大家共同关注的问题,从而确定培训的重点。刘同学,不知道我这样解释,对您了解为什么要做这个活动是否有帮助?"刘同学说:"了解了,谢谢张老师。"

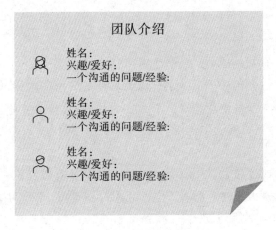

图 4-2 团队介绍

案例点评

在这个案例中,张凯使用了"先跟后带"+"各个击破"+"提问引导"+"举例说明"+"画龙点睛"的方法,具体表现如下。

1. 先跟后带

当刘同学提出这个活动浪费时间时,张凯没有反驳,而是从浪费时间的反方向思考,先肯定他的学习精神,然后才对活动的目的进行补充说明。这样的做法,使得后面的内容更容易让刘同学接受。

2. 各个击破

对这个活动的目的进行说明时,张凯针对活动的三项要求,逐一说明了背后的设计初衷。这样做的好处是具体,有针对性。如果只是空泛地说一句"这个活动是为了便于大家认识,并做需求调研",可能学员们听不明白,刘同学也会继续提出各种质疑活动的问题,这样不但浪费时间,也为活动的顺利进行设置了人为的障碍。本案例中采取逐一说明、各个击破的方法,一方面能让学员感受到重视和被尊重,另一方面也能更清晰地解答学员的疑问。

3. 提问引导

在说明活动目的时,张凯还通过提问引导学员思考。他首先结合学员的工作情况,请大家反思自己对部属了解多少;其次,说出某些学员可能的想法"没必要了解这些",拉近彼此的距离;再次留出了悬念:是否有必要了解部属们的具体情况;最后告知课程中会有答案,引发学员的好奇心。这个过程中,张凯没有邀请学员来回答问题,但因提问围绕着学员的工作场景进行,很容易吸引学员的注意力并使其深入思考。

4. 举例说明

针对最后一项"一个沟通的问题/经验",张凯先说明其内容与培训主题和大家都相关,以此吸引学员们的注意力;然后,通过举出"如何批评"的例子来说明大家写的内容有哪些用途,让大家了解自己所写内容的价值,提升后续学员们参与活动的积极性。

5. 画龙点睛

张凯在对活动原因进行各个击破后,对活动的目的和用途进行了总结,将活动与学员们的切身利益联系起来,起到了画龙点睛的作用。

问题 2 学员说又玩这个游戏

培训现场,在培训师提出要做某个活动时,如果有学员说又玩这个游戏会出现什么样的场面呢?相信大家隔着纸张都能感受到满满的尴尬气氛。此时,培训师又该如何应对呢?表4-3列出了这种情况的常见原因和对策。

表4-3 "学员说又玩这个游戏"的原因和对策

描述	常见原因	马上可以采取的措施	预防措施
培训师提出要做某个活动时,有学员说又玩这个游戏	学员可能参加过本课程	跟学员确认是否参加过本课程,如果参加过,可采访对方。	在学习活动设计时,采取以下措施: 1.通过学员基础信息了解是否有参加过本次课程的老学员,如果有,根据老学员的占比来思考哪些活动可以进行调整或替换。 2.选择与培训主题或目标相关度高、贴近学员实际的活动。 3.设计活动引导语,说明为什么要做这个活动。 4.尽量根据学员情况定制活动,或将常见活动进行一些小创新。 5.站在学员的角度,为活动起个有吸引力的名称。
	学员认为活动与课程内容无关	说明这个活动的目的及其与主题和学员之间的联系。	
	该学员做过类似的活动	了解课程主题和活动细节后对症下药。	
	学员不喜欢这个活动的名称或规则	了解学员如何看待这个活动。	
	学员反感做此类活动	了解原因,先处理心情。	

 总结

针对"学员说又玩这个游戏"的情况,可以从学习活动设计阶段和培训现场两个方面入手。

1. 学习活动设计阶段

在学习活动设计时,需要遵循"以终为始、以学员为中心"的原则。其中,"以终为始"体现在首先要确定活动的目的,作为学习活动选择和步骤、内容取舍的依据。"以学员为中心"体现在对学员的基础信息和问题、困惑进行提前了解和调研,选择或设计与本次学员匹配度更高的学习活动。具体做法如下:

(1) 通过学员基础信息了解是否有参加过本次课程的老学员,如果有,确定老学员的占比是多少,并据此思考:哪些活动为了达成培训目标必须保留,哪些可以进行调整或替换。

(2) 根据学员的年龄、岗位、问题和痛点,选择或设计与培训主题或目标相关度高、更贴近学员实际的活动,以吸引学员们参与并有更多收获。

(3) 设计简洁有趣的活动引导语,说明为什么要做这个活动,以及这个活动跟学员自身有哪些关系。

(4) 尽量根据学员情况定制活动,或将常见活动进行一些小创新,避免将网上搜到的活动直接使用。

(5) 像包装课程主题一样,站在学员的角度,为活动起个有吸引力的名称。

2. 培训现场

(1) 如果有学员之前参加过本课程,培训师可以先询问学员,得到确认后,采访该学员:"你觉得我们为什么要做这个活动呢?"如果对方回答了,培训师可在给予鼓励的同时,确定是否需要进行补充。如果学员说"不知道",培训师可以说"看来你来对了。现在我来告诉大家做这个活动的目的吧……"借机说明做这个活动的目的。

(2) 在活动开始前,说明做这个活动的目的及其与主题和学员之间的联系,可以避免学员认为活动与课程内容无关而导致参与度降低的情况。

(3) 如果该学员说参加过类似活动,培训师可以先通过提问了解该活动的课程主题以及活动的大致流程,然后说明本次活动与之的异同,引导学员将注意力回到活动目的中来。

(4) 有时,学员因不喜欢某个活动的名称而抵触整个活动,此时,培训师可

以询问学员:"你是如何看待这个活动的?如果让你给活动命名,可以叫什么?"若大部分学员同意,则可改变活动名称。

(5)当有学员反感做某类活动时,培训师可以先了解原因,优先处理心情。

案例4-3　五毛和一块

在"客户服务技巧"培训的中场休息结束后,培训师杨华说:"现在是下午2:30,也是我们最容易犯困的时候。让我们先做个赋能游戏再开始下面的课程吧。这个游戏叫作五毛和一块。规则是这样的:活动开始前,大家全站在一起,我来做裁判。当我喊出一个钱数时,例如3块5,大家要在最短的时间组成这个数也就是3块5的小组。记住一位男生是一块钱,一位女生是五毛钱。组好队后,大家要快速地根据男女比例算一下总钱数是否正确。如果不对,就要马上踢人或拉人了。最后,我们奖励落单的学员给大家表演节目。关于活动规则,大家还有什么疑问吗?"有学员说:"没有了!"王学员说:"又玩这个游戏?!"杨华问:"王同学之前做过这个活动吗?"王同学说:"是啊!"杨华问:"哦,看来你很有经验了!我很好奇,你是在什么课程中做这个活动的呢?"王同学说:"新人入职培训。"杨华说:"哦,新人入职培训做这个活动,可以帮助大家快速熟悉起来。我们做这个活动,可以帮助大家快速解乏,提升注意力。看来这个活动功能还挺多呢!同时,今天我们的课程是客户服务技巧,等活动结束后,我们也来思考一下这个活动跟今天的课程内容有什么联系。王同学,我们一起来发现这个多功能活动的妙用,好吗?"王同学说:"好的。"这时,李同学说:"为什么是男生一块,女生五毛?"杨华问:"那你的想法是什么呢?"李同学说:"也可以是女生一块,男生五毛呀!"杨华说:"你说得没错呢。不管谁是一块,这个活动的关键是每个队的总数要正确。如果大家觉得这样更好,下次我们可以按照你说的规则来做,好不好?"李同学说:"好。"杨华正要宣布开始,刘同学说:"可以不参加吗?"杨华说:"这是一个全体参加的活动。你身体不舒服吗?"刘同学说:"没有,就是不喜欢这种逼着每个人参加的活动。"杨华说:"哦,以前的培训中,你被逼参加什么活动了吗?"刘同学说:"是啊!我恐高,在拓展培训中被逼做高空项目,还有背摔,有安全隐患。"杨华说:"哦,恐高还被逼做高空项目,是挺恐怖的。做背摔也很有心理压力。我很能理解你的感受,这两个活动让你有心理阴影了吧?没关系,我们这个活动既不是高空项目,也不存在被摔的风险,大不了被甩。不过,你也可以甩别人。怎么样,要不要挑战一下?"刘同学笑着说:"没问题。"

图 4-3 五毛和一块

案例点评

在这个案例中,杨华宣布要做该活动后,有三位学员表现出了不同的反应。杨华使用了"提问探寻"＋"先跟后带"＋"花开两朵"＋"折中建议"的方法进行应对,具体表现在如下。

1. 提问探寻

这三位学员反应背后的原因可能不尽相同,但具体是什么呢?通过提问确认自己的猜测或假设,然后再对症下药,这是比较稳妥的做法。在这个案例中,杨华对三位学员均采用了提问探寻的方法,但目的不同(见表 4-4)。

表 4-4 提问探寻中的三种目的

学员	学员的反应	提问目的	提出的问题
王同学	又玩这个游戏?!	确认王同学之前是否做过该活动。	王同学之前做过这个活动吗?
李同学	为什么是男生一块,女生五毛?	了解李同学为什么提出这个问题。	那你的想法是什么呢?
刘同学	可以不参加吗?	挖掘刘同学不愿参加的原因	你身体不舒服吗?以前的培训中,你被逼参加什么活动了吗?

从表 4-4 中可以看到:针对三位同学不同的反应,杨华基于不同的目的,提出了相应的问题。学员们针对这些个性化问题的回答,为后面的问题解决提供了依据。如果没有明确的目的,或未向当事人确认,靠自己的假设或判断来应对,可能会导致学员的质疑、抵触,甚至拒绝参加活动。

2. 先跟后带

在处理学员问题时,先跟后带是屡试不爽的好方法。表 4-5 列出了对本案例中使用"先跟后带"方法的解读。

表 4-5　案例 4-3 中"先跟后带"方法的解读

对象	情境	跟(处理心情)	带(处理事情)
王同学	之前参加过此活动	"哦,看来你很有经验了!" ——肯定对方的经验	提问:"我很好奇,你是在什么课程中做这个活动的呢?" ——了解之前参加该活动的具体情况
李同学	提出"也可以是女生一块,男生五毛"	"你说得没错呢。" ——认可对方的观点	提出:"如果大家觉得这样更好,下次我们可以按照你说的规则来做,好不好?" ——提供折中的方案
刘同学	分享了自己参加两类拓展项目的感受	"哦,恐高还被逼做高空项目,是挺恐怖的。做背摔也很有心理压力。我很能理解你的感受……" ——肯定对方的感受	说:"没关系,我们这个活动既不是高空项目,也不存在被摔的风险,大不了被甩。……" ——分析二者的不同,打消顾虑

3. 花开两朵

俗话说:"花开两朵,各表一枝。"这个案例中,杨华两次巧妙运用"花开两朵"的方式进行对比,成功化解了问题。第一次是王同学说在新人入职培训时做过五毛和一块的活动后,杨华先分别说明这个活动在新人入职培训和本次培训中发挥的作用,帮助王同学了解到二者的不同,同时将该活动与本次的培训主题联系起来,留了个悬念,吸引王同学参加。第二次是在听到刘同学分享对高空项目和背摔的想法之后,杨华先表达了对刘同学感受的理解,然后进行了有针对性的开解"我们这个活动既不是高空项目,也不存在被摔的风险,大不了被甩。……"通过使用幽默的语言进行对比,不但缓和了现场气氛,也打消了刘同学的顾虑。

4. 折中建议

当听到李同学说"也可以是女生一块,男生五毛呀!"后,杨华没有反驳或冷处理,而是先说明了活动的核心,然后提出了折中的解决方案——"如果大家觉得这样更好,下次我们可以按照你说的规则来做",获得了李同学的认可。运用"折中建议"方法时,先要明确各种方案的共同点。在这个案例中,杨华在提出折中建议前,先说明了活动的关键是总数正确,而谁是一块或五毛并不影响活动的本质。这让李同学认识到自己纠结于这一点意义不大,为后面接受建议做好了铺垫。反之,如果没有这样的铺垫,很容易将两种建议对立起来,陷入非此即彼的争论中。

问题 3 学员说不会

培训师宣布活动规则后,如果学员说"我不会"时,该怎么办呢?表4-6列出了这种情况的常见原因和对策。

表4-6 "学员说不会"的原因和对策

描述	常见原因	马上可以采取的措施	预防措施
培训师宣布活动规则后,有学员说"我不会"	学员真的不会	提供思路、方法、参考资料或资源。	提前准备范本、参考资料或资源。
	没弄明白规则	参考范本,清晰讲解每个步骤。	规则尽量简单、明了;列出每个步骤要做的任务和要求。
	对活动不感兴趣	询问原因,对症下药。	1.了解学员信息,设计适合他们年龄层次、难易程度适中的活动。 2.进行需求调研,从他们的痛点、难点、共同关注点切入来设计活动。 3.活动要有趣味性,能吸引学员们参与。
	学员有情绪	先关注对方的情绪,再说明活动的目的。	

总结

针对活动开始前,学员说不会的情况,可以从课前准备和培训现场两个方面入手。

1. 课前准备

事先准备充足,可以有效地避免很多培训现场的"突发状况",具体方法如下:

(1)提前准备范本、参考资料或资源,规则尽量简单、明了。

(2)对于需要多个步骤完成的活动,列出每个步骤要做的任务和要求,必要时画出流程图或准备其他辅助说明材料。

(3)了解学员信息,设计适合他们年龄层次、难易程度适中的活动。

(4)进行需求调研,从学员们的痛点、难点、共同关注点切入来设计活动。

(5)活动要有趣味性,能吸引学员们参与。

2. 培训现场

(1)如果学员真的不会,培训师可以提供思路、方法、参考资料或资源,以降低难度。

(2)当学员没弄明白规则时,培训师需要参考范本,清晰地讲解每个步骤,并进行确认。

(3)如果学员对活动不感兴趣,可以通过提问探寻原因,然后对症下药。

(4)如果学员本身有情绪,就需要先关注和处理情绪,再说明活动的目的,必要时提供相应的帮助。

案例 4-4　我不会画

在一次"工作汇报技巧"培训开始前,培训师李波说:"为了让大家彼此认识一下,请大家拿起桌上的彩色 A4 纸,在上面画一幅自己的自画像,然后写部门和职务。"曹同学马上说:"啊!还要画画?!我不会!"其他学员也开始附和。李波说:"抱歉,是我表达不当,不是画画,而是涂鸦。小时候大家都是涂鸦高手,成年后用得少了,今天我们看看还有多少底子?我示范一下,看看大家是否还有印象?"李波一边用笔在白板上画了圆圈、椭圆、方框、三角形等形状,一边说:"直接用这些图形加上线条,就可以画各种小人了,我先来画 2 个。像搭积木一样组合起来,就可以形成其他的人和物。大家试试看。"同学们觉得有趣,也跟着试试。张同学说:"好玩是挺好玩的,就是觉得太简单了。"李波说:"你抓住了关键!没错呢,我们不是画家,这个自画像也不是艺术作品,只需要用简笔画勾勒出主体特征即可。如果时间允许,您也可以用手机上网去搜自己想画的简笔画。"张同学马上拿起手机搜寻起来。李波抬头看到王同学一直坐着没动,就问:"您的涂鸦好了吗?"王同学说:"没有!我不喜欢画画。"李波说:"是的,每个人都有自己的喜好。同时,在职场中,有时我们不得不做自己不喜欢的事情。就像今天的主题工作汇报,有时真的很让人头痛。"王同学点点头。李波说:"其实让大家涂鸦,也是为了让大家尝试不同的表达方式。就像我们在工作汇报时,用文字说不清楚的内容,可以换成图表。您试试看,说不定有意外的惊喜呢。"王同学说:"好的,我试试看。"

图 4-4 不会画

案例点评

在这个案例中,李波使用了"示弱"＋"换框法"＋"示范"＋"先跟后带"＋"建立联系"的方法,具体表现如下。

1. 示弱

当学员说自己不会画画时,李波没有直接回答该如何画,而是通过致歉的方式来示弱,先处理学员的心情。

2. 换框法

一听到要画画,大多数成年人的第一反应是我不会,这样的想法会阻碍大家去尝试。所以,李波用"涂鸦"的表达替换了"画画",让学员们觉得不是那么正式,要求也没有原来那么高了。这样无形中降低了难度,也提升了学员们尝试的信心。

3. 示范

通过换框法降低了大家的心理预期后,李波通过提供视觉符号并进行示范的方式,让学员们看到涂鸦很容易,从而带动了大家参与的积极性。

4. 先跟后带

示范后,先后有两位学员又提出了不同意见,李波运用"先跟后带"都化解了。其中,针对认为太简单的张同学,他先认同对方"抓住了关键",并说明什么是简笔画,然后提供了网上搜索简笔画的途径,满足张同学的个性化需求。针对"不喜欢画画"的王同学,李波先用"是的,每个人都有自己的喜好"对他表示了理解和尊重,然后再解决他参与活动的意愿问题。

5. 建立联系

每个人都更关心跟自己有关的事情。李波通过在活动和个人工作之间建立桥梁的方式,激发了王同学参与活动的意愿。他先指出"在职场中,有时我们不得不做自己不喜欢的事情",进而点出了培训主题。当得到对方的认同后,趁热打铁说出了涂鸦与工作汇报的关系,将活动要求与个人的需求联系在了一起,成功促使王同学参与到活动中。

案例 4-5　我不会填

在一次针对操作工人的"表单填写规范"培训开场时,培训师张涛让学员们填写一份工作中的流转单。他看到包括李同学在内的好几位学员没动,就问:"是我的规则没有说清楚吗?"李同学说:"不是,是我们不会填。"张涛说:"哦,你们几位是新员工吗?"李同学说:"不是,我们都在公司干了2年以上了。"张涛说:"那你们每天都要填写这份流转单吧?"李同学说:"是啊!你也知道我们每天都在填,还培训什么呢?!来参加培训就不能干活了,一天损失几百块钱。"张涛说:"没错呢!拿计件工资就是这样的,不干活就损失了,的确很让人心疼。那是谁让你来参加培训的呢?"李同学说:"我们主任逼着来的,说表单修改了,填错要扣钱。"张涛说:"啊,填错要扣钱。填错一次扣多少钱呢?"李同学说:"错一次扣100元。"张涛说:"那我觉得你们主任人挺好的。难道他会不知道让你们来参加培训就不能干活,而影响到车间的产量吗?那他什么还让你们来呢?"李同学说:"他是不想看到我们挣的钱,还没到口袋里就被扣了。"张涛说:"是啊!大家想想看:如果不了解修改的表单,一味地埋头干活,你们拼死拼活挣的那点钱够扣吗?"听到这里,李同学和几位没有填写表单的学员点点头,拿起笔开始填写了。

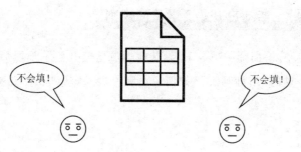

图 4-5　不会填

案例点评

在这个案例中,张涛使用了"问题诊断"+"先跟后带"+"设问"的方法,具体表现如下。

1. 问题诊断

每天都要填写的表单，李同学说不会填写，这本身就有点蹊跷。张涛通过提问了解到：原来这几位学员并不是真的不会填写，而是因为参加培训会少拿钱而产生了情绪。在提问的过程中，张涛没有指责他们，也没有提出质疑，而是问他们在公司多久了，让对方借机发泄情绪，说出了真实的原因。这样的方式，为后面对症下药处理问题提供了依据。

2. 先跟后带

在了解到真实原因后，张涛首先用"没错呢！拿计件工资就是这样的，不干活就损失了，的确很让人心疼"来肯定对方的感受，引发共鸣，同时也强化了损失的心理感受；其次通过询问来参加培训的背景，得知填错表单要扣钱；最后提问获知填错一次要扣 100 元。这样的先跟后带，一方面让对方觉得被理解了，另一方面也帮助对方用自己分享的事实进行反思。

3. 设问

设问是一种常见的修辞手法，常用于表示强调作用。为了强调某部分内容，故意先提出问题，明知故问，自问自答。本案例中，张涛运用了两次设问，第一次用"难道他会不知道让你们来参加培训就不能干活，而影响到车间的产量吗？"来引发学员们的思考。第二次用"大家想想看：如果不了解修改的表单，一味地埋头干活，你们拼死拼活挣的那点钱够扣吗？"来强调根本不够扣，从而衬托出了参加本次培训的重要性，帮助学员认识到培训内容对于自己的价值。

问题 4　活动已开始，学员问规则

在培训现场，培训师一声令下后，其他学员已经开始了学习活动，有学员还在询问规则。这时，培训师又该如何应对呢？表 4 - 7 列出了这种情况的常见原因和对策。

表 4-7 "活动已开始,学员问规则"的原因和对策

描述	常见原因	马上可以采取的措施	预防措施
培训师已经宣布某项活动开始了,还有学员询问规则	学员未弄明白规则	询问是哪部分不清楚,进行有针对性的说明。	1.在进行活动设计时,规则不要太复杂,确保1分钟内可以清晰说明。 2.事先推敲规则的说明,尽量简单明了,必要时提供图文资料辅助。
	学员走神了,没听到规则	重新解释规则或请其向其他学员求助。	在解说规则前,先吸引学员的注意力。
	学员想了解该活动与其参加过的类似活动有什么不同	简单说明不同点或私下交流。	在进行活动设计时,了解相似的活动及规则,尽量避免完全套用网上的游戏或活动。
	学员对可能的问题和风险进行确认	提问了解学员的问题或担心是什么,给予解答。	考虑到学员可能会提出什么样的问题,提前进行思考和风险规避。
	学员忙于研究道具或资料,未认真听规则	1.叫停,重申规则。 2.请学员看图文资料。	在活动规则说明后,再分发活动所需的道具或资料。

总结

针对"活动已开始,学员问规则"的情况,可以从课程设计、活动前、活动开始时三个方面入手。

1. 课程设计

很多现场的问题,源自活动设计的适当性和准备的充分性,这个阶段的预防措施有:

(1)在进行活动设计时,了解相似的活动及规则,尽量避免完全套用网上的游戏或活动。

(2)在进行活动设计时,规则不要太复杂,确保1分钟内可以清晰说明。

(3)事先推敲规则的说明,尽量简单明了,必要时提供图文资料辅助。

2. 活动前

(1)考虑到学员可能会提出什么样的问题,提前进行思考和风险规避。

(2)在活动规则说明后,再分发活动所需的道具或资料。

(3)在解说规则前,先吸引学员的注意力。

3. 活动开始时

(1)如果学员未弄明白规则,培训师可以询问"是哪部分不清楚",然后进行有针对性的说明。

(2)当学员因走神未听到规则时,培训师可以视情况选择不同的方式来处理:重新解释规则或请其向其他学员求助。

(3)如果学员之前参加过类似的活动,想了解该活动与之前的活动有什么不同,培训师可以视当时的情况和时间选择不同的做法,例如简单说明不同点或私下交流。

(4)当学员想了解可能的问题和风险时,培训师可以通过提问了解学员的问题或担心是什么,然后给予解答。

(5)当学员忙于研究道具或资料而未认真听规则时,培训师可以采取以下措施:

①叫停全体学员,强调规则的重要性,并重申规则。

②请学员看与活动和规则相关的图文资料。

案例 4-6　关于规则的疑问

在一次"新品知识"培训中,郑娟先给每组发了一套卡片,上面有关于新品的各种描述。学员们拿到卡片后,都很兴奋,立刻研究起来。这时,郑娟说:"大家先别急着看,先听我讲规则。"但她的声音被学员们的交流声淹没了。于是,她提高音量说:"大家请安静!安静!"学员们才陆续地停了下来。她说:"大家知道我发这套卡片给大家是做什么用的吗?"学员们都说:"不知道。"郑娟说:"刚才已经让大家快速浏览了一遍卡片内容,现在大家需要认真听规则,否则后面依然只能浏览卡片了。每个小组拿到的一套卡片上,都有一组文字,描述了今天我们要学习的新品的特征。我会给每个小组2分钟来判断对错,你们在自己认为描述正确的句子前打钩,错误的前面打叉。等会我说开始时,大家一起行动。我说结束时,大家马上停下来,我会给每组发一份答案,交给大家去核对和交流。关于这个规则,大家还有什么疑问吗?如果有,可以提问;如果没有,挥挥手让我知道。"她边说边挥了挥手。学员们大多挥挥手。这时,张同学提问:"是每人做一道题,还是小组一起做呢?"郑娟说:"2分钟内,小组必须完成这套卡片的判断。至于是分工还是合作,由各组自己商量决定。"张同学说:"哦,了解了。"刘同学问:"这套卡片是干什么用的呀?"郑娟说:"刚才我说规则时,发现刘同学一直在研究卡片,看来你还没有找到答案。你们小组有人知道这个问题的答案吗?如果有,请举一下手。"刘同学所在的小组其他成员都举手了。于是,郑娟说:"那这个问题就由你们组内解决吧。"王同学说:"那万一有不会的怎么办?"郑娟说:"这是个好问题!大家觉得可以怎么办呢?"有学员说:"先跳过。"有学员说:"等所有内容完成后,再进行讨论。"……郑娟说:"看来大家都有很多妙招。没关系,不会也很正常,大家可以八仙过海,各显神通,看看哪个小组可以更接近标准答案。关于活动规则,大家还有问题吗?"学员们回答:"没有了!"郑娟说:"既然大家已经做好了准备,我们就开始了!"

图4-6 关于规则的疑问

案例点评

在这个案例中,郑娟使用了"顺势而为"+"借助手势"+"借力学员"+"先跟后带"的方法,具体表现如下。

1. 顺势而为

郑娟在讲规则之前,将卡片发给了学员,导致后面的场面混乱,以至于要大声叫停才让课堂回到了正常的秩序。这时,郑娟通过提问卡片的用途,快速引发了学员的好奇心,从而吸引了大家的注意力,然后说"刚才已经让大家快速浏览了一遍卡片内容,现在大家需要认真听规则,否则后面依然只能浏览卡片了",通过这句话实现了两个目的:一是刚才的看卡片环节是我提前设计的,为了让大家先睹为快;二是现在要认真听规则,否则还是不知道卡片的用途。遇到这样的情况,有些培训师会慌乱,或承认自己不该在讲规则之前将卡片发给学员们,这样做虽然显得坦诚,但也会进一步打乱课程节奏,让学员觉得培训师不够专业。本案例中郑娟采用了顺势而为的做法,不但成功吸引了学员的注意力,而且没有影响到课程节奏。

2. 借助手势

在询问学员们对规则是否有疑问后,郑娟自己先挥挥手。这是一种肢体的引导,暗示没有疑问的学员可以举手。这样的方法看似无声,却能发挥不错的效果。例如,当培训师提出一个问题后,可以一边说"愿意分享自己观点和想法的学员请举手",一边举起自己的手。这时,往往会有学员跟进,举起手来。所以,培训师要善用肢体来引导学员,提升学员参与度。

3. 借力学员

刘同学因为走神没听规则,这时郑娟没有直接回答他的问题,而是询问其所在小组成员是否了解规则。得到肯定的答案后,她直接将刘同学的问题交给了本组的学员。这样的做法,既解决了问题,又节省了所有学员的时间。

4. 先跟后带

当王同学提出"那万一有不会的怎么办？"时，郑娟先用"这是个好问题！"进行了肯定，然后继续借力学员，询问他们的意见。这样的做法，在调动其他学员参与的同时，也获得了更多的解决方案，一举两得。

问题 5 活动中有学员观望

活动已经开始了，小组其他成员在热烈讨论或在完成活动要求的任务时，有学员并不参与，只是在旁边观望。遇到这种情况，培训师要如何处理呢？表4-8列出了这种情况的常见原因和对策。

表4-8 "活动中有学员观望"的原因和对策

描述	常见原因	马上可以采取的措施	预防措施
小组活动时，有成员不参与，在旁边观望	该学员性格内向	给予鼓励，提醒其他成员邀请其加入。	活动开始前，进行如下工作： 1. 说明小组分工的原则：人人有事做。 2. 让小组成员有彼此了解的机会，便于合理的分工。 3. 提供小组角色列表，请学员们进行角色分配。 4. 请专人负责监督成员是否"各司其职"，并及时纠正。
	该学员不知道需要做什么	请本组组长为其解说或指导。	
	有人抢了该学员的任务	提醒小组分工的原则——人人有事做，重新确认小组成员分工。	
	该学员对分配给自己的任务没有信心	了解该学员的担心或困扰是什么，然后提供帮助，并进行鼓励。	
	该学员对活动不感兴趣	提问了解原因，对症下药。	活动设计时，充分考虑到学员的特点，选择合适的活动。

针对"活动中有学员观望"的情况，培训师可以从活动开始前和活动进行中两个方面入手。

1. 活动开始前

(1) 说明小组分工的原则——人人有事做，避免小组成员中有人无事可做，成为边缘人。

(2) 在分工前，让小组成员有彼此了解的机会，便于根据成员的性格特点和专长进行合理的分工。

(3)培训师展示或提供小组角色列表,并解释各角色的职责,请学员们据此进行角色分配。

(4)请各组安排专人负责监督成员是否"各司其职",并及时纠正。

2. 活动进行中

(1)针对性格内向的学员,培训师可以给予鼓励,并提醒其他成员邀请其加入。

(2)当该学员不知道需要做什么时,培训师可以向本组的组长了解情况,请组长为其安排任务。

(3)如果发现有人抢了该学员的任务,可以委婉地提醒大家小组分工的原则——人人有事做,并协助小组重新确认成员分工。

(4)当学员对分配给自己的任务没有信心时,培训师可以通过提问了解该学员的担心或困扰是什么,然后提供帮助,并进行鼓励。

(5)如果该学员对活动不感兴趣,培训师可提问了解原因,然后对症下药。

案例4-7　孤单的小组成员

在一次"门店销售技巧"培训中,培训师李磊让学员们4人一组进行角色扮演,并提供了导演、编剧、店员和顾客四种角色及其职责列表,请学员们先进行角色分工,然后宣布:"每个小组从编写脚本到彩排完成一共10分钟,请导演们控制好时间,并确保小组成员各司其职。"各组马上行动起来。李磊在教室内来回走动,发现第二组的其他三位学员站在一起热烈讨论,组员张同学坐在椅子上看手机。李磊走过去问:"我看到你们小组正热烈讨论呢,你怎么没有参与呢?"张同学说:"他们都很有想法,有他们就够了。"李磊说:"我们以小组方式来完成这个任务,就是因为每个人都是不可或缺的,都有自己的价值。你担任的角色是什么呢?"张同学说:"编剧。可我觉得自己做不好。"李磊说:"这个角色可是小组任务成败的关键呢!当然,只是坐在这里,肯定做不好。走过去听听大家有什么好点子,将小组的智慧汇总起来,任务就简单多了。其他同学也会一起出谋划策的,不用担心。"听到这里,张同学马上起身参与到了小组讨论中。李磊继续巡查,发现第三组的刘同学趴在桌上,而其他学员聚集在桌子的另一角讨论并演练。李磊问:"刘同学,看起来你好像比较悠闲哦。"刘同学赶快直起身笑笑。李磊又问:"你担任什么角色呢?"刘同学说:"顾客。"李磊说:"顾客可是你们小组成果的最重要演员之一,我很好奇,你怎么不参与大家的演练呢?"刘同学说:"导演曹同学一直在扮演顾客,没我什么事了。"听到这里,李磊走过去，叫停了小组的演练，说："我看到你们这组的进度最快，先为大家点赞！"小组成员们很高兴。李磊接着说："同时，从完成小组任务的角度来说，你们小组是失败的，大家知道为什么吗？"看着小组成员们满脸的疑惑，李磊说："我们这个活动是以小组为单位进行的，之前已经有了明确的分工，并请导演负责确保大家各司其职。你们小组做到了吗？"小组中的三位成员互相看看，然后向刘同学招手说："顾客快来，我们需要你来排练。"刘同学赶快走过去，大家继续演练起来。李磊继续巡查，看到第五组的王同学虽然跟本组成员在一起，但并不参与，而是东张西望。李磊走过去问："王同学，我看到你比较关注其他小组的进度。你的角色是导演吗？"王同学说："不是。我是店员。"李磊问："那你知道自己要做些什么吗？"王同学说："不用知道，每次培训都是这些内容，小儿科了。"李磊说："看来你是胸有成竹了！"旁边有学员说："王同学连续三年是我们门店的销售冠军呢！"王同学听到后，脸上露出了得意的笑容。李磊说："王同学，没想到你这么优秀！那你愿不愿意换个角色，来做编剧，让顾客提出各种刁钻的问题，再展示店员的流利应对和销售技巧，让其他小组看到你们小组的实力。如何？"王同学还没说话，其他成员就说："这个建议好！让其他小组看看有销售冠军的组实力有多强！"王同学笑着说："那有什么问题！"于是，小组成员重新分配了角色，开始了脚本的讨论。

图 4-7 落单的小组成员

案例点评

在这个案例中，李磊使用了"问题诊断"+"先跟后带"+"提问引导"+"激将法"+"借力学员"的方法，具体表现如下。

1. 问题诊断

看到三位学员没有参与本组的活动时，李磊都没有直接干预，而是通过提问了解原因。这样的做法，不但便于后续对症下药的处理，也通过关注和聆听很好地处理了学员们的心情，为顺利地处理事情做好铺垫。

2. 先跟后带

在了解到学员们没有参与的真实原因后，李磊均先进行了个性化的肯定，然后才提出问题或处理事情。这里的个性化肯定的具体表现如表 4-9 所示所示。

表 4-9 "先跟后带"的运用分析

学员	问题	个性化的肯定方式（跟）	处理事情（带）
张同学	有他们就够了。	每个人都是不可或缺的，都有自己的价值。	你担任的角色是什么呢？
		这个角色（编剧）可是小组任务成败的关键呢！	走过去听听大家有什么好点子，将小组的智慧汇总起来。
刘同学	导演曹同学一直在扮演顾客。	顾客可是你们小组成果的最重要演员之一。	我很好奇，你怎么不参与大家的演练呢？
王同学	培训内容重复。	没想到你这么优秀！	那你愿不愿意换个角色，来做编剧……

如表 4-9 所示，李磊通过个性化的肯定，先处理好了学员们的心情，然后提出自己的问题或建议，让学员们更容易接受。

3. 提问引导

在得知刘同学的角色被曹同学抢走后，李磊通过提问引导组员们思考为什么进度第一，任务完成却不合格，从而认识到问题所在，主动邀请刘同学加入小组活动中。这样的做法，比直接要求导演归还角色效果更好。因为太直接的做法，可能会让曹同学觉得没有面子，甚至出现抵触情绪，影响到后续的参与度。而在这种情况下，重新获得顾客角色的刘同学心里也会不舒服，在参加活动时难以全身心投入。

4. 激将法

对于销售冠军王同学来说，让他扮演店员，的确没有什么吸引力。为了增加挑战性，李磊用了激将法，建议他来挑战编剧，从而展示小组实力。从本案例中王同学和小组成员的表现来看，这个激将法的作用非常明显，效果立竿见影。

5. 借力学员

在处理刘同学和王同学的问题时，李磊都用了"借力学员"的方法。其中，针对被导演抢走角色的刘同学，他通过提问引导其他小组成员认识到问题，主动邀请刘同学参与活动，比培训师带着刘同学强行加入效果更好。针对觉得活动没有吸引力的王同学，李磊用"展示小组实力"来激将，获得了其他成员的支持，从而助推王同学接受了担任编剧的建议。

案例 4-8 画流程图

"门店销售技巧"的培训继续,李磊让各组选出小组角色扮演中的优秀者,将其成功销售的步骤画成流程图。他给各组发了大海报纸和白板笔后,宣布活动开始,自己则四处走动。他看到第一组的朱同学坐在一边,看着桌子斜对面的其他成员讨论、画图,自己并不说话。李磊走过去问:"我看到你一直很认真地听大家说话,怎么不发言呢?"朱同学不好意思地笑笑说:"看看就行了。"旁边有学员说:"朱同学是我们部门的宅男,习惯了一个人看看。"其他成员都笑了起来。朱同学脸红了,低下了头。李磊说:"平时宅不宅是个人的选择,我们无权干涉,也表示尊重。同时,虽然我知道你们团队个个都是专业能手,但我们今天的培训是团队作战,口号是一个都不能少!所以,为了团队的胜出,大家还是赶快把朱同学'绑架'过来吧。"李磊边说边看向组长罗同学。罗同学很快领悟,他说:"爆料一下:朱同学可是我们公司的绘画达人呢!可惜他轻易不出手。咱们赶快去巴结他,求他给咱们画张惊艳的流程图吧。"说完,他带头坐到了朱同学旁边。组员们看到后,也挪动位置,围着朱同学坐了下来。罗同学将大海报纸和笔摆在他面前说:"朱同学,来给大家露一手吧,让其他小组看看我们的撒手锏,如何?"朱同学看了看大家,犹豫了一下,最终拿起了笔。李磊继续巡查,到第五组时,看到张同学眼睛看着天花板发呆。李磊问他:"张同学,想什么想得这么入神呀?"张同学惊了一下才回过神,急忙说:"哦,没想什么。"李磊说:"我看到其他组员有的画图,有的在讨论,你的任务是什么呢?"张同学说:"给我分配的任务是做信息整合,但我不知道该怎么做。"李磊问:"哦,那分配任务时,没有告诉你吗?"张同学说:"说是说了,让我把大家说的信息分类,但我不知道该怎么分。"李磊说:"那你可以去听听大家说了些什么,先记录下来,然后邀请大家一起对这些信息分类。"张同学听到后说:"对呀!我怎么没有想到呢?马上就去。"李磊看到张同学快速融入小组任务后,笑着离开了。

图 4-8 画流程图

案例点评

在这个案例中,李磊使用了"问题诊断"+"先跟后带"+"借力学员"+"提供建议"的方法,具体表现如下。

1. 问题诊断

李磊看到不发言的朱同学和发呆的张同学后,先通过提问了解他们未参与小组活动的原因,而非直接进行干预。这样的做法,通过提问和聆听,让对方感受到被关注,先处理了心情,同时,因为精准把脉,为后面的对症下药提供了依据,更利于顺利解决当前的问题。

2. 先跟后带

李磊在处理朱同学的问题时,多次使用了先跟后带,详见表 4-10。

表 4-10 "先跟后带"的运用分析

情境	个性化的肯定方式(跟)	处理事情(带)
看到朱同学只是看不发言时	我看到你一直很认真地听大家说话。	怎么不发言呢?
其他成员笑朱同学宅,他不好意思了	1. 平时宅不宅是个人的选择,我们无权干涉,也表示尊重。 2. 同时,虽然我知道你们团队个个都是专业能手。	1. 但我们今天的培训是团队作战,口号是一个都不能少! 2. 为了团队的胜出,大家还是赶快把朱同学"绑架"过来吧。

3. 借力学员

在处理朱同学的问题时,李磊没有硬性将他拉进本组的活动中,而是先通过先跟后带,让小组其他学员认识到团队合作的作用性,然后借助组长之力,邀请朱同学回到团队中。对于内向的朱同学而言,如果培训师直接让他坐到小组中去,他反而会觉得自己是被硬塞给大家的,心里可能更抵触。而其他成员的心里也会感觉不舒服。这样做的后果可能是:虽然朱同学看起来人在团队,心的距离可能更远,参与小组活动的可能性依然很低。而小组成果也不会因朱同学的到来有太多变化。这样的结果显然没有达到让朱同学参与到小组任务中的目的。本案例中,李磊借助团队成员之一的组长罗同学成功达成了这个目的。罗同学先通过言语邀请+行动(坐到朱同学身边),让朱同学感受到了来自团队的善意和诚意。接下来,其他小组成员在罗同学的带动下,主动围坐在朱同学身边,让朱同学觉得自己被团队接纳了。最后,罗同学的劝说,让朱同学感受到自己被需要,从而鼓足勇气,接受了小组任务。

4. 提供建议

在看到张同学发呆后,李磊先提问了解原因,然后提供了可行的解决方案。

与之相反的是,可能有些培训师一看到这样的情况,心里就嘀咕:"这学习态度也太差了吧?!"在这样的想法支配下,可能脱口而出:"张同学,你在发什么呆?怎么不参与小组交流呢?!"大家换位思考一下,张同学听到这话会是什么样的心情呢?本来他不知道该如何完成自己的任务,正郁闷着呢,没想到突然被培训师打了一闷棍,会不会很生气呢?接下来,张同学要么不理培训师,干脆不想任务这回事,去干自己的事情,要么直接怼回去,跟培训师发生争执……无论是哪种情况,都对问题的解决不但没有帮助,还会适得其反。本案例中,李磊通过询问原因后提供建议的方式,不但让学员感受到了关注和支持,还实实在在地帮助学员解决了问题,确保活动顺利进行。

问题 6 学员不在状态

在小组活动的过程中,有时会有学员不在状态的情况,导致活动无法按照预期的进度进行。这样不但可能打乱活动的整体节奏,还会浪费时间,导致活动延时。表4-11列出了这种情况的常见原因和对策。

表4-11 "学员不在状态"的原因和对策

描述	常见原因	马上可以采取的措施	预防措施
培训师宣布活动开始后,学员们要么还在闲聊,要么在场地内逛来逛去。	学员的注意力不集中	用提高音量、保持沉默、摇铃等方式引起学员注意。	1.设计活动开始前的转场信号。 2.事先准备好详细的步骤和要求说明,必要时提供图文辅助。 3.设计好活动与培训主题、学员之间联系的精准表达。 4.设计活动时,综合考虑学员年龄、职位和需求等因素,提升活动的适切性和趣味性。
	学员没有接收到明确的开始信号	用口头喊"开始"、举起手臂或摇铃等方式宣布活动开始。	
	学员不知道该怎么做	1.详细说明规则中的每个步骤。 2.用清晰、明确的指令告知要求。	
	活动没有吸引力	1.说明这个活动与主题、学员的联系。 2.培训师用幽默的语言增加趣味性。 3.提问引发思考,留悬念。	
	没有营造紧张的氛围	1.给出少于实际用时的时间。 2.培训师用声音的魅力制造紧张感。 3.通过播报其他组的进度来营造紧张氛围。 4.借力组员"召集人马"。	1.利用小组竞赛或团队产出的方式,来激励学员参与。 2.提前设计有推动力的引导语。 3.准备节奏快的音乐。

 **总结**

针对学员不在状态的情况,可以从课程设计和活动中两个方面入手。

1. 课程设计

活动现场出现的很多问题,来自课程设计时的考虑不周或准备不充分。针对活动中学员不在状态的情况,可以采取以下预防措施。

(1)设计活动开始前的转场信号。培训中,每个模块之间的转换需要过渡,每种授课方式之间的转换需要信号。例如,学员们从坐在座位上听课,转变为站起来,围绕着张贴在墙上的成果观看、点评时,需要培训师提供明确的信号,提醒大家"注意:我们要换种方式了"。转场的信号可以是培训师的走动位置(例如,从讲台走到学员中间)、课程呈现方式的改变(例如,由 PPT 转变为白板上张贴的活动流程图)或请学员们起立。这些信号,一方面可以帮助大家意识到即将有一个新的开始,从而收拾心情,关注当下;另一方面,也可以引发学员的好奇心,提升注意力。

(2)事先准备好详细的步骤和要求说明,必要时提供图文辅助。在我的"引导式课程设计"培训中,每次都会要求学员在设计学习活动时,先准备一分钟的规则说明,但很多学员都说做不到。我的建议是:先根据活动设计简单画个流程图,再将代表每个步骤的关键动词写出来,然后按照流程标上序号,最后围绕着关键词来造句,反复斟酌和推敲措辞,尽量做到精确、简洁、无须解释。如果觉得活动规则或要求比较复杂,可以准备相关的资料(例如,角色扮演中的各角色职责说明、评估表的内容等)复印发给每位学员,或提供图表辅助。我常在大海报纸上手绘出活动流程图,张贴在白板或墙面上。这样不但可以辅助解说,也方便活动时学员们随时查看。

(3)培训中,很多学习活动并没有显示出活动与培训主题或学员之间有什么直接联系,需要培训师来搭建这个桥梁。在课程设计阶段,确定一个活动前,要先问自己:"这个活动跟本模块的内容有什么联系?这个活动跟学员个人有什么关系?"回答了这两个问题之后,将答案进行梳理,确定该活动与培训主题、学员之间联系的精准表达,并在课前精心演练和调整。这样的方式,可以让学员看到学习活动与自己相关,提升参加活动的兴趣。

(4)设计活动时,要综合考虑学员年龄、职位和需求等因素,提升活动的适切性和趣味性。不少读者向我反馈:在做活动时,学员们不配合、参与度低。这个问题看似是学员的问题,但源头还是在课程设计。最直接的原因是这个活动与学员的年龄层次、职位特点、已备知识和需求不匹配。首先,学员的年龄层次不同,乐于参与的活动类别也不同。最简单的区分是年龄越大,越倾向于动脑而非肢体运动大的活动;年龄层次越低,越倾向于肢体运动的活动。其次,不同的职位也有不同的特点。例如,销售、服务、管理岗位的学员大多外向,善于沟通、乐于表达;技术人员大多内向,勤于思考,不善于沟通和表达。针对这两种特点,在活动设计时也要有所不同。前者需要从规则上预防一言堂、"麦霸"和超时的情况,后者需要给予更多的鼓励,活动设计要循序渐进。最后,学员们关于培训主题的已备知识和培训需求,是学习活动设计的基础和依据。活动如果能够与学员的痛点、难点、关注点相关,学员的参与度自然就提升了。而活动的难易程度,取决于学员的已备知识。太难,学员们没有信心参与;太易,学员们不屑于参与。所以,好的学习活动设计的前提是精准的培训需求诊断和调研。需要补充这方面知识和技能的读者,可以去看我写的《培训师成长实战手册:培训需求诊断和调研》《培训师成长实战手册:培训问卷设计和运用》这两本书,里面提供了系统的思路、工具、方法和众多案例。

(5)有时,学员们的不在状态,是受培训现场的氛围所影响,例如,没有营造出紧张的学习氛围。针对这种情况,可以在课程设计阶段,采取以下措施:

①利用小组竞赛或团队产出的方式,激发学员的好胜心,从而激励学员参与活动。

②提前设计有推动力的引导语。通过告知目标、成果要求、提醒时间等方式,来引导学员快速行动。

③准备节奏快的音乐。在超市购物或餐厅吃饭时,我们会发现:节奏快的音乐会让我们加快购物或用餐的速度,培训中也是同理。

2.活动中

(1)针对学员注意力不集中的问题,培训师可以根据现场的情况,采取不同的策略,详见表4-12。

表4-12 提升学员注意力的策略

序号	情境	方法	禁忌
1	学员较安静时	先短暂停顿,然后放慢语速,提高音量	语气平缓
2	学员们交头接耳或热烈讨论时	培训师站在讲台上,注视学员,但保持沉默,直到学员停止交谈或讨论	提高音量
3	前面讲解了其他内容时	摇铃、放音乐或展示不同的内容	高声喊叫

(2)如果学员没有接收到明确的开始信号,培训师可以用表4-12的方法叫停后,说明具体的信号,如用口头喊"开始"、举起手臂或摇铃等方式,重新宣布活动开始。

(3)当学员不知道该怎么做时,培训师可以采取以下措施:

①详细说明规则中的每个步骤,必要时借助图文辅助。

②用清晰、明确的指令告知要求。例如:全体起立,将椅子推入桌子下方,然后原地向右转,面朝讲台排队。

(4)如果是因为活动没有吸引力,培训师可以采取以下措施:

①用简单易懂的语言,说明这个活动与主题、学员的联系,搭建起其中的桥梁,让学员看到参加活动的价值所在。

②培训师用幽默的语言增加趣味性,吸引学员参加。

③提问引发思考,留悬念。例如,分享一个与活动过程或结果相关的情境,然后提出一个关于why的问题,告知答案会在活动结束时,由学员自己揭晓。

(5)如果是因为没有营造紧张的氛围导致学员不在状态,培训师可以采取以下措施:

①给出少于实际用时的时间。例如,正常情况下,完成某项活动需要10分钟。培训师宣布只有8分钟,并拆解每个步骤可用的时间,强调时间紧张。

②培训师用声音的魅力,例如提高音量、加快语速等方式来制造紧张感。

③通过播报其他组的进度,尤其是分享快速进入状态的小组活动进展来营造紧张氛围。

④借力组员"召集人马"。提醒各组成员快速检查本组是否"缺人"了,并用鼓励或奖励已完成小组的方式,带动后进的小组及其成员。

案例4-9 "菜场式"地逛画廊

在一次"客户服务礼仪"培训中,刚完成了"客户投诉接待"环节的学习,有学员还在交流中。培训师杨波说:"现在给每个小组12分钟时间,讨论'当客服人员接待投诉电话时,第一时间应该做些什么?',将讨论成果写在大海报纸上,完成后我们来做角色扮演。"说完,他就给每个小组发了大海报纸和白板笔。然后,他就去看自己电脑中的PPT内容。时间到9分钟时,有两个小组说:"老师,我们讨论好了。"杨波抬起头说:"还有2分钟呢,你们再想想,完善一下。"说完,他继续看PPT。提前完成任务的两个小组的学员们开始了闲聊。到12分钟时,他大声喊:"好了,时间到! 大家停下来吧。"他接连喊了两遍,大部分学员停了下来,还有一些学员依然在热烈讨论中。杨波说:"现在大家将本组的海报纸贴在墙上,然后去看别的小组成果。"于是,有学员开始去张贴海报纸,然后随意走到其他组的成果前观看。杨波先后去叫停还在讨论的两个小组,跟他们重复后续的活动要求。这两个小组才很不情愿地起身张贴海报纸,去看别的小组成果。杨波站在讲台上,发现培训现场一片混乱,一共六个小组的成果,紧挨着张贴在一面墙上,有两个小组的成果前挤满了人,有两个小组的成果前一个人都没有,有些学员并没有看小组成果,而是在圈外闲逛。他只能大喊:"大家不要挤在一个小组的成果前,人员分散一些。"他的声音很快被淹没了,只好跑到每张海报纸前,指挥人员"疏散"。在这个过程中,不时有学员说:"别的我都看完了。"好不容易15分钟过去了,当杨波叫停时,还有学员大喊:"啊!这么快?!我还有两组没看呢。"……杨波的头越来越大了,心想:这都是些什么学员呀!一点都不配合。接下来该怎么办呢?

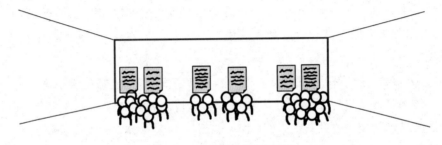

图4-9 "菜场式"地逛画廊

案例点评

在这个案例中,杨波本来是想让学员们逛画廊的,结果变成了"逛菜场"。这个结果显然不是培训师希望看到的,但产生这个结果的源头在哪里呢?是学员还是培训师呢?可能有些培训师会跟杨波一样,认为是学员不配合,但我要告诉大家的是:源头在于培训师的课程设计。本案例中现场的混乱,源自杨波在课程设计阶段不够周密所致。表4-13来帮大家拆解案例中出现的种种问题,并提供现场的补救措施。

表 4-13 案例 4-9 的分析及对策

序号	问题	课程设计阶段如何做	现场如何做
1	安排小组讨论前未引起学员们的注意。	考虑到可能出现的状况,设计引起学员注意的方式和引导语。	1.询问:关于上一环节的内容,还希望交流什么? 2.留出30秒的静默时间,引起学员的注意,再说明做这个活动的原因。
2	小组讨论时看PPT,有两组9分钟就完成了,让他们再完善。这两组学员开始闲聊。	1.评估学员们在该问题方面的经验和基础,给出恰当的时间。 2.设计海绵活动,提供给提前完成任务的小组。	1.宣布活动规则时,只给学员10分钟,如果有必要,再延长2分钟。 2.各组完成任务期间,培训师在培训现场四处巡查,了解各组的进度,灵活控制讨论时间。 3.针对9分钟就完成的两个小组,可以先去了解他们任务完成的成果,如果未达到预期,提供完善的方向;如果达到了预期,提供海绵活动请他们完成。
3	12分钟到了,两次大喊叫停后,还有一些学员在讨论,就宣布了下一项任务。	事先做出整个活动的流程图,展示在PPT上,或张贴在培训现场的墙上。	1.小组任务进行的过程中,进行倒计时提醒。 2.请全体安静,等待未结束讨论的两组停下来。 3.全体安静后,结合流程图说明下一项任务的内容和要求。
4	学员们随意张贴海报,随性观看海报,现场混乱。	课程设计时,用5W1H细化每个步骤,制订具体、精准的指令。	1.要求学员们将六张海报分散张贴在四面墙上。 2.请每个小组先站在本组成果前,然后沿着顺时针或逆时针方向观看下一组的成果。 3.说明每个小组看一份成果的时间,并明确听到什么信号(音乐、铃铛响等)后,全体走向下一个成果海报,以确保所有学员进度相同。

下面是针对表 4-13 的解读。

1. 引起注意

如果像本案例中的杨波一样,在发布一个活动指令之前未先引起学员的注意,就可能因学员不了解活动规则和要求导致各种问题:进度缓慢,成果偏离要求,各组进度不一,学员参与度低,场面混乱等。基于本案例中的情况,杨波需要先将上一环节的内容收尾,然后引起学员的注意,之后再发布小组讨论的指令。可以采取的方法如下。

(1)提出问题:"虽然客户投诉接待的学习告一段落了,但我看到还有一些同学在交流中,先为你们的学习精神点赞!同时,我也想了解一下:关于刚完成的学习内容,大家还有什么想说的吗?如果愿意跟大家一起探讨,可以提出来。如果想私下交流,也可以等休息时进行。"提问后,等待30秒。如果没有人提出话题,则宣布即将进入下一个环节,说明活动规则和要求,并说明为什么要做这个活动。

(2)在还有学员在交流的情况下,也可以采用30秒静默的方式。此时,培训师站在讲台上,静静地看着在交谈的学员。刚开始的5秒,可能并没有太大效果,但其他学员很快就会发现培训师在等待大家安静下来。这时,会有部分学员主动停下来,也会有学员提醒还在交流的学员……慢慢的,教室里就安静下来了。这样的静默将学员们的注意力都吸引到了培训师这里,再做活动说明和发布指令,就可以事半功倍了。

2. 处理进度不一

第三章有关于小组讨论进度不一的具体处理方式。本案例中问题在于杨波对提前完成任务小组的处理方式。他专注于看PPT,只是让他们"再想一想,完善一下"。这是不是很像孩子问父母问题时,父母觉得打扰了自己而说的应付的话呢?这样的应付,学员们也感受到了,所以他们也开始应付小组任务,开启了闲聊模式。下面我们从课程设计和培训现场两个方面来看如何解决这个问题。

(1)课程设计阶段。

①评估学员们在该问题方面的经验和基础,给出恰当的时间。就本案例来说,一共有六个小组,其中有两个小组到9分钟时,提前完成了小组任务。这说明杨波给出的任务对这两个小组来说可能有点简单,也说明给全员12分钟的完成时间过多了。

②设计海绵活动,提供给提前完成任务的小组。为了让提前完成任务的小组有事情做,可以提前设计一些海绵活动,提供给他们。表4-14列出了我常用的海绵活动。

表4-14 常用的海绵活动

海绵活动	说明
1.深入思考	提出问题:请该组重新反思自己的讨论结果。例如:这个问题除了大家谈到的A、B两个角度之外,是否还有其他的维度可以去思考。
2.投票	请本组投票选出大家都认可的三条。投票的过程中,大家会进一步讨论背后的原因,同时也可以填补剩下的时间。
3.外出巡查	请已经完成的小组,彼此参观成果并进行交流。
4.特别观察员	提供观察任务(如:我看到/听到了什么?让我印象最深的是哪一点?),请进度快的小组成员担任特别观察员,分散到各组进行观察,活动结束后分享观察结果。
5.教练	请进度快的小组成员做教练,分散去辅导进度慢的小组。

(2)现场的补救措施。

①根据前面学习中学员们的表现,灵活调整活动时间。例如,在宣布活动规则时,只给学员10分钟。如果有必要,再延长2分钟。

②各小组完成任务期间,培训师在现场四处巡查,了解各组的进度和任务完成的质量,作为灵活控制活动时间的依据。在这个过程中,培训师的角色不仅仅是监工,还是教练。如果发现有些小组在任务完成方面停滞不前、偏离方向、争执不下时,培训师可以出面干预,帮助小组重回正轨,确保活动顺利进行。

③针对9分钟就完成的两个小组,培训师在第一时间去了解他们任务完成的成果,如果未达到预期,提供完善的方向;如果达到了预期,提供表4-14所列的一项海绵活动,请他们完成。

3. **结束活动**

表4-13中的问题3与问题1类似,都是上一个环节已经宣布结束,学员还停留在上一个环节中,但培训师就发布了下一个活动的指令了。这个问题的解决方案,要结合上面问题1、2的措施来进行。因为这种现象的发生,不仅仅是学员们未在规定时间停下来的问题,还有培训师在小组任务进行过程中如何干预以确保各组任务进度保持一致的问题。如果只是简单地叫停,可能未完成任务的小组就无法参与到下一个环节的任务中。例如,没有完成讨论之后的角色扮演准备,就参与到后续的角色扮演中。这样,不但该小组成员受挫,也会影响到整个学习活动的效果。为了解决这个问题,我们需要从课程设计和培训现场两个方面来进行。

(1)课程设计阶段。事先做出整个活动的流程图,展示在PPT上,或张贴在培训现场的墙上。这样做,有三个好处:

①可以让学员对于学习活动有全局观念,知道活动的产出和目标是什么,每个环节有哪些步骤,从而主动控制任务完成的过程。

②作为活动内容、规则和要求的说明辅助,更直观、清晰地呈现内容,帮助学员准确理解。

③展示或张贴视觉化的流程图,方便学员在活动进行的过程中随时查看。例如,当小组成员对活动产出、规则、内容和要求等理解不一致时,流程图可提供达成共识的基础和依据,从而节省沟通时间。当学员对活动的步骤不确定或有遗漏时,通过查看流程图获得正确的步骤,避免跑偏。

(2)现场的补救措施。

①倒计时提醒。小组任务进行过程中,进行倒计时提醒,同时对进度落后

的小组给予帮助和辅导,确保他们赶上整体进度。到活动截止时间时,用事先约定的信号(如音乐、铃声、口头等)提醒活动结束。

②活动结束信号发出后,请全体安静,等待未结束讨论的小组停下来。

③全体安静后,结合流程图说明下一项任务的内容和要求。解说完成后,询问学员们是否有疑问。若没有,再使用事先约定的信号(如音乐、铃声、口头等)宣布活动开始。

4. 现场秩序

出现表4-13中问题4现场混乱的情况,源头在于课程设计时未考虑到相关的细节。我们依然从课程设计和培训现场两个方面来看对策。

(1)课程设计阶段。课程设计时,用5W1H细化每个步骤,制订具体、精准的指令。例如,在我的"引导式课程设计"中,有以下的要求:

①运用5W1H细化活动的每个步骤。表4-15提供两个运用的案例。

表4-15 用5W1H细化案例的案例表

案例名称	why	who	what	where	when	how
1.学员看各组产出	这个活动的目的是什么?	以个人还是小组为单位?学员基础如何?	看什么?重点在哪里?	产出在哪里:桌面、墙面还是其他?按照什么样的顺序和间距展示产出?学员在哪里看:围着桌子、绕着墙面或其他?	时间如何分配:学员在每个产出前看多久?	看产出的顺序是怎样的?看产出时有什么要求?
2.学员排队做游戏	做这个活动的目的是什么?	以个人还是小组为单位?如何分组?	做什么游戏?	学员在哪里做游戏:教室的什么位置?学员们怎样站位?	游戏每个步骤的时间如何分配?	学员如何从座位上站起来?怎么排队?步骤有哪些?规则是怎样的?

针对本案例中活动现场混乱的问题,可以在课程设计阶段用5W1H细化活动来解决,详见表4-16。

表 4-16 用 5W1H 细化活动

方案	why	who	what	where	when	how
A. 用 5W1H 细化后的方案	1. 加深学员们对前面"客户投诉接待"内容的理解。2. 应用前面的内容进行角色扮演的准备。	做客服工作半年以内的客服人员。	对这个问题进行讨论，并写在大海报纸上。	将成果张贴在教室的三面墙上，每面墙上分散张贴两张成果。	每个小组在一个成果前看2分钟。	1. 全体起立，走到本组的海报纸前，培训师说"开始"时，看顺时针方向的成果。听到"到下一组"时，离开该成果，继续顺时针方向看下一组。2. 每组看另外5组的成果。3. 边看边用红色笔从每组成果中勾出一个有共鸣或疑惑的观点。
B. 本案例中出现的问题	未说明为什么要做这个活动。		提供活动的流程图，并进行讲解。	六个小组的成果紧挨着张贴在同一面墙上。	学员们看成果的进度不一致。	1. 学员随意走到其他组的成果前观看。2. 两个小组的成果前挤满了人，有两个小组的成果前一个人都没有。3. 有些学员在圈外闲逛。

从表 4-16 可以看到，有了 A 栏中用 5W1H 细化后的活动方案，B 栏中的活动现场混乱问题就迎刃而解了。

②制订具体、精准的指令。如表 4-16 的"how"中所示，用 5W1H 细化活动后，还需要事先制订明确、精准的指令，而动作拆解是简单可行的方法。例如：全体起立→走到本组的海报纸前→培训师说"开始"时，看顺时针方向的成果→听到"到下一组"时，离开该成果，继续顺时针方向看下一组……

(2) 培训现场。培训师在培训现场发现问题后，要采取相应措施，必要时进行干预。

①针对学员随意走到其他组的成果前观看的问题，培训师可立刻叫停所有

学员,请大家回到自己的小组,重新说明观看的规则和顺序。

②针对两个小组的成果前挤满了人,两个小组的成果前一个人都没有的问题,培训师可说明每个成果前的人数上限,并疏散学员,确保人数均衡。

③针对有些学员在圈外闲逛的问题,培训师可询问原因,并引导他们回到本组所在的位置。

案例 4-10 5分钟大挑战

中国培训师沙龙11周年庆典的第一天上午,由我进行"培训中运用引导的情景和要求"分享。根据报名的信息汇总,我设计了下面的"5分钟大挑战"的暖场活动。活动开始前,我说:"刚才两位主持人已经给大家1分钟时间做自我介绍了,但对于现场的90位老师显然不够,对吗?"学员们大声说:"不够!"我接着说:"是的,尤其是针对我们这些想来认识全国各地同行的麦霸们,就更不够了。"学员们笑了起来。我说:"我很理解大家的心情,所以接下来我给大家5分钟时间继续彼此认识。进行的方式是在5分钟内,每个人找尽可能多的伙伴,根据PPT上的提示回答一个问题。"同时,我在PPT上展示了如图4-10所示的五个问题,然后问:"关于5分钟大挑战这个活动,大家有什么不清楚的吗?如果有,请举手。"等了5秒后,看到没有人举手,我说:"好的。等会当我说演出开始时,大家就可以冲向离自己最远的位置,找到一位老师进行交流了。当我摇手中的铃铛时,请大家立刻回到自己的位置,我们回到小组进行自我介绍。温馨提示:要注意安全哦,我们这里别出现工伤。"大家笑了起来,并很专注地等着指令。当我说:"知道大家是麦霸,嘴快。接下来要看谁的腿快?好了,演出开始!"大部分学员立刻起身去找伙伴交流。我看到有一些学员一边张望一边慢慢地走,便对着话筒,用急促的声音说:"我看到大部分人都抢到了分享的伙伴,落单的伙伴越来越少了,已经有人加快了步伐。哇!太棒了,在我说话的工夫,又有5对成功牵手,名额越来越少了,其他老师加油哦!"还未结对的学员在这样的气氛影响下,也快速行动,均找到了交流的伙伴。这时,我站在讲台上环视四周,发现大家都在热烈交流中。到5分钟时,我摇动了铃铛。最初的几秒,只有不到1/3的学员停了下来,回到座位。我一边对回到座位的学员点头,一边继续摇着铃铛。

> **自我介绍问题（五选一）**
>
> 1. 我来自哪个城市？
> 2. 我的日常工作有哪些？
> 3. 我所在部门有多少同事？
> 4. 我昨天经历了一件什么事情？
> 5. 2017年我最有成就感/开心的一件事是什么？

图 4-10 自我介绍问题

随着铃声不断在场地内回响，有越来越多的人停止了交流。不到10秒，所有学员都回到了座位。我说："刚才我的铃铛一直摇了很久，才让大家停了下来，真不容易。同时，这也说明一个问题：大家停不下来，也舍不得停下来，对吗？"学员们说："对！"我说："那好，我再给大家3分钟时间，前后排各4人组成8人小组，每个人用一句话进行自我介绍，好不好？"学员们齐声说："好！"于是，我说："特别提醒一下各位麦霸，我们这个活动的目的是小组中的每个人要在3分钟内完成自我介绍。为了确保这个目标的达成，大家要如何做呢？"学员们纷纷给出答案。我说："刚才大家说了很多种方法，有设立时间官、确定谈话棒、每个人控制时间等，相信作为培训师的你们，一定能够达成这个目标。现在演出开始吧！"学员们立刻开始了小组分享，并在我手中铃铛响起的5秒内，全部停止了分享。

图 4-11 5分钟大挑战

案例点评

这个案例中的暖场活动，目的是建立学员与学员之间的联系。针对表 4-11 "学员不在状态"的原因和对策中的最后两种状况，本案例提供了相应的对策，详见表 4-17。

表 4-17 解析案例 4-10

"学员不在状态"的可能原因	案例 4-10 中的做法	
	课程设计时	培训现场
活动没有吸引力	1. 按需定制暖场活动。通过报名表信息汇总,发现学员是来自全国各行各业的培训师,绝大多数彼此间并不认识,且在报名表的"参加周年庆的目的"一栏,超过半数者填写了"认识培训同行"。基于这两方面的信息,设计了增进学员间了解的 5 分钟随机介绍+3 分钟小组分享的暖场活动。 2. 考虑到学员背景的问题设计。为了让背景各异的学员均有可选的话题,事先设计了五个问题。 3. 确定了明确的开始和结束信号。	1. 开场时,说明这个活动的目的是满足学员们彼此认识的需求,引发了学员们的兴趣。 2. 用幽默的语言增加趣味性,例如"麦霸""工伤"等提醒。 3. 在活动开始前,约定活动开始和结束的信号。
没有营造紧张的氛围	1. 通过五线谱细化了活动的每个步骤和具体要求,在说明活动步骤时,展示了 5 个问题的 PPT 内容作为辅助。 2. 设计了有吸引力的活动主题。在活动名称中增加了"大挑战",很容易调动学员们的好胜心和竞争意识。 3. 设计了有推动力的引导语。"知道大家是麦霸,嘴快。接下来要看谁的腿快?"这样的表达,很容易就形成了互相竞争的氛围,加快了后面活动的进度。	1. 用声音的魅力制造紧张感,例如,在活动开始时,用急促的声音制造紧张感,促使学员行动。 2. 看到有学员动作较慢时,及时播报其他学员的进度来制造紧张的氛围。 3. 强调时间和任务,并引发学员思考,例如:要达成 3 分钟内每位学员都完成自我介绍的目标,大家要如何做。

在案例 4-10 的课程设计阶段,基于细致的需求调研设计了满足学员需求的学习活动,以引发学员的参与兴趣。在活动的具体操作方面,考虑到多方需求准备了五个问题,以确保学员的充分参与。而明确的开始和结束信号,通过清晰的指令为活动的有序开展提供了保障。其中,本案例的开始和结束信号选择也有玄机。在活动开始前,学员们注意力比较集中,所以直接采用"演出开始"的口头指令。在活动结束前,学员们在热烈交谈中,如果还是使用口头指令,估计就淹没在学员们的声音中了。所以,结束时采用了与人声完全不同的铃声,用差异较大的声音提升辨识度,快速吸引学员们的注意力。

在培训现场,先建立学员需求和活动之间的桥梁,引发学员的参与兴趣,再通过培训师幽默的语言增加趣味性,营造紧张的氛围,然后用明确的指令确保活动的有序进行。这个过程中,培训师不断提出问题,引导学员们看到活动与自己需求的联系,带领学员们思考如何完成挑战……从案例4-10可以看到:一个活动的成功,不但要以学员为基础精心打磨活动设计,还要在培训现场以终为始地进行引导和控场。

问题 7 学员不按指令进行

在开展学习活动时,有时会发现一些学员并不按照指令来进行,引起活动秩序和节奏的混乱,最终导致活动超时或难以达到预计的产出。表4-18列出了这种情况的常见原因和对策。

表4-18 "学员不按指令进行"的原因和对策

描述	常见原因	马上可以采取的措施	预防措施
开展学习活动时,有学员不按指令进行	活动没有吸引力,学员敷衍	说明这个活动与培训主题和学员的关系。	1.事先进行需求调研,根据学员的基础和问题确定培训目标,设计与之相匹配的学习活动。 2.将活动设计得有趣、有挑战性。
	活动过于复杂,学员认为可以简化	1.说明每个步骤的目的和产出。 2.在活动过程中巡查,发现未按指令进行时,给予提醒和纠正。	设计学习活动时,选择尽量简单并可达成学习目标的活动。
	指令描述不清,理解错误	1.用通俗、准确的语言描述每一个指令。 2.请学员复述指令。	练习用通俗、准确的语言描述每一个指令。
	指令过多,忘记了	1.将指令展示出来。 2.一次只发布一个指令。	事先将活动的各个步骤和指令写在海报纸、白板或PPT上。
	学员没用心听规则	1.请学员在座位上听规则,且不发资料和道具。 2.规则说明后,询问是否有疑问。	学习活动设计时,对规则说明的时机、方式进行细致考虑和演练。

总结

为了避免"学员不按指令进行"的情况,可以从培训前和培训现场两个方面入手。

1. 培训前

(1)事先进行需求调研,根据学员的基础和问题确定培训目标,设计与之相匹配的学习活动。同时,要将活动设计得有趣、有挑战性,以吸引学员参与。

(2)设计学习活动时,选择尽量简单并可达成学习目标的活动,以避免因活动复杂而导致学员不按照指令操作的状况。

(3)练习用通俗、准确的语言描述每一个指令,确保学员们能够严格按照指令行事。

(4)事先将活动的各个步骤和指令写在海报纸、白板或 PPT 上,便于活动现场进行展示。

(5)学习活动设计时,对规则说明的时机、方式进行细致考虑和演练。例如,说明规则前,如何吸引学员们的注意力,在学员们离开座位前说规则等。这样可以避免学员因未注意听规则导致的未按照指令执行。

2. 培训现场

(1)为了避免学员对活动敷衍,在活动开始前,培训师需要先说明这个活动与培训主题和学员的关系,以激发他们的参与兴趣。

(2)对于相对复杂的活动,活动开始前和活动进行中,都要采取相应措施。

①在活动开始前,说明每个步骤的目的和产出,让学员们了解每个步骤的价值所在,避免简化流程或不按指令执行的情况。

②在活动进行过程中,培训师需要四处巡查,发现未按指令进行时,要立刻给予提醒和纠正。

(3)要确保学员正确理解指令,在活动前,培训师要用通俗、准确的语言描述指令,同时请学员复述指令和要求。

(4)为了避免指令太多容易忘记的情况,一方面可以将指令通过海报纸、白板或 PPT 展示出来,方便学员随时回顾和查询;另一方面,一次只发布一个指令,这点非常重要。

(5)要避免学员没用心听规则或指令,培训师需要特别注意两点:

①请学员在座位上听规则,且不发资料和道具。因为一旦让学员起身离开或先发了资料和道具,学员的注意力就被转移,难以专心了解规则和指令了。

②规则说明后,询问是否有疑问,以免活动已开始,学员还没弄清楚规则。

案例 4-11 抓逃手指

在一次"新员工入职"培训的开场,考虑到10位学员彼此不熟悉,且下午2点是容易犯困的时间,培训师朱迪设计了一个"抓逃手指"的活动,希望能缓解疲劳,调动课堂氛围。他先说:"各位小伙伴们,我们下午的课程马上就要开始啦!为了让大家有一个很好的状态进入今天的课程,我们先进行一个5分钟的小互动,伙伴们请起立,到教室后面来围成一个圈。每个人伸出双手,左手掌心向下,右手食指向上,把左手掌心搭在旁边伙伴食指上。"学员们陆续起立,围成一个圈后,有几位学员问:"然后呢?"朱迪说:"然后伸出双手。"学员们有的向身体前方伸出双手,有的向身体两侧伸出双手。朱迪说:"像我这样!"学员们才统一将双手伸向了身体两侧。然后朱迪说:"现在左手掌心向下,右手食指向上,把左手掌心搭在旁边伙伴食指上。"这次有几位同学的胳膊"打架"了,大家开始忙着调整位置后,有人问:"左右手怎么放呀!"朱迪边示范边说明。原定于1分钟的规则说明,花了3分钟。等大家都准备好了,朱迪说:"非常好!等会我会说到一个关键词,当大家听到'三'时,我们就要抓逃啦!伙伴们,明白了吗?我们先示范一下:各位伙伴,今天天气特别热,有三十三度,不错哦,大家已经开始抓逃啦!"……活动进行了2分钟,大家笑成一片。朱迪说:"来来,刚才哪些伙伴没抓住的,举下手;没被抓住的伙伴,来拍拍桌子……没被抓住的伙伴有三位。大家抓住别人的手,心情是怎样的呢?"有学员回应:"爽,很有成就感!"朱迪说:"是的,刚才这个小活动让大家有一个更好的精神状态。大家此时应该没有瞌睡了吧!希望这种状态一直保持到今天下午的课程好不好?"学员回应:"好!"

图 4-12 抓逃手指

案例点评

这个"抓逃手指"的活动总的来说是成功的,因为达到了缓解疲劳、调动课堂氛围的目的。同时,在规则说明和活动准备环节,多次出现学员们没有按照指令进行的情况。表 4-19 列出了原因及对策。

表 4-19 "抓逃手指"活动中的问题原因及对策

活动中的问题描述	原因	对策
1.伸出双手时的方向不同	指令不清晰	培训师在发布指令的同时进行示范。
2.学员们手指相连时,胳膊"打架"	前期未发布相关指令	请学员围成圈时,要求大家向左右平举双臂,确保相邻两位学员的胳膊可触碰到,但不重叠。
3.学员问"左右手怎么放呀!"	指令太多	一次发布一个指令,将左右手的指令拆解如下: ①左手掌心向下; ②右手食指向上; ③将自己的左手掌心放在旁边伙伴食指上。

从表 4-19 可以看出,案例的活动准备环节所出现的种种混乱,看起来是学员没有按照指令行事,其根源还是在培训师的活动设计和现场指令发布方式上。其中,三个问题分别表现在指令不清晰、遗漏了指令、指令太多。

1.指令不清晰

用语言表达相对复杂且很难说清楚的指令,可以由培训师自己或请学员来进行示范,也可以借助图表方式来辅助说明,例如,展示一张标准动作的图片。

2.遗漏了指令

活动设计时,用 5W1H 将整个流程进行细化,可以避免遗漏某个环节。本案例中的学员们围成圈的指令过于简单和空泛,没有明确的 how:围成几圈?学员们围成圈时有何要求(例如,是否某些人要相邻)?学员们之间的间距多少?……这些课程设计阶段的不严谨,是导致培训现场出现混乱和超时的源头。

3.指令太多

一次只发布一个指令。这个原则很简单,但常常会被忽略。多个指令同时下达,学员们理解不同,完成指令的速度不同,遇到的问题不同……从而导致整体进度不同,各种混乱的场面就由此产生了。

问题 8 活动超时

在做活动时,规定的时间已到,学员们还未完成,等各组活动均完成后,活动时间已过。这样的情况会影响到后续的课程节奏和进度,也让培训师们比较头疼。表 4-20 列出了这种情况的常见原因和对策。

表 4-20 "活动超时"的原因和对策

描述	常见原因	马上可以采取的措施	预防措施
学员们完成活动时，已经过了规定的活动时间	活动难度大，给学员的活动时间太短	1. 拆分活动或舍弃某些环节以降低难度。 2. 给学员更多活动时间。	1. 设计活动时，充分考虑到学员的基础和已有的知识、技能，活动难度适中。 2. 设计活动时，为活动的每个环节匹配恰当的时间。
	规则过于复杂	简化规则，通俗讲解。	设计活动时，规则尽量简单，易于理解和执行。
	活动的产出和要求不明确	1. 活动前说明产出和要求。 2. 活动进行时，培训师四处巡视，答疑解惑，及时纠偏。	设计活动时，明确产出和具体要求。
	活动各步骤的划分不够细化	1. 拆分活动步骤，说明各步骤的要求。 2. 培训师根据现场学员们的进度和反馈，灵活调整活动步骤和时间，必要时叫停。	1. 设计活动时，用 5W1H 细化活动步骤。 2. 用五线谱来检验每个步骤及所用时间是否合理。
	没有明确的评估标准	在活动开始前，说明如何评估活动产出的质量，并提供相应的物资。	设计活动时，确定评估活动产出质量的标准，并准备相应的物资。
	学员们过于纠结于某个环节	培训师巡场，了解进度及问题，及时伸出援手。	在设计时，预估可能会出现问题的环节，事先提供解决方案或思路，并进行提醒。
	活动中，无人控制时间	1. 展示活动各环节的时间表。 2. 请每个小组确定时间官，负责控制时间。 3. 培训师巡场，根据活动时间表提醒各组时间官。	事先画出活动流程，并标注每个环节的时间。

总结

为了避免"活动超时"的情况，可以从活动设计、活动前、活动中三个方面入手。

1. 活动设计

(1)设计活动时,充分考虑到学员的基础和已有的知识、技能,确保活动难度适中,以避免活动难度太大而超时。

(2)设计活动时,为活动的每个环节匹配恰当的时间,活动总耗时＝各环节所用时间之和＋机动时间。

(3)设计活动时,规则尽量简单,易于理解和执行,最好提前进行规则的一分钟表达演练。

(4)设计活动时,明确产出和具体要求。

(5)设计活动时,用5W1H细化活动步骤,避免遗漏。

(6)用五线谱来检验每个步骤及所用时间是否合理,并进行预演和调整。

(7)设计活动时,确定评估活动产出质量的标准,并准备相应的物资。

(8)在设计时,预估可能会出现问题的环节,事先提供解决方案或思路,并进行提醒。

(9)事先画出活动流程,并标注每个环节的时间。

2. 活动前

(1)发现活动难度太大,给学员的活动时间太短时,培训师可以采取以下措施:

①拆分活动或舍弃某些环节,以降低难度。

②评估该活动对应的是否为关键内容,如果答案为"是",可以给学员更多的活动时间。

(2)为了避免规则过于复杂,培训师需要简化规则,并在现场进行通俗讲解,确保学员们均准确理解。

(3)活动前说明产出和具体要求,为活动成果指明方向。

(4)活动开始前,培训师拆分活动步骤,说明各步骤的要求和学习物资。

(5)活动开始前,说明如何评估活动产出的质量,并提供相应的物资。

(6)活动开始前,培训师可以展示活动各环节的时间表,并请每个小组确定时间官,负责控制时间。

3. 活动中

(1)活动进行时,培训师四处巡查,答疑解惑,及时纠偏。

(2)当学员们过于纠结于某个环节时,培训师通过四处走动进行巡场,了解进度及问题,及时伸出援手。

(3)培训师根据现场学员们的进度和反馈,灵活调整活动步骤和时间,必要时叫停。

(4)为了避免"无人控制时间"的情况发生,在活动进行期间,培训师巡场,根据活动时间表提醒各组时间官。

案例 4-12 你演我猜

在一次企业中层管理者的"跨部门沟通锦囊"的培训开场,培训师张庆让学员们做一个"你演我猜"的活动。他说:"现在是下午2点,这个时间点容易犯困,让我们来活动一下。等会我们来玩个'你演我猜'的游戏,规则是这样的:由各组裁判从我事先准备好的题卡中抽取一个,表演者不能说话,用肢体来呈现题卡上的内容。由每组坐在A位置的学员担任裁判,从坐在B位置的学员开始表演,组员顺时针依次做表演者,其他组员猜题卡上是什么。每个人表演时,不管对错,都轮到下一位。整个活动一共2分钟,现在由各组裁判带着本组组员找个地方开始吧。我现在计时了。"大家站了起来,在场地慢慢走,其中,有3个小组问:"谁是裁判呀?"……1分钟过去了,5个小组中,只有一个小组开始了活动。有2个小组问:"那怎么判断哪个组获胜呢?"张庆说:"看哪个队猜对的比较多。"在张庆的催促下,其他几个小组正式开始。为了本组获胜,有组员私自跑到裁判身边看题卡,给负责猜的学员提示。等每个小组的活动都结束时,已经过去了5分钟。当张庆询问各组猜对的数量,宣布第三组因猜对的数量最多而获胜时,其他几组不服,说他们组作弊了。于是,大家为此又争论了3分钟,没有结果。张庆只好叫停说:"好了!这只是个小游戏,帮助消除疲劳的,大家别纠结了,这个活动原计划3分钟内完成,现在我们已经花了8分钟。下面我们开始上课吧。"不少学员依然表达出不满,还在私下交流该问题。

图 4-13 你演我猜

案例点评

在这个案例中,张庆原本想通过"你演我猜"的活动消除疲劳,集中学员注意力,结果活动不但超时,还引发了学员的不满,反而分散了学员的注意力,可谓适得其反。那么,是哪些原因导致这样的结果呢?表 4-21 对问题进行了分析并提供了课程设计阶段的预防措施和现场的对策。

表 4-21 案例 4-12 的分析

序号	问题	课程设计阶段如何做	现场如何做
1	游戏的目的不明确。	活动设计时,先明确目的,再评估: (1)是否需要检验成果; (2)如果需要,评估的标准是什么; (3)结果如何呈现。	(1)活动开始前,说明这个活动的目的。 (2)明确评估标准或指标。 (3)说明活动结果呈现的方式,并提供相应的物资。
2	游戏规则不清晰,例如,谁是裁判,怎么判定谁获胜,有哪些要求。	(1)在活动设计时,选择尽量简单的规则。 (2)将规则用简洁的几句话描述清楚。 (3)演练规则说明,确保一分钟内说清楚,无须解释。	(1)用最简洁的语言清晰描述规则,必要时用图文辅助。 (2)规则中要包括:产出及其评定标准,有哪些要求,什么是不允许做的。 (3)确保每个小组清楚角色后,再开始活动。
3	有学员私自提示本组成员时,培训师未及时制止。	在活动规则中,要包括流程、每个步骤的要求、产出及评估指标、结果的呈现方式,还有必要的限制条件(例如,不允许做什么)。	(1)在活动开始前,说明: ①活动结束时,正确猜中的小组获胜。 ②说明获胜的依据是由各组裁判在每张题卡的右上角用红笔打星号,表示猜对。活动结束后汇总星号的数量,多者胜出。 ③强调:活动中,所有学员排成纵队,与裁判面对面,每次只有一人可发言,其他组员不得离开队伍或给予提示,否则该题作废。 (2)活动进行时,培训师巡场,发现违规行为时,及时制止。
4	未解决活动的争论就开始了下面的课程。	在活动设计时,考虑到可能会发生的问题,提前设计预防措施。	(1)如果是自己的原因导致争论,主动向学员们道歉,避免学员们争执不下浪费时间。 (2)引导学员们回到活动的目的,而非纠结谁该获胜。 (3)顺势而为,借助这个争论,引出下面的主题。

下面是针对表4-21的解读。

1. 以终为始设计活动

张庆开场时说："现在是下午2点,这个时间点容易犯困,让我们来活动一下。"这让人感觉这次活动的目的就是消除疲劳。但规则中又出现了竞赛的成分,最终会有小组胜出,活动的目的可能需要增加吸引学员的注意力。目的不同,学习活动设计的流程和具体规则也不同。如果是前者,让学员们去玩"你演我猜"的游戏,大家乐乐就可以了,不需要分出输赢。如果是后者,通过竞赛可以帮助学员提升参与度和注意力,则需要明确:判断输赢的标准是什么,大家是否有异议,评判的成果如何快速展示,以确保透明、公开。案例中开场时并未说明判断输赢的标准,导致了后面的混乱。

2. 简单、精确的规则

案例中,因为规则不清晰导致了活动超时,具体表现如表4-22所示。

表4-22 案例4-12中关于规则的问题

案例中的表现	问题
培训师已经宣布活动开始了,有3个小组问:"谁是裁判呀?"	学员们并未清楚地了解规则。
1分钟过去了,有2个小组问:"那怎么判断哪个组获胜呢?"	活动开始前未说明是否有竞赛,判断竞赛输赢的依据是什么。

出现表4-22中的问题"学员们并未清楚地了解规则",是因为张庆说明的规则过于复杂。例如,如何判断每组中谁是裁判。如果他直接请所有学员起立,每个小组面朝讲台站成一个纵队,培训师就可以在活动前说:"每个小组排第一位的学员为裁判,第二位为第一位表演者。按照纵队的前后顺序依次表演。"这样不但简单快捷地说明了规则,明确了角色,还通过排纵队的方式将表演顺序视觉化了,减轻了记忆的负担,让学员们可以将更多的时间和精力放在活动本身。反之,案例中以座位的顺时针方向来确定表演顺序,则增加了记忆负担,干扰了学员们对活动的参与度。因为要确保学员们严格按照规则进行表演,可能会有两种情况发生:一是需要通过回忆让所有小组成员按照顺时针的顺序排纵队,这样在排队上就要浪费不少时间;二是大家先随便排纵队,表演时通过回忆座位确定下一位表演者是谁,这样在表演者的切换时,同样会浪费不少时间。由此可见,活动现场超时的情况发生,可能源头就是规则的设计细节未考虑周全。

表4-22中的问题"活动开始前未说明是否有竞赛,判断竞赛输赢的依据是什么"的源头在于没有想清楚活动的目的是什么。没有说明,可能是忘记,也可能是没有准备。如果是没有准备用竞赛的方式,却在回答学员提问时说出了

"判断输赢的依据",这无异于给自己挖坑。因为只要有竞赛,就需要明确的评判标准和公正的裁判。案例中各组自己既做球员又做裁判的规则,为后面的"作弊"行为埋下了隐患。

3. 培训师的果断干预

在活动进行时,有小组"作弊",培训师未出面干预,导致了活动后的争执发生。如果一开始就确定用竞赛的方式,可以在规则上增加一条"各组互相监督,发现作弊则该轮表演作废",同时在现场指定互相监督的小组,确保规则的执行。同时,培训师也需要在教室里巡场,一方面了解各组的进度和活动情况,另一方面也监督规则的执行情况,必要时出面果断干预。培训师的巡场不仅仅是为了维持秩序,更重要的是为后面的分享和总结收集素材。例如,要想成功引导学员回顾已完成的环节并进行深入思考,从刚结束的具体场景或学员的言行切入是最好的方式,学员有共鸣,就更容易参与。

4. 争执的处理

针对各组的成果判断,学员们争执了3分钟后,张庆只是说让大家别纠结,就开始了下一个环节,但学员们依然私下交流。这样的情况下,学员们的注意力可能很难跟随培训师进入下一个环节。如果张庆在有学员提出质疑时,第一时间承认是自己活动设计不周,在活动时未及时制止"作弊"行为,一方面可以避免3分钟的争执,另一方面也让学员们感受到培训师的真诚,愿意放下该问题。处理了学员们的心情后,培训师可以引导学员们反思这个案例,从而导入课程的主题。例如,可以向学员们提出以下问题:

(1)刚才发生的事情,跟我们工作中的哪些场景比较类似呢?
(2)哪些原因导致了这些场景的出现?
(3)我们可以用哪些方法来避免类似场景呢?

通过这样的引导后,培训师再总结:"看来刚才的活动,只是我们工作场景的一个投射。大家刚才已经分享了不少解决方案,有些还是我们今天的'跨部门沟通锦囊'培训中的内容。大家想不想知道:除了刚才这些之外,我们还有哪些跨部门沟通的锦囊呢?"……这样就成功将学员们的注意力转移到了即将进行的培训主题上了。

案例4-13　演双簧——互相介绍

我在武汉举办的一次"引导式授课技法"公开课前,通过报名表信息发现:学员们一半来自武汉,另一半来自全国其他地方,且大部分都不认识。于是我设计了一个演双簧的活动,有两个目的,一是帮助大家彼此认识,二是深化课程内容中关于"倾听"的理解。具体步骤如表4-23所示。

表 4-23 演双簧的步骤

环节	步骤	具体操作
活动说明	说明活动原因	帮助大家彼此认识,并深入思考课程内容。
	解说活动规则	先分为武汉和非武汉两组,之后结对子进行两两采访,然后演双簧,进行互相介绍,介绍完成后,由当事人进行反馈,看看是否需要补充。
两两采访	分组	请所有学员起立,按照武汉或非武汉分为两队,分别站在我的左、右两侧。
	结对子	1. 说明结对子的原则:①非武汉的老师找一位武汉的老师结成对子;②尽量找彼此不认识的老师。 2. 说明后续流程:"抢"人(即结对子)→两人互相采访想知道的信息(交流时注意倾听)→采访结束后,将对方提供的信息全面转述给大家→被介绍者反馈。
	互相采访	1. 说明该活动一共3分钟,请大家注意控制时间。 2. 学员们进行两两互相采访。
演双簧	排队	请学员们面对讲台排成纵队,结对子的两位伙伴要一前一后站立。
	演双簧	1. 说明演双簧的流程:先由后面的伙伴来介绍前面的伙伴信息,介绍完成后,被介绍的伙伴反馈是否有补充。 2. 按照上面的流程,每对学员依次演双簧。
学员分享收获	提问引导思考	我提出了下面几个问题,引发学员们的思考和讨论: 1. 刚才有几位老师的介绍说得非常准确,被介绍者有没有补充? 2. 当自己说的信息被完整分享出来时,是什么心情? 3. 准确介绍的老师是如何做到的? 4. 这和我们授课现场有哪些类似之处? 5. 这个活动带给你的思考和启发是什么?
	个人写收获	我请每位学员将自己的思考和启发写在提前剪好的苹果形彩纸上。要求:每人最少写两条,最多写三条。
	小组分享收获	大家在小组内分享自己写的收获,并进行交流。
	张贴收获	小组分享结束后,每个人将自己的收获张贴到收获墙上。
总结	分享全体收获	1. 读出每张收获上的内容,并与当事人进行确认,跟学员们交流。 2. 请学员们总结从这个活动中获得的思考和启发。

在两两采访环节开始前,有学员听到采访后要互相介绍,立刻说:"我去拿笔记本。"我马上制止,并说:"采访一共3分钟,每个人才1.5分钟,大家要相信自己的记忆力。"于是,学员们集中注意力进入后面的环节。采访进行时,我在场地内巡查,一方面了解大家的进展情况,一方面提醒时间,以避免一人做"麦霸"而另一人没时间介绍导致互相介绍的环节无法进行的情况。在演双簧进行互相介绍时,每组学员都按照要求进行了介绍或反馈,大家在欢声笑语中结束了这个环节。在我的提问引导下,大家也写了不少收获,并在全体分享时进行了交流和碰撞。本次课程结束前的总结环节,大部分学员收获最大的五项内容中,都出现了演双簧这个活动。

图4-14 演双簧——互相介绍

案例点评

这个案例中的演双簧活动,目的是帮助学员们认识和深化课程内容。针对表4-21中的1、2、3三种状况,本案例提供了相应的对策,详见表4-24。

表4-24 解析案例4-13

"活动超时"的原因	案例4-13中的做法	
	课程设计时	培训现场
游戏的目的不明确	1.分析基本信息。从报名表信息汇总发现学员们一半来自武汉,一半来自其他地方,且大多不认识,确定活动的第一个目的:帮助彼此认识。由此,设计了结对子两两采访和互相介绍的环节。 2.从问题出发。我汇总了报名表中关于"提问"的问题或困惑,发现倾听是源头。于是,确定了这个活动的第二个目的:深化大家对课程内容中"倾听"的理解。于是,我在这个活动中增加了互相介绍后,由当事人反馈,以确认是否有补充的方式来当镜子,帮助学员们看到自己听到了多少。同时,设计了问题,请学员思考并写收获,然后小组分享、全体交流。	在活动开始前,说明这个活动的两个目的:帮助大家彼此认识,并深入思考课程内容。

续表

"活动超时"的原因	案例 4-13 中的做法	
	课程设计时	培训现场
游戏规则不清晰	1. 选择规则简单的活动：演双簧。 2. 通过五线谱细化了活动的每个步骤和具体要求。 3. 确定了按照步骤分段说明规则的方式。	在活动现场，分阶段说明规则。 【站队】所有学员起立，按照武汉或非武汉分为两队，分别站在我的左、右两侧。 【两两介绍】 (1) 说明结对子的原则。 (2) 说明两两采访的流程。 【演双簧】 (1) 先请学员们排成纵队。 (2) 说明演双簧的规则。 【学员分享收获】 (1) 提问引导。 (2) 收获分享流程：个人—小组—全体。
培训师未及时干预	在活动设计阶段，考虑到可能出现的问题或突发状况，提前做好应对准备。	两两采访开始前，有学员要回座位拿笔记本，我及时制止，并说明了原因。

以下是表 4-24 的解读。

在本案例的活动设计阶段，一方面借力了报名表，通过对学员们基础信息的分析和问题的汇总判断，确定了活动的两个目的，并围绕着这两个目的进行活动设计；另一方面，在活动规则的确定和说明方式上，做了细致的思考和设计。与案例 4-12 中确定角色和表演顺序时的混乱相比，本案例在整个活动过程中井然有序。这得益于学习活动设计时的细致考虑和步骤拆分。具体表现如下。

(1) 规则简单。规则简单与否的判断标准，是看这个规则是否便于学员的理解和执行。例如，案例 4-12 中确定裁判及表演者的角色和表演顺序时，以站立后的位置为基础就比以座位为基础的规则更简单，更容易操作。

(2) 步骤拆分：结对子前先分为两队，然后说明结对子的原则，降低了结对子的难度，节省时间。演双簧前，也是先说明排队的要求，请学员们先排成纵队，后面的环节就只需要专心演双簧，不会被排队或演双簧的顺序干扰。

（3）分段说明规则。配合步骤拆分，在培训现场分段说明规则，且每次只发出一个指令。这样的做法对学员而言，降低了理解规则的难度，减少了不必要的干扰；对培训师而言，节省了时间，并确保活动顺利进行。

（4）提前准备了问题和物资。针对"学员分享收获"环节，提前设计好引导的问题，并事先剪好苹果形彩纸，将张贴收获的"收获墙"大海报贴在墙上，并准备好贴收获的美纹胶带……充分的准备是确保活动顺利、有序进行的保障。

问题 9　学员们沉浸在已结束的活动中

在一个学习活动结束后，通常培训师会带着大家做活动的回顾和总结。这时，可能会发现有些学员还沉浸在已结束的活动中，要么在讨论活动成果，要么在交流活动过程，因而无视站在讲台上的培训师。该如何破解尴尬呢？表4-25列出了这种情况的常见原因和对策。

表 4-25　"学员们沉浸在已结束的活动中"的原因和对策

描述	常见原因	马上可以采取的措施	预防措施
学员们沉浸在已结束的活动中	学员们正在进行活动的最后一个环节	了解所有成员的进度，决定是否继续下一个环节。	学习活动设计时，做到以下几点： 1. 根据学员们的基础和知识、经验，设计难易度适中的活动。 2. 细化活动的每个步骤，安排合适的时间。 3. 提供活动时讨论的框架。 4. 由各组安排专人负责流程，避免跑题。 5. 考虑到可能出现的问题或情况，提前设计好应对方法。
	学员们在交流时跑题了	培训师在现场巡查，发现问题及时干预和引导。	
	活动中发生了有趣或有争议的事情	叫停后，简单询问情况，确定是否有必要分享给全体学员。	
	学员们对活动中反映出来的问题感兴趣	叫停后，了解该问题是否与课程内容相关，并进行相应处理。	
	学员们希望活动产出更完美	了解进度，说明重在彼此学习，无须追求完美。	

针对"学员们沉浸在已结束的活动中"的情况，可以从学习活动设计和培训现场两个方面入手。

1. 学习活动设计

在学习活动设计阶段,要综合考虑活动目的和学员的基础,设计难易度适中的活动,并安排合理的时间,必要时提供讨论框架,以确保活动的顺利开展。此外,还要设想可能会出现的问题或突发状况,提前做好预案。

(1)根据学员们的基础和知识、经验,设计难易度适中的活动,以确保活动顺利进行。

(2)用5W1H细化活动的每个步骤,并安排合适的时间。

(3)如果有必要,提供活动时讨论的框架,并设计相应的小组角色,避免跑题。

(4)考虑到可能出现的问题或情况,提前设计好应对方法。

2. 培训现场

培训现场发生的各种问题,需要培训师通过巡场观察学员们的表现,倾听学员们的交谈,随时掌握活动进度和问题,适时干预。

(1)如果发现学员们正在进行活动的最后一个环节,培训师需要了解并综合所有成员的进度,决定是否继续下一个环节。如果大多数学员还未完成,可以延长一些时间,并为已经完成的小组提供海绵活动。

(2)培训师在现场巡查时,如果发现学员们在交流时跑题了,需要及时干预和引导。

(3)如果在小组活动中发生了有趣或有争议的事情导致学员们停留在上一个环节,培训师可以先叫停,简单询问情况后,确定是否有必要分享给全体学员。如果有必要,则说明后面会专门给时间交流。若没有必要,则请学员们关注下一个环节。

(4)发现学员们对活动中反映出来的问题感兴趣时,培训师要了解该问题是否与课程内容相关,如果相关,评估是否为重点内容,如果答案为"是",则将其写在白板上,说明后续如果有时间会继续讨论。如果答案为"否",将其写在"停车板"上,说明有兴趣的学员可以自行交流。

(5)如果是学员们希望活动产出更完美而不愿意进入下一个环节,培训师可以说明重在彼此学习,无须追求完美。

案例 4-14　撕纸

在一次针对中层管理者的"向下沟通技巧"培训中,培训师朱荟为了引出向下沟通的主题,邀请学员们进行一个撕纸的游戏。她说:"作为公司的中层管理者,沟通是我们的日常。大家觉得自己在对下沟通方面做得如何呢?觉得做得不错的,请伸出大拇指。"只有几位学员伸出了大拇指。朱荟继续说:"只有4位觉得自己做得不错,这说明,要么大家都很谦虚,要么大家都很好学,因为在以后的工作中,让别人为自己竖起大拇指是我们的共同目标。现在我们来做个活动体验一下彼此在沟通上的默契如何。活动是以小组为单位进行的,规则是:每个小组桌上有一张A3纸,每位成员每次只撕一下,然后交给下一位再撕一下……依次类推,看看最后会成为什么形状。等会我们先确认开始的伙伴,然后按照顺时针方向进行。整个活动中,大家不能进行口头交流,在每次撕纸时,可以根据上一位伙伴撕出的形状来猜最终形状,然后按照这个形状来撕。关于规则,大家清楚了吗?"学员们说:"那什么时候停下来呢?"朱荟回答:"我喊停时,大家就停下来。我没喊停,大家就按照规则依次进行,完成了一轮就再进行一轮。还有其他问题吗?"学员们说:"没有了。"于是,活动开始。当朱荟叫停后,说:"各组将自己的撕纸结果张贴到白板上,给大家展示一下吧!"各组成员依然围绕着撕纸的结果进行热烈讨论,没有一个组张贴到白板上。这时,朱荟大声说:"好了,可以停下来了!把撕纸的成果贴到白板上吧!"三个小组行动起来,另外两个小组还在讨论,朱荟只好自己过去将他们的成果拿走,贴在白板上,然后说:"让我们来看看各组的成果。"看到图中的成果,学员们哄笑起来,这两个组的学员很不开心,也开始挑其他小组的毛病。

图4-15 撕纸

案例点评

在这个案例中,朱荟第一次叫停活动后,学员们并未理会,直到她第二次叫停,才有三个小组采取了行动。造成这样局面的原因是活动虽然在朱荟第一次叫停时已经结束,但学员们还沉浸在活动中停不下来。我们换位思考一下,这个活动是学员们根据前面学员撕出的形状来猜测最终成品,然后据此决定自己如何撕纸。因不能交流,过程中肯定有不少误会或有趣的事情发生。活动一结束,憋坏了的学员们肯定马上交流起来,而对他人想法的好奇心也会驱使着进行热烈交流。在这样的情况下，朱荟硬性叫停属于逆势操作，如果顺势而为，专门留出时间给学员们交流，效果就会大不相同。同时，为了确保活动目的(引出培训主题"向下沟通技巧")的达成，还可以提出几个问题来引导学员交流，详见表4-26。

表4-26 "撕纸"活动的重新设计

原来的设计	重新设计	作用
培训师宣布"活动结束"后，各组立刻停止，并将本组成果张贴到白板上	宣布"活动结束"后，培训师展示下面的问题，请学员们在本组分享答案： 1.你当时想到的最终产出是什么？ 2.你是如何从上一位伙伴的成果中确定自己如何撕的？ 3.刚才的活动让自己联想到了工作中的哪些情境？ 4.这个活动带给你的思考或启发是什么？	1.顺应了学员们迫切想要交流的需求。 2.四个问题帮助学员们在交流时更聚焦。
	每个小组给一个名额，分享自己的活动收获。	将小组交流的价值最大化。
	各组成果张贴在本组后面的墙上。	1.弱化成果在交流中的作用。 2.作为后面课程的交流素材。 3.提醒学员们思考沟通的问题。

本案例原来的设计，压抑了学员们表达的欲望和好奇心，导致学员们无视朱荟的指令，在活动结束后依然热烈讨论。表4-26的重新设计中，将原来活动结束立刻张贴成果拆分为三个步骤：小组交流—全体分享—张贴成果。

(1)小组交流的四个问题设计有玄机。这四个问题中，前面两个问题是对活动过程的回顾，第三个问题是桥梁，建立了这个活动与学员实际工作的联系，第四个问题是重点，也是达成活动目的的问题。通过这四个问题的一步步引导，学员们不但交流了活动中的心得和感受，还引发了对沟通的兴趣。

(2)张贴成果放最后的妙用。撕纸的成果不是活动的关键，而是带领大家思考过程的载体。原来的设计中，立刻张贴到白板的做法，将全体学员的注意力都吸引到了对成果的评价上，从而导致学员之间不必要的争论和冲突，反而无法达到活动的目的。在重新设计的流程中，将张贴成果放在了最后一个环节，不但弱化了成果在交流中的作用，也为后面的课程提供了交流和思考的素材，一举两得。

从撕纸这个活动可以看到：好的课程是设计出来的。培训现场的混乱，可能源自课程设计阶段的问题。只有真正做到"以终为始、以学员为中心"，才能聚焦主题,引发学员参与,从而达成培训目标。

问题 10 没有时间做活动总结

学习活动完成后,请学员一起进行活动总结,是将学习活动与培训主题、学员建立联系的重要环节。如果缺少了这个帮助学员们深入思考和交流的环节,学习活动就可能沦为看似热闹的娱乐,最终事倍功半。表 4-27 列出了这种情况的常见原因和对策。

表 4-27 "没有时间做活动总结"的原因和对策

描述	常见原因	马上可以采取的措施	预防措施
活动结束后,没有时间进行活动总结了	活动整体难度过大	培训师在活动中进行巡查: 1. 如果有必要,通过降低成果要求或拆分步骤等方式降低难度。 2. 发现活动时间不够时,可评估后延长,或简化其中的非关键流程。 3. 发现影响到活动进度的问题时,及时干预或协助解决,并根据学员们的进展灵活调整时间安排。	在学习活动设计时,可以采取的做法: 1. 根据该模块可用时间,设计可达成活动目的的最简单活动。 2. 细化每个步骤,评估所需时间,并进行加总后,确定整个活动所需时间是否足够。 3. 留出机动时间,以应对突发状况。 4. 整个活动的时间要充足。 5. 专门预留出活动总结时间。 6. 预演活动,评估各阶段时间是否足够。 7. 设计活动的开场说明,建立学员与活动之间的联系。 8. 准备有吸引力的活动引导语,引发学员的兴趣。 9. 考虑可能发生的情况,提前准备应对措施。 10. 明确各环节的结束和下一个环节的衔接方式,提前将所需物资分门别类。
	整个活动的时间不够		
	活动各环节的时间分配不合理		
	学员参与的积极性不高导致前面各环节均超时	1. 活动前说明活动目的、该活动与培训主题和学员的关系。 2. 用有趣的引导语引发学员兴趣。	
	活动中的某个环节耗时太多	1. 现场设置时间官,掌控进度。 2. 活动开始前,说明可能的情况及处理方法。	
	活动各环节的衔接耗时	借助图表说明流程和要求,明确各环节所需物资的拿取方式。	

 **总结**

为了避免"没有时间做活动总结"的情况,可以从学习活动设计阶段和培训现场两个方面入手。

1. 学习活动设计阶段

学习活动设计时,如果活动选择适宜、时间安排得当、规则清晰、准备充分,可以在很大程度上避免现场的突发状况和混乱局面。具体做法如下。

(1)根据该模块可用时间,设计可达成活动目的的最简单活动。条条大路通罗马,要达成目的或目标的活动很多,我们需要选择在现有的时间限制下符合学员基本情况和特点的简单活动。

(2)细化每个步骤,评估所需时间,并进行加总后,确定整个活动所需时间是否足够。在"引导式课程设计"培训中,有专门的学习活动设计环节,我发现有些学员不考虑可用时间,而是先拍脑袋觉得自己想用哪个活动,发现活动所需时间超过了可用时间后,再增加该模块的可用时间。这样的做法是不可取的,因为在培训中,最稀缺的资源是时间。各部分之和一定要少于可用时间,培训现场的时间才可能比较充足。

(3)留出机动时间,以应对突发状况。具体做法有两种:一是活动的每个环节都预留一点时间,这比较适合活动步骤较少的情况;二是在活动的最后环节预留时间,这适合活动步骤较多的情况,可以通过前面各环节的时间控制,避免因"前松后紧"导致没有时间进行活动总结。

(4)整个活动的时间要充足。可以通过对活动每个环节用5W1H进行细化并预演的方式,先评估每个环节的时间分配是否合理和充足,然后将各环节所需时间进行加总后,评估整个活动的时间是否充足。

(5)专门预留出活动总结时间。在活动设计时,将活动总结单独作为一个环节列出,并安排专门的时间。

(6)设计活动的开场说明来建立学员与活动之间的联系,并准备有吸引力的活动引导语,引发学员的参与兴趣。

(7)活动设计完成后,仔细考虑每个环节可能发生的情况,提前准备应对措施。

(8)明确各环节的结束和下一个环节的衔接方式,提前将所需物资分门别类。不少活动超时,或没有时间做活动总结,都与活动各环节的衔接混乱有关,例如,物资不全或找不到、规则不清晰、重复发问等。《培训师成长实战手册:引导式课程设计》中的学习活动设计工具——五线谱中有专门的"物资线",可以帮助我们根据每个步骤的内容和方式进行物资盘点和准备,有效地避免类似情况发生。

2.培训现场

要确保活动最后一个环节活动总结有足够的时间,就要控制好前面各环节的时间。因此,培训师需要在活动进行期间,不间断地四处巡查,发现潜在的问题或突发情况,及时干预或给予解决。具体措施如下:

(1)如果发现活动整体难度过大导致大部分学员按时完成有困难,培训师进行评估后如果觉得有必要,可以通过降低活动成果要求或拆分步骤等方式来降低难度。

(2)当发现活动时间不够时,可评估后延长时间,或简化其中的非关键流程。

(3)针对活动各环节的时间分配不合理的情况,培训师发现影响到活动进度的问题时,要及时干预或协助解决,并根据学员们的进展灵活调整时间安排。

(4)如果是学员参与的积极性不高而导致前面各环节均超时,培训师在活动前,可以说明活动目的、该活动与培训主题和学员的关系,并用有趣的引导语引发学员参与的兴趣。

(5)为避免活动中的某个环节耗时太多,一方面可以现场设置时间官,负责掌控进度;另一方面,在活动开始前,培训师就说明可能的情况及处理方法。例如,要求小组讨论后将成果写在大海报纸上时,可以提醒学员们重点在于讨论成果的内容,不要花太多时间去做版面的装饰。

(6)为确保活动各环节的衔接顺畅,培训师可以提前画好流程图或图表,辅助说明流程和要求,确保规则清晰、明确。同时,明确各环节所需物资的拿取方式,每个组指定一位学员专门负责物资的存取。

案例 4-15 传声筒

中层管理者的系列课程中,刘杰作为"跨部门沟通技巧"课程的培训师,在培训结束前,想用传声筒这个活动来总结课程内容。他说:"经过今天下午的学习,大家觉得自己在沟通技巧方面有提升吗?"学员们回答:"有!"刘杰说:"看来大家还挺自信。那我们用一个传声筒的游戏来验证一下吧。游戏规则是这样的:我们5人一组,每个组派一个人来我这里抽取一张纸条,然后记住纸条上的内容,回去小声传给小组的另一位成员,然后依次传下去。哪个组先传完,并且内容正确,就算胜出。"有学员问:"那纸条可以拿回来吗?"刘杰说:"看完就还给我。"又有学员问:"那怎么知道内容是否正确呢?"刘杰说:"让最后一位小组成员说出得到的信息,跟我手里的纸条进行比对。"这位学员接着问:"那你怎么知道哪张纸条是哪个小组的呢?"……在一问一答中,原计划1分钟的规则说明用了3分钟。之后,各组派人去刘杰那里拿了一张纸条,看后归还。等刘杰宣布游戏开始后,有两组被其他组投诉,说传话时声音太大,其他人都听到了。刘杰赶紧叫停,重申规则:传声者的说话声音只能让被传声者听到。游戏重新开始,各组在确定下一位被传声者时,都存在不同程度上的推脱和犹豫不决的情况。等游戏结束时,刘杰发现原本5分钟完成的活动用了15分钟,已超过下课时间5分钟,下一个课程的培训师已经站在门口等待。他只好放弃了活动的总结。

图 4-16 传声筒

案例点评

在这个案例中,刘杰打算用传声筒这个活动作为整个课程的总结,其中的关键在于活动结束后学员们的反思和总结。但从案例中可以看到,原定5分钟完成的活动,用了15分钟,导致没有时间进行总结。那么,这个活动也就沦为了娱乐,并未起到课程总结的作用。表4-28列出了活动出现问题的原因及对策。

表4-28 "传声筒"活动中的问题的原因及对策

活动中的问题描述	原因	对策
1.原计划1分钟的规则说明用了3分钟。	规则不全面、不明确。	用5W1H细化规则,提前演练规则说明。
2.活动开始后,两组被投诉声音大。刘杰叫停重申规则后,重新开始。	未特别强调这个要求。	在活动开始前,再重申活动时的要求。
3.游戏重新开始后,各组在确定下一位被传声者时出现推脱或犹豫。	未在活动开始前确定顺序。	活动开始前,请各组站成纵队,按照队列从前到后进行声音传递。

从表4-28可以看到，"传声筒"这个活动出现"没有时间做活动总结"的主要原因为表4-27中的活动中的某个环节耗时太多和活动各环节的衔接耗时。其中，活动中的某个环节耗时太多的问题主要体现在规则说明环节。活动各环节的衔接耗时的问题主要体现在活动重新开始后，各组确定下一位被传声者的环节。从表4-28的对策栏的内容可以看到，这两个问题均可通过事前的充分准备来避免。

问题 11 活动总结浮于表面

在完成一个活动后，我们一般会带着学员们对活动进行回顾和总结。常有培训师反馈自己的活动总结浮于表面，不但学员们认为没有帮助，连自己也不满意。总结对整个活动而言，起着画龙点睛的作用，如果总结浮于表面，活动的效果就会大打折扣。那么，为什么会出现活动总结浮于表面的情况？又该如何避免呢？表4-29列出了这种情况的常见原因和对策。

表4-29 "活动总结浮于表面"的原因和对策

描述	常见原因	马上可以采取的措施	预防措施
在完成某项活动后，培训师带领学员们进行的活动总结内容浮于表面，没有深度	活动与培训主题关联不大	找到活动与培训主题的某个关联，以此为切入点进行讨论。	在学习活动设计时，应做到： 1. 要选择与培训主题相关的活动。 2. 不但要考虑到学员的岗位、年龄等特点，还要增加活动的吸引力。 3. 确定活动总结要达成的目的或目标。 4. 围绕着活动总结的目的或目标，提前设计总结问题，并进行预演和调整。 5. 按照情境—目的—思路—提问的步骤来设计每个问题。 6. 按照先易后难、先回顾后反思的逻辑顺序来设计系列问题。
	学员未积极参与到活动中	提问了解学员对活动的看法。	
	无明确的总结目的或目标	先明确活动总结的目的或目标，再围绕其进行提问。	
	未提前设计引导的问题	联系培训主题，按照从易到难的逻辑提出问题。	
	引导的过程中偏离方向	引导学员思考和互动时，围绕着总结目标来进行。	
	提出的问题突兀，学员们不知如何回答	先问帮助学员们回顾活动过程的问题，再问需要思考的问题。	

总结

为了避免"活动总结浮于表面"的情况,可以从课程设计时和培训现场两个方面入手。

1. 课程设计时

在学习活动设计时,不但要"以终为始"确定活动目的或目标,并据此确定活动总结的方向和目标,还要"以学员为中心"来选择与之相匹配的、有吸引力的学习活动。具体表现在以下几个方面:

(1)要选择与培训主题相关的活动,否则无异于浪费彼此的时间。

(2)选择学习活动时,不但要考虑到学员的岗位、年龄等特点,还要增加活动的吸引力。

(3)根据活动的目的或目标,来确定活动总结要达成的目的或目标。

(4)围绕着活动总结的目的或目标,提前设计总结问题,并进行预演和调整。

(5)按照情境—目的—思路—提问的步骤来设计每个问题。

(6)按照先易后难、先回顾后反思的逻辑顺序来设计系列问题。

2. 培训现场

(1)发现活动与培训主题关联不大时,马上找到活动与培训主题的某个关联,并以此为切入点进行讨论。只要我们足够有创造力,总能发现某两个事物之间的联系。如果自己没有思路,也可以提问,请学员们来头脑风暴,常常会有意外的惊喜。

(2)如果发现学员未积极参与到活动中,可以先提问了解学员对活动的看法,再对症下药。

(3)若没有事先明确活动总结的目的或目标,先快速思考确定后,再围绕其进行提问。

(4)如果未提前设计引导的问题,马上联系培训主题,按照从易到难的逻辑提出问题。

(5)引导学员思考和互动时,围绕着总结目标来进行,以免偏离方向。

(6)有时,培训师提出的问题太突兀,学员们不知道如何回答。例如,刚做完活动,就问:"这个活动对你有什么启发?"这句话真是名副其实的"死亡之问",因为此问一出,原本热闹的气氛立刻陷入死寂。培训师在万分尴尬时,只能自嘲又冷场了。此时,我们可以先问帮助学员们回顾活动过程的问题,再问需要思考的问题。

案例 4-16　画图

在一次"基层管理者的跨部门沟通技巧"培训开场,培训师张明让学员们做一个画图的活动。他说:"我先说明规则,等会我给每人发一张 A4 纸,大家准备好自己的笔,然后根据我发出的指示,在纸上画出相应的图形。特别声明:在画画的过程中,大家不许提问。"有学员问:"为什么不许提问?"张明说:"这是活动的规则,等结束后会给大家讲解,照做就行了。"于是,学员们不再说话了。张明说:"活动马上要开始了,大家准备好了吗?"他看到几位学员站了起来,说:"怎么还站起来了呢?都坐下!"有学员边坐下边说:"为什么偏要坐着,我还想大干一场呢。"张明说:"好了!我来说,大家来画,我把要完成的图形描述一下:先在你的纸上画一个正方形,在它的右侧画一个矩形,它的长边是正方形边长的一半,短边是其长边的一半……我的描述完毕。"他举起手中的答案纸,说:"请问大家都画好了吗?认为自己画对的请举手。"现场一片嘘声。有学员说:"你画的跟发出的指令都不一样!"张明说:"哦,这个环节相对位置我没说。"又有学员问:"矩形是什么?"张明说:"哈哈,矩形就是长方形呀!"然后,他指着提问的学员说:"你把纸举起来给大家看看。"这位学员不好意思地举起来,大家看到纸上赫然写着"举行"二字,立刻哄笑起来。张明示意大家停下,问:"这个活动对你们有什么启发?"学员们立刻不说话了。等了 10 秒钟,张明说:"通过刚才的活动,我们发现:日常工作中,我认为已经说清楚了,听的人却还不太明白,导致沟通中出现了各种各样的障碍,这就是为什么要学习沟通,因为沟通是有技巧的。这个活动本来打算 5 分钟完成,现在我们已经花了 10 分钟。接下来,让我们带着活动中的疑惑,进入今天的课程吧。"有学员说:"没疑惑!是你自己没说清楚。"其他学员哄笑起来。

图 4-17　画图

案例点评

这个活动的目的是引出沟通这个主题。虽然在活动的最后,张明用一句话进行了总结,但不够深入。可是,明明这个活动与本次培训主题相关度很高,且大家参与得还算积极,为什么会在反思时无人回应呢?表 4-30 列出了活动中的问题、原因及对策。

表 4-30 "画图"活动中的问题、原因及对策

活动中的问题描述	原因	对策
1.未说明做活动的目的。	没有提前准备或觉得没必要说明。	在活动前,说明为什么要做这个活动,与培训主题和学员们的实际工作有什么样的联系。
2.学员被强行要求坐下。	指令不清晰。	培训师在发布指令时,说明要求学员坐下还是站着,或者请大家自己选择(在不影响活动效果的前提下)。
3.针对学员提问"为什么不许提问"时,回答"照做"后,学员们不再说话。	这个回答生硬,学员们有了情绪。	先处理心情,再处理事情。斟酌表达和措辞,避免因太生硬引起学员抵触或反感。
4.学员质疑标准答案。	指令内容不全。	不再纠结于标准答案,分析产生这样结果的原因。
5.张明问活动启发后,学员们无回应。	这个问题太突兀难以回答。	先问回顾活动过程和结果的问题,再问由此带来的思考或启发。
6.培训师的一句话总结浮于表面。	没有将活动和培训主题、学员们的工作联系起来。	通过层层递进的问题,引导学员们回顾活动中的言行和产出,总结成功与失败的原因,找到这些与培训主题相关的工作情境之间的联系,建立相关链接。
7.导入课程时,学员说没有疑惑,是培训师的问题。	学员不认可培训师的总结。	从学员的言行中找到关键词,作为导入课程的切入点。

从表 4-30 可以看出,本案例中的活动总结来自培训师张明一个人,且未得到学员们的认可。主要原因是表 4-29 中的最后三个原因。参加活动的过程中,由于培训师的原因(如指令不清晰、不全面,回答问题不得当)导致学员们有情绪,在活动后的总结阶段,有些学员可能不愿意参与。再加上张明提出的总结问题太过突兀,学员们不知道如何回答而导致冷场。具体表现如下。

1. 未说明活动目的

说明活动的目的,可以解决学员参与活动的动机问题。如果活动目的与本次课程内容和学员的工作实际联系紧密,可以激发学员们参与活动的积极性。如果缺少了活动说明这个环节,学员们可能只将活动当成一个游戏,或者觉得浪费时间,参与的积极性会下降,执行指令或完成任务时会因缺乏目

标而打折扣。

2. 指令不清晰

张明在说明规则时,并未提到要求学员们坐着还是站着画图。但当有学员站起来时,他态度生硬地要求学员坐下,也没有给出合理的解释。这样的做法,可能会让之前站着的学员觉得没面子,心里不舒服,甚至产生抵触情绪。在这样的情况下,培训师可以以终为始想想:站着和坐着画画,对于整个活动的产出和质量有多大影响?如果答案是没有太大影响,培训师就可以顺势而为,对站着的学员进行冷处理,直接开始活动。这样的做法,既可以节省时间,又能照顾到学员的感受,也避免了后面可能的隐患或冲突。

3. 生硬回应学员提问

活动规则中要求不允许提问。当学员询问为什么不允许提问时,张明的回答是"这是活动的规则,等结束后会给大家讲解,照做就行了"。这样的回答感觉像对待幼儿园的小朋友,对成年人并不适合。所以,之后学员都不说话了。如果换种应对方式,先肯定这是个好问题,再说明:"这个活动其实是我们在工作中进行沟通的投射。很多时候,对方的确没有时间跟我们进行更多的交流。比如领导或老板。"这样的回答,可以帮助学员们更好地理解规则,并找到这个活动与自己的关联,在参与活动时更积极。

4. 指令内容不全

张明展示自己手中的"标准答案"时,被学员质疑与指令不符。他只是说:"哦,这个环节相对位置我没说。"这样轻描淡写的解释,可能也难以让学员们信服。此时,张明要么承认是自己的错误导致没有标准答案,要么就趁势说,这是自己挖的一个"坑",问:"工作中我们是否遇到过类似的情况,明明是自己没有说清楚,却觉得别人的理解不对呢?"前者让学员们感受到培训师的真诚,不会过于纠结这个问题;后者将错就错,趁机带领学员思考沟通这个主题的相关内容。

5. 提问太突兀

在活动结束后,当张明问出"这个活动对你们有什么启发?"这个"死亡之问"时,没有任何悬念的冷场,这就是问题过于突兀所致。此时,我们可以先问帮助学员们回顾活动过程的问题,再问需要思考的问题。例如:先问下面的问题"刚才的活动中,我们都做了些什么?画了哪些图形?发生了什么有趣的事情?",再问"这个活动中的情形,让你联想到了工作中哪些类似的场景?这个活动给你带来哪些启发或收获?"等,可以循序渐进地带领学员们进行活动的反思和总结。

6. 一句话总结浮于表面

张明的一句话总结浮于表面,并没有发挥这个活动的作用。主要原因是他没有联系活动过程和结果进行总结。其实这个活动为我们提供了不少深入总结的切入点,详见表 4-31。

表 4-31 "画图"活动中的总结切入点

活动阶段	切入点	总结的方向举例
画图前	有学员站着	沟通时,发生类似"站还是坐"的争执时,该如何处理?
	不允许提问	单向沟通时,如何确保理解正确,沟通顺畅?
画图完成后	标准错了	工作中,如果发现我们要遵循的标准是错误的,该怎么办?
	矩形	为什么有人会将"矩形"直接写成"举行",这跟工作中的哪些情况类似?例如用专业术语,导致对方听不懂。
	学员们画出的图不一样	请学员们两两交换,并讨论:为什么听到的是同样的指令,但画出的画不同?工作中有哪些类似场景?

从表 4-31 可以看到,无论是画图过程中,还是画图完成后,都有不少深入总结的切入点,关键在于培训师自己的预定总结目标是什么。而这个目标来自课前的需求调研,以确保总结的方向是学员们共同的困惑或痛点,从而达到激发学员动机的作用。

7. 学员不认可培训师的总结

学员们不会跟自己的观点打架,但常常会质疑他人的观点。所以,在活动总结环节,需要让学员们参与进来,引导大家深入思考并分享自己的观点和想法,而非培训师一言堂。

除了上述针对"活动总结浮于表面"的问题之外,张明还可以改善的方面有以下几个:

(1)活动前说明做这次活动的原因。提前告知原因,这样才能抓住学员痛点,跟个人的利益产生联系,引导对课程的兴趣。比如:"最近我们加入了不少新同事,大家也出现了一些沟通上的问题,例如(举一个在需求调研中学员们谈到的共性沟通案例)……接下来我们通过下面的活动,体验一下这个情境吧!"

(2)以终为始设计指令措辞。活动设计时,先明确活动目的和产出,问问自己:是希望学员们的产出一致还是不一致呢?如果是前者,除非刻意设计(用"矩形"引出沟通中的专业术语),在发布指令时,将"矩形"描述为更通俗易懂的"长方形",降低理解的难度,提升正确率。如果是后者,就可以在指令中多设置一些包括"矩形"在内的陷阱。在总结时,针对前者总结成功的经验,针对后者反思不一致的原因都有哪些,然后再联系到工作中的沟通,找到活动总结与工作沟通之间的异同。

(3) 弱化所谓的"标准答案"。以终为始去考虑,活动的目的不是要一个标准答案。给了答案,就变成了一种考试。没有达成,学员会因受挫而影响心情。培训师可以拿着这个所谓"标准答案",告知学员们:"我们接收到同样的信息,画出来的东西却千差万别,看来沟通还真是一件有趣的事。平时,我们在跟同事沟通时,会不会也发生过类似的情况呢,一看大家的作品就知道了。看来上这个课太有必要了,那我们就进入下一个环节吧!"这样,就很顺畅地导入了课程。

本章总结

本章一共有 11 个学习活动方面的问题,其中 2 个出现在学习活动开始前,5 个出现在小组学习活动进行中,4 个出现在学习活动结束之后。通过前面的常见原因和对策分析,我们可以看到:虽然很多问题是在现场的学习活动进行过程中突显出来的,但源头在学习活动设计环节。《〈培训师成长实战手册:授课现场的问题及对策〉使用指南》表 4 提供了学习活动各阶段的策略,方便大家查询使用。

第五章
在线授课的问题及对策

本章要解决的是在线授课中最常见的八个问题。

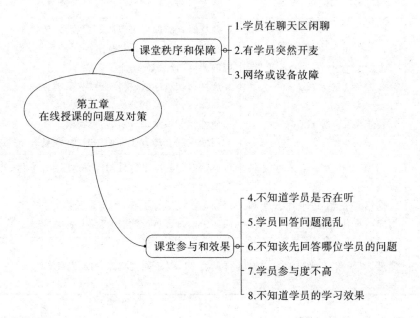

针对以上每个问题，本章都进行了常见的原因分析，提供了针对性的解决方案和相关案例的分析。为了方便大家运用，我将本章出现较多的方法汇总为表5-1。

表5-1 在线授课问题的对策汇总

方法	说明	举例
明确规则	1.正式授课前，先确定学习规则。 2.明确语音/视频发言规则。 3.说明回复的规则。	1.群名片的修改、作业完成时间、上课时的纪律约定。 2.发言的时机、顺序。 3.回应的内容、方式。
提前测试	1.测试所用线上授课平台的功能。 2.测试师生的网络、设备。	1.播放PPT、视频，测试该平台的功能是否能够满足线上授课的需求。 2.师生对话，评估音效、图像是否清晰。
多元互动	1.请学员用表情、数字等回应。 2.提问。 3.知识类互动方式。 4.态度类互动方式。 5.技能类互动方式。	1.开场时，说"如果可以听到我说话，请打1"。 2.在课程的不同阶段，根据提问的目的，提出相应的问题，详见表5-15。 3.选择、判断、连线、排序、分类、举例。 4.选择、判断、案例分析等。 5.演练、练习、案例分析、角色扮演。 常用的在线互动方式和使用时机，详见表5-8。
及时鼓励和反馈	1.在每次互动后，及时提供反馈。 2.反馈可视情况针对态度和内容两个方面来进行。	1.反馈时，可以分为针对个人或针对全体进行反馈。 2.如果学员回答正确，可肯定其内容。如果学员回答错误，可以肯定其积极参与的态度。
各类测试	根据测试的目的，进行相应的测试，以了解学员的学习情况和效果	详见表5-19不同类型课程的测试方式。

在线授课，因网络、空间等的限制，在课堂秩序、互动、学员的参与度、学习效果等方面，都有很大的挑战。本章针对在线授课的八个常见问题，进行原因分析，并提供相应的对策。

问题 1 学员在聊天区闲聊

在线课程使用的平台，通常都有聊天群，原本是为了方便师生之间的互动，有时也会成为学员们闲聊的乐园。遇到这样的情况，该如何处理呢？表5-2列出了相应的原因和对策。

表 5-2 "学员在聊天区闲聊"的原因和对策

描述	常见原因	马上可以采取的措施	预防措施
授课期间,学员们在聊天区闲聊(即交流与培训主题无关的话题)	没有约定课程规则	1.叫停聊天区内的交流。 2.引导学员们制订培训公约。	正式开课前,引导学员们制订培训公约,并将其发布为群公告。
	学员非实名	要求每位学员修改群名片为实名。	1.建群后,在群公告中要求入群即修改群名片为实名。 2.请助教督促每位学员修改群名片为实名。
	课程未吸引学员的注意力	1.停止授课。 2.提出问题测试学员对课程内容的理解度。 3.调整授课方式,重新吸引学员的注意力。 4.授课期间,随时关注学员的反应,必要时调整授课方式。	1.安排恰当的课程节奏。 2.设计不同的方式吸引学员注意。 3.设计有吸引力的授课方式。
	学员们觉得课程内容对自己帮助不大	1.提问了解学员们对课程内容的看法。 2.提供案例或说明,建立学员与课程内容之间的联系。 3.在课程中,让学员们运用所学解决工作中的实际问题。	1.进行课前需求调研,针对学员们的共性问题设计有针对性的课程内容。 2.在课程开场时,建立学员与课程内容之间的联系。

总结

为了避免"学员在聊天区闲聊"的情况,可以从培训前和培训现场两个方面入手。

1.培训前

虽然学员聊天的情况出现在授课中,但我们需要在培训前就采取措施预防。一方面,在课程正式开始前,建立相应的规则比较容易,也更有效;另一方面,对课程内容和方式也需要精心设计,力求有吸引力。具体措施如下:

(1)学员们刚入群时,最容易建立规则。可以采用发群公告+助教提醒的方式,督促每位学员修改群名片为实名。

(2)进行课前需求调研,针对学员们的共性问题设计有针对性的课程内容。这是学员保持专注的前提。

(3)设计不同的方式吸引学员注意。线上课程没有了同一个空间的归属感和眼神的交流,学员们很容易走神。通常5~7分钟就需要换一种方式,重新吸引学员的注意力。

(4)安排恰当的课程节奏。课程节奏快慢对学员注意力的影响很大,太慢会导致学员分神去做其他事情,太快会导致有学员跟不上而放弃。课程节奏的快慢需要在需求调研的基础上,根据学员的基础和问题来综合评估确定。

(5)设计有吸引力的授课方式。有料又有趣的课程内容,才能抓住学员的注意力。其中,有料对应的是内容的针对性,有趣则是授课方式的趣味性,二者缺一不可。那么,什么才是有趣的呢?这就需要遵循"以终为始、以学员为中心"的原则,思考为了达成培训目标或本模块的目标,对于这批学员而言,什么样的方式是有吸引力的。

2. 培训现场

在线授课时,先建立相应的规则,如果发现有学员在聊天区内交流与课程内容无关的话题,需要及时干预。

(1)正式开课前,引导学员们制订培训公约,其中包括聊天区内只能交流与课程内容相关的话题,然后将其发布为群公告。

(2)在课程开场时,建立学员与课程内容之间的联系。例如,通过案例、视频、故事等,帮助学员认识到课程内容跟自己相关,从而激发学习动机。

(3)发现学员在聊天区内闲聊后,先停止授课,可以采取以下措施:

①提出问题测试学员对课程内容的理解度,然后据此判断课程内容的难易程度、课程节奏的快慢,并进行相应的调整。

②反思授课方式,如果有必要,调整授课方式,重新吸引学员的注意力。

③提问了解学员们对课程内容的看法。

④让学员们运用所学解决工作中的实际问题。

(4)授课期间,随时关注学员的反应,必要时调整授课方式。

案例5-1 自我介绍+课程期待

在我的"如何挖掘年度培训需求"21天在线训练营的开营仪式上,第一个环节是自我介绍+课程期待。为了确保开营仪式的顺利进行,我请助教提前告知学员们准备视觉化的个人介绍卡。具体格式和要求如图5-1所示。

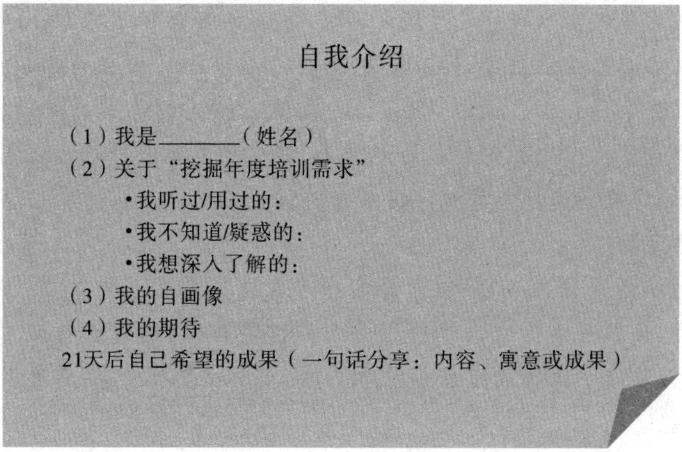

> **自我介绍**
>
> （1）我是_____（姓名）
> （2）关于"挖掘年度培训需求"
> 　· 我听过/用过的：
> 　· 我不知道/疑惑的：
> 　· 我想深入了解的：
> （3）我的自画像
> （4）我的期待
> 21天后自己希望的成果（一句话分享：内容、寓意或成果）

图 5-1　个人介绍卡

在开营仪式的议程一的自我介绍环节开始前，我先将分享顺序展示在 PPT 上，请学员们按照所列的顺序分享"视觉化介绍卡"的内容，每人 2 分钟。同时，请大家留意其他学员的分享内容，看看哪些跟自己的分享相同，哪些不同。

学员们的分享结束后，我将学员们视觉化介绍卡上的内容进行汇总，对课程内容和授课方式进行了相应的调整。通过直播重点解决学员们知（讲解知识和概念）和行（演练点评）的问题，借助读书强化理解，利用打卡进行刻意练习。在每次 1.5~2 小时的直播课程中，学员们都很投入，没有人在聊天区内发任何与课程无关的内容。

案例点评

在这个案例中，我使用了"视觉化"+"建立联系"+"量身定制"+"多管齐下"+"呈现价值"的方法，具体表现如下。

1. 视觉化

在这个读图时代，视觉化的内容总是比纯文字更吸引人。本案例中的视觉化个人介绍中，画自画像这个要求本身就能激发学员们强烈的参与热情，因为每个人最在意的是自己。而且，事先提出要求，给学员们足够的时间去思考和绘制，也能确保完成的质量，在课程开始前，就让每位学员产生了成就感。

2. 建立联系

视觉化个人介绍中，要求写出自己对"挖掘年度培训需求"的三个问题和期待，在做需求调研的同时，也建立了学员们与课程内容之间的联系。因为我的每次课程都采用翻转课堂的方式，在正式开课前，会提供阅读资料和课前作业，帮助学员们对课程内容有一定了解。回答"挖掘年度培训需求"的三个问题,可以帮助学员们回顾课前的学习内容,并进行总结。而写出自己的期待,体现的是每位学员的学习目标。同时,回答三个问题是面向过去的总结,而期待则是面对未来的目标。无论面向过去还是未来,都在学员和课程内容之间建立了高黏度,为后面课程的高参与度奠定了基础。

3. 量身定制

此案例中的课程内容,根据学员们报名表的信息汇总进行过一次调整,在开营仪式后,又根据学员们的视觉化个人介绍内容,更精准地锁定了学员们共同关注的点,确定了课程的重点模块和内容,确保为本批学员量身定制有针对性的课程内容。

4. 多管齐下

有了量身定制的内容后,还需要以终为始考虑学员们的学以致用。单靠7次直播课程,很多技能难以真正掌握。于是,我带着大家一起读自己写的两本相关书籍《培训师成长实战手册:培训需求诊断和调研》《培训师成长实战手册:培训问卷设计和运用》,帮助学员们建立全局观的同时,也获得相关知识、技能的系统了解,以此来解决"知"的问题。同时,通过课前作业和打卡的方式,强化从"知"到"行"。最后,通过直播进行知识的重点讲解和演练成果的点评,对前面的内容进行总结和反馈。有了这样的多管齐下,才有学员们的高专注度和高参与度。

5. 呈现价值

在课程演练时,我请学员们运用所学的知识和技能解决工作中的实际问题,并在小组讨论和完善之后,我通过直播一一进行点评。这个过程中,学员们虽然很纠结、很痛苦,但看到自己的作业成果后很有成就感。再听到我的点评和反馈后,对所学内容有了更深刻的认知,常有醍醐灌顶的惊喜。所以,学员们生怕错过课程中的每一个环节、每一句话,根本不可能在聊天区内闲聊。

问题 2 有学员突然开麦

在线培训时,如果培训师正在授课,有学员突然开麦,会影响到其他学员的听课。如果该学员周围的环境杂乱,对整个培训的干扰会更大,如果该学员自己未注意到,可能会导致课程无法进行下去。针对这样的情况,表5-3列出了可能的原因和对策。

表 5-3 "有学员突然开麦"的原因和对策

描述	常见原因	马上可以采取的措施	预防措施
授课期间，有学员的麦克风突然打开，里面传来各种声音	学员不小心点了话筒标识	1.设置为"强制全员静音"的模式。 2.请学员们检查并关闭话筒。	1.发布培训通知时，告知课程中必须静音。 2.授课时设置"强制全员静音"。
	学员想发言	1.提前说明回答问题的顺序规则。 2.请助教维持回答问题的秩序，必要时进行提醒。 3.如果该环节要求打字回答问题，则重新强调，并提示该学员关麦，换成打字方式回答问题。	1.如果课程中需要开麦来回答问题，需课前测试效果。 2.设计开麦回答问题的规则。 3.设置开麦的权限。

总结

为了避免"有学员突然开麦"的情况，可以从授课前和授课时两个方面入手。

1.授课前

在线授课与线下授课最大的不同，是不但要确保培训师的设备、网络没问题，还需要课前对学员的设备进行测试，确保正常。同时，为了维护在线课堂上的秩序，也需要事先确立相应的规则。

（1）发布培训通知时，告知课程中必须静音。这样可以让学员们提前了解规则，并有心理准备。

（2）如果课程中需要开麦来回答问题，需课前测试师生双方的设备效果，确保每位学员的声音效果正常。

（3）设计开麦回答问题的规则，包括开麦的权限和回答的顺序，以便高效有序地回答问题。

（4）授课时，设置"强制全员静音"的模式，杜绝"有学员突然开麦"的情况。以钉钉群为例，视频会议模式下，在"全员静音"这个选项下面分为两种模式：强制全员静音和全员静音。前者不允许学员取消静音，只有主持人可以取消，后者学员们可以自行取消静音。培训师可以根据实际需要来选择使用哪种方式。

2.授课时

在授课时，发生"有学员突然开麦"的情况时，可能有下面三种情况，分别有不同的做法：
(1)学员不小心点了话筒标识。
①设置为"强制全员静音"的模式。
②请学员们检查并关闭话筒，以防万一。
(2)培训师提问时，要求学员用语音回答。
①提问前，先说明回答问题的顺序规则。
②请助教维持回答问题的秩序，必要时进行提醒。
(3)培训师要求打字回答问题，学员想用语音回答。
①重新强调并说明原因。
②请该学员关麦，在聊天区内打字回答问题。

案例5-2 课程中的孩子哭声

针对一次21天的"问题树课程开发模型"在线训练营，我采取了翻转课堂的方式，提前一周建立了钉钉群，并上传了阅读资料和作业，我对作业进行了批改和辅导。在开课当天的开营仪式上，议程二是课前收获分享，请每位学员分享自己的课前学习三点收获。开营仪式为晚上20:30开始，我们请所有学员在开课前一天的20:00测试设备，包括声音、摄像头，并说明原因：开营仪式上，要求每位学员出镜用语音分享。随后，按照议程的要求，进行了几次小范围演练。据此，我跟助教确定了先设置"强制全员静音"，到议程二再切换为"全员静音"的方式。

开营仪式开始前，先保持"强制全员静音"。在议程说明环节，助教作为主持人，跟大家说明了会在议程二请大家用语音分享，同时说明了分享规则。

(1)在议程二开始前，所有学员关闭话筒。

(2)议程二时，学员们按照PPT上展示的顺序，逐一出镜并分享自己的三点收获。在这个过程中，只有上台分享的学员打开话筒，其他学员保持关闭状态。

(3)当一位学员分享完毕后，立刻关闭话筒。下一位发言的学员打开话筒发言……以此类推。

(4)主持人每次会说"有请××同学分享，请××同学做准备"，提醒大家及时衔接，以节省时间。

询问大家没有疑问后，开营仪式正式开始了。

进行到议程二时，我将"强制全员静音"切换为"全员静音"。助教先重复了上面的分享规则，然后宣布开始。前面的分享进展顺利。当张同学说到第二点收获时，突然有孩子的哭声传来，还夹杂着老人哄孩子的声音。才几秒的时间，这个背景声音越来越大，张同学的声音被淹没了，只好停下来。

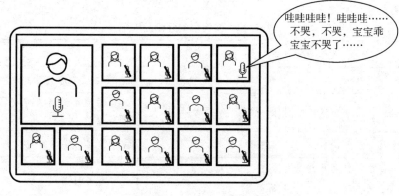

图 5-2 课程中的孩子哭声

助教立刻查看,发现除了张同学以外,只有刘同学的话筒开着。于是,他说:"刘同学,请暂时关闭您的话筒,家里的孩子和老人来抢麦了。"接连说了两声,刘同学那边没有动静,我果断设置了"强制全员静音",然后说:"在我解决抢麦事件的同时,大家可以回想一下刚才的同学都分享了哪些收获,试着用笔写下来,看看是否有英雄所见略同的感觉或者有自己疏忽的内容。"与此同时,助教用钉钉的私聊联系刘同学没有回应,又用微信联系,请其看钉钉群的信息,得到了回复。于是,刘同学在助教的指导下,关闭了话筒。助教在"强制全员静音"的状态下,再次强调了分享规则后,我切换为"全员静音"模式,后面的分享得以顺利进行。

案例点评

在这个案例中,我们使用了"提前测试"+"分段控制"+"双管齐下"+"提供海绵活动"的方法,具体表现如下。

1. 提前测试

要想在线培训的授课现场顺利进行,提前对培训师和所有学员的网络、设备进行测试是前提条件。在本案例中,不但做了网络、设备的测试,还演练了议程的进行方式,这一点也非常重要。如果需要多位学员出镜发言,就需要考虑:如何做到在井然有序的情况下尽量节省时间。本案例中,我们经过几次演练后,确定了先设置"强制全员静音",到议程二再切换为"全员静音"的方式,确保了议程一进行时不会有突然开麦的情况发生。

2. 分段控制

在整个案例中,我们都采取了分段控制的方法。无论是议程一的顺利进行,还是在议程二中出现刘同学家孩子哭时,都有分段控制的功劳,表 5-4 对此进行了分解。

表 5-4 案例中的分段控制

情境		采取的措施	目的
议程一		设置"强制全员静音"模式	避免有学员突然开麦的情况发生
议程二	开始前说明分享规则	保持"强制全员静音"模式	确保所有学员保持专注,清楚了解规则
	学员分享开始前	切换为"全员静音"模式	方便分享的学员自行开麦
	刘同学的话筒中传来孩子哭声时	用语言提醒刘同学关闭话筒	进行有针对性的提醒
	助教语言提醒无效后	切换为"强制全员静音"模式	减少刘同学带的语言对课程的干扰
	刘同学关闭话筒后,助教重申分享规则时	保持"强制全员静音"模式	确保所有学员保持专注
	分享再次启动前	切换为"全员静音"模式	方便分享的学员自行开麦

3. 双管齐下

在处理刘同学的突发事件时,我跟助教双管齐下成功解决了问题。其中,这里的"双管",既是指我们两个人的合作,又是指同时解决刘同学关话筒和其他学员等待的问题。通过这个案例,想提醒大家合作的重要性。线上培训的影响因素比线下更多,如果只靠培训师一个人,可能难以照顾周全。建议最好能有位助教,可以邀请同事协助,若实在没有,也可以邀请一位学员作为临时支持,协助解决突发事件。在本案例中,我跟助教就进行了分工,助教负责流程,我负责内容。当听到孩子哭声时,助教在第一时间查看后台信息,锁定了刘同学,并在群里进行了精准的一对一提醒。发现这一措施不奏效后,我给学员们安排任务后,切换为"强制全员静音"模式,一方面切掉了干扰的来源,另一方面让其他学员专心思考,完成任务。而助教同步用微信联系刘同学,并私聊指导其关闭了话筒,从而确保分享顺利进行。

4. 提供海绵活动

本案例中,我请学员们写下前面学员分享的内容,这是一个海绵活动,用于填补因解决突发事件而空出来的时间。无论线上、线下,都会有这样的情况发生。本书的第四章列出了常用的海绵活动可供参考。在每次的课程前,准备几个可灵活使用的海绵活动,并将其写下来。课程中有需要时,可以快速选择并实施,既能确保课程节奏,又提高了效率。

问题 3 网络或设备故障

在线授课时,遇到网络或设备故障,会给课程的顺利进行带来各种负面影响,甚至使得课程无法进行下去。针对这种情况,表 5-5 列出了主要的原因和对策。

表 5-5 "网络或设备故障"的原因和对策

描述	常见原因	马上可以采取的措施	预防措施
授课时,画面卡顿或没有声音	培训师的网络出现问题	1.切换网络。 2.更换设备。	1.准备备用网络,提前进行测试。 2.避免使用太多特效,如屏幕绿布、高清视频播放等。 3.事先熟悉所使用的线上授课平台的各种功能。 4.保留该平台客服的联系方式备用。 5.提前准备其他线上平台或替代方案。
	学员的网络出现问题	1.退出课程。 2.检查网络。 3.更换网络或设备。	
	线上授课平台方的问题	1.更换平台。 2.改变授课方式。 3.联系平台客服来解决。	

总结

针对"网络或设备故障"的情况,可以从授课前和授课时两个方面入手。

1. 授课前

(1)提前测试。线上授课前,一定要提前进行网络、设备的测试,具体如下。
①准备备用网络和设备。
②播放课件、视频,测试效果。
③演练课程中使用的互动方式,确认是否可正常使用。
④事先熟悉所使用的线上授课平台的各种功能。
(2)保留该平台客服的联系方式备用。
(3)避免使用太多特效,如屏幕绿布、高清视频播放等。
(4)提前准备其他线上平台或替代方案。

2. 授课时

授课时,如果遇到画面卡顿或没有声音时,首先要排查是谁的原因,其次采取针对性的解决方案,若不能解决,采用备用方案。

(1)如果是个别学员发生卡顿或听不到声音,可以请其检查是否打开了麦克风。如果已经打开,检查调整音量。如果还是无声,请其退出直播间,检查网络后重新进入。除此之外,可提醒学员:

①在收看直播课程时,让设备尽量靠近 Wi-Fi 信号源,避免穿墙或金属物遮挡,保持信号强度,同时避免其他设备接入 Wi-Fi 信号源抢占信号。

②关闭设备中占用网络的其他任务。

③升级电脑端或移动端播放软件的版本,版本过低也会导致卡顿。

(2)如果是全体学员均发生卡顿或听不到声音,培训师可以采取以下措施:

①检查自己的网络,查看网速是否正常。

②检查自己的麦克风是否开启或连接好。

③在直播页面的设置功能中检查音频选择的是否为直播时使用的麦克风,如果有多个麦克风,手动选择直播使用的麦克风,然后保存。

④检查本地电脑右下角音频喇叭处,右击选择"录音设备",然后在弹框中点击"录制"菜单功能,对着麦克风说话,观察录制功能下面识别到的麦克风列表是否有波动。如果没有,说明麦克风有问题。可以重启电脑,也可以换个麦克风或电脑试试。

⑤如果以上检查均没有问题,可能是线上平台的问题,可联系客服解决,或启动备用方案。

案例 5-3 直播时突然"失声"

在一次"引导式课程设计"训练营的第二次直播前,我跟助教在钉钉群进行了直播测试,确认 PPT 播放、视频、声音均没有问题后,重新开启了课程直播。我在欢迎大家进入直播间后,宣布课程正式开始。但没想到之后学员却突然听不到我的声音,而我能听到学员说话。于是,我先在聊天群说明情况后,然后将要点评的作业发了几份到钉钉群,请大家看看有哪些问题。当我用最快的速度进行了网络、电脑的检查后,这个问题依然没有解决。切换为手机,还是同样的情况。群里有学员提出将直播平台更换为腾讯会议。这时,我快速思考:

(1)如果现在转平台,还需要去申请会议室,邀请大家重新入群,熟悉直播间的各项功能,可能要花不少时间。

(2)这次直播的主要内容,是对学员们的课前作业进行点评,通过截图+文字说明就可以实现。

因此,我做出决定:当晚的直播课程改在钉钉群进行,采用截图+文字说明的方式。之后,我先将这个决定发在钉钉群直播间,并说明原因,然后请大家回到钉钉群的聊天界面,之后关闭了直播间。

与此同时,我在钉钉群重新欢迎学员们,在宣布课程正式开始后,我先将点评的标准图片发到群里,并进行了讲解。然后,逐一将要点评的作业案例截图发至钉钉群,询问学员们的看法,请大家来做点评,自己做总结。在这个过程中,我用电脑截图,用手机语音转文字,二者配合,使得课程衔接很紧凑,没有浪费一点时间。通过这样的方式,当天的直播顺利完成。学员们反馈:本次课程内容采用在钉钉群截图+文字说明的方式,比用直播效果更好,因为点评的标准和内容都可以反复回看,更有利于自己的理解。做记录整理的学员就更开心了:这样的方式,比通过直播内容的回放来整理课程记录,工作量减少了很多。

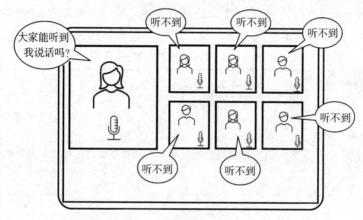

图5-3　直播时突然"失声"

案例点评

在这个案例中,虽然前期做了测试和演练,但还是出现了突发状况。此时,我采取了"提供海绵活动"+"快速排查"+"权衡利弊"+"快速引导"+"双管齐下"的方法,具体表现如下。

1.提供海绵活动

在线直播时,上一秒还有声音,下一秒却没有的情况,常常让人措手不及。在这个案例中,我先解决学员们等待的问题,在钉钉群发出了直播需要点评的案例,请学员们先看,并思考有哪些问题。这样的海绵活动,有以下好处:

(1)培训师可以安心检查网络和设备情况。

(2)学员们在等待时有事可做,避免了时间的浪费。

(3)将学员们的注意力从突发状况转移到课程内容中。

(4)为后面的课程做预热。

从上面的好处可见,因为提供了海绵活动,不但使得这次突发状况对课程造成的影响降到了最低,而且未浪费太多时间。

2. 快速排查

了解原因，才能解决问题。在学员们进行海绵活动时，我对网络、设备进行了快速排查，发现均无问题，但"失声"的情况依然没有解决，初步判断跟平台有关系。

3. 权衡利弊

对问题有了判断后，在群里跟学员们说明情况，得到了不少建议，其中比较多的是更换直播平台。这时我以终为始权衡利弊，思路如下：首先，本次课程的"终"是通过点评课前作业，让学员们对相关的知识和技能有更深的理解。其次，为了达成这个"终"（目标），可以用哪些方式。例如，更换为其他直播平台、直接在群里用截图＋讲解的方式。那二者的利弊又如何呢？详见表5-6。

表 5-6 学员建议的利弊分析

方式	利	弊
方案1：更换为其他平台	1. 可以延续原定的直播方式。 2. 可能会解决失声的问题。	1. 需要临时申请直播间，浪费时间。 2. 学员们还需要适应新的平台。 3. 不能确保不发生其他突发状况。
方案2：钉钉群截图＋文字说明	1. 可以更好地达成目标。 2. 马上就可以进行，节省时间。 3. 方便学员在课程中回看。 4. 减少记录整理的工作量。	改变了原来的授课方式，与学员预期不符。

从表5-6可以清晰地看到：方案2在当时的情况下，比方案1更优。在此案例中，我在大脑中快速闪过表5-6的内容后当机立断，选择了方案2。

4. 快速引导

做出决定后，怎样才能快速将学员的注意力从直播间转移到钉钉群呢？在这个案例中，我采用了下面的五个步骤：

(1) 直播间说明。在直播间里说明决定和原因。

(2) 提出要求。请大家回到钉钉群的聊天界面。

(3) 关闭直播间。在当时的情况下，需要在最短的时间内正式开课。所以，由我来关闭直播间，比请学员们自行退出要高效很多。

(4) 欢迎学员。重新欢迎这个仪式，提醒学员们授课地点的变更。

(5) 宣布课程正式开始。这个宣布就像上课的铃声，一方面引起学员们的注意，另一方面提醒大家课程正式开始，让大家做好各种准备。

5. 双管齐下

在钉钉群点评案例时，我同时使用了电脑和手机，其中电脑用于截图，手机用于发文字信息。这里特别推荐语音转文字发送的功能，准确实用，比手动打字效率高很多。有些手机中自带语音输入，如果没有，可以下载语音输入软件。可能有人说"没关系，我的打字速度快"，我推荐语音输入文字的方式，不仅仅是为了提高速度，更重要的是将培训师从打字中解放出来，留出更多的精力和注意力放在学员身上。否则很容易忽略学员的感受和问题，影响直播课程的效果。

问题 4　不知道学员是否在听

线下授课时，培训师和学员们在同一个空间，培训师可以通过眼神、肢体和语言等直接获得学员们的听课状态。线上授课则没有了这样的优势，常会让我们有鞭长莫及的无力感，因为不知道学员是否在听。表 5-7 列出了这个问题的原因和对策。

表 5-7　"不知道学员是否在听"的原因和对策

描述	常见原因	马上可以采取的措施	预防措施
授课期间，不知道学员是否在听	培训师没有与学员互动	每隔 5~7 分钟跟学员互动一次，并请学员们回应。	1.课程设计时，专门预留与学员互动的时间。 2.设计每个模块中与学员的互动方式。
	师生互动方式单一	调整互动方式，增加多样性和吸引力。	1.确定各阶段互动的目的，设计相应互动的方式。 2.选择不同互动方式。

针对"不知道学员是否在听"的情况，可以从培训前和授课现场两个方面入手。

1.培训前

为了变被动为主动，需要在课程设计时进行更全面、细致的考虑和设计。具体措施如下：

（1）课程设计时，专门预留与学员互动的时间。

（2）设计每个模块中与学员互动的方式。由于在线课程中，学员们注意力很容易分散，最好能 5~7 分钟就与学员互动一次。

（3）确定各阶段互动的目的，设计不同的互动方式。要了解学员是否在听，最简单的方法是直接问："大家在听吗？如果您在听，请在聊天群发666（或其他数字、表情符号）。"通过学员们反馈的速度和数量，培训师可以了解到有多少人在听。但这个方法不能每次都用，以免引起学员的疲劳甚至反感，从而影响到使用效果。表5-8列出了五种常用的在线互动方式和使用时机。

表5-8 常用的在线互动方式和使用时机

互动方式	使用时机	举例
请学员在聊天区内打数字、手势或表情	1.课程开始的签到。 2.了解学员是否完成某项任务（看文字、视频等）。 3.某部分的内容讲解后，了解学员们是否有疑问或想说的。	1."在线的伙伴们请举起小手。" 2."看完这段话/视频的伙伴，请扣1。" 3."对于××部分的内容，大家还有疑问或想说的吗？如果没有，请扣6；如果有，请在聊天区码字。"
提出问题，请学员打字回复	1.引发学员思考。 2.引起学员共鸣。 3.测试学员是否知道/理解。	1."沟通的态度和技巧哪个更重要？" 2."如果自己是这位顾客，会有什么样的感受呢？" 3."引导式课程设计的四个步骤分别是什么呢？"
选择题或判断题	1.测试理解。 2.引起注意。 3.引发学员思考。	1."培训师将自己擅长的内容作为课程重点，这样的做法对吗？" 2."按照今天的课程大纲，大家猜猜看，接下来我们要进行的内容是A还是B呢？" 3."大家认为刚才的问题，源头是授课技巧吗？"
连线	1.检验学员是否知道相关知识。 2.帮助学员找到知识点间的联系。	1."请大家将产品及其适用人群进行连线。" 2."我提供了本次课程的四个关键词，请大家将自己认为相关的关键词进行连线，并在聊天区打出理由。"
排序或分类	1.检验学员是否记住了某知识。 2.检验学员对知识的理解。	1."请大家依据销售的七步骤，将下面这七个步骤进行排序。" 2."请将这八个产品进行分类。"
举例	1.检验学员对知识点的认知。 2.了解具体情况。 3.请学员分享自己的理解。	1."请举出一个以终为始在培训中运用的例子。" 2."刚才大家说学员学习态度不好，能举个具体的例子吗？" 3."大家是如何理解'以少胜多'这个原则的呢？请举例说明。"

表5-8中只是列出了比较适合在线授课的简单互动方式,每种互动方式除了其本身的目的之外,都能让我们了解到学员是否在听,专注度如何。

2.授课现场

在线授课时,培训师更需要时刻注意学员的反馈,并及时反思,做出相应的调整。

(1)在线授课时,每隔5~7分钟跟学员互动一次,并请学员们进行回应。

(2)发现学员们的回应不理想时,迅速调整互动方式,以增加多样性和吸引力。

案例5-4 "问题树课程开发模型"直播的互动方式

在一次"问题树课程开发模型"的30天在线训练营中,一共有13次直播,图5-4为第一次直播的大纲。

图5-4 "问题树课程开发模型"课程大纲

在这次1.5小时的直播中,我针对不同的模块,采取了下面的方式。

一、为什么要学习问题树模型

这个模块,我给出了如图5-5所示的选择题。

选一选

1.问题树模型,包括"问题"和"树"。其中,"问题"是指起点为( ),终点为( )。

A.内容　B.问题　C.问题解决　D.培训

2.问题树模型中的"树",是指( )。

A.逻辑树　　　B.问题树和对策树两个树形图

3.问题树模型的两个核心理念是( )。

A.以终为始,以学员为中心　　B.内容为王,精彩呈现

图5-5 选择题

因为本次课程采用翻转课堂的方式，学员们在开课前就学习了课前阅读资料，所以这三个问题对他们而言并不难。我请大家将自己选择的答案直接打在聊天区。根据答案的具体情况，进行必要的说明和澄清。

二、各种职场困境剖析

在这个环节，我给出了图5-6的三个与职场相关的判断题，其中问题1是很多学员在课程设计时的误区，问题2、3在工作中也非常有代表性。

御批："√"OR"×"

1. 问题树模型的三个步骤是：收集素材→确定课程重点→做PPT。
2. 老板说："下周给销售做团队凝聚力的培训。"HR小王说"好"，然后到沙龙群里问："团队凝聚力的培训应该包括哪些内容呀？"
3. 刚接到通知，张丽的"职场沟通"课程要从原来的3个小时缩减到1个小时，她保留了自己讲得最熟练的内容。

图5-6 判断题

我逐一呈现图中的三个问题，请大家将自己的判断打在聊天区，并说明理由。在这个过程中，每当发现某位学员的认知有偏差或进入误区，我都会问其他学员怎么看，从而调动所有学员参与的积极性，等大家的讨论结束后，我再进行总结。

三、问题树模型的运用

在这个模块，我先通过图5-7的结构进行说明，分享自己在工作、生活和自我成长方面运用问题树课程开发模型的案例。然后，请学员们也打字分享："我觉得可以运用的案例是什么？"这个问题直接导致大家脑洞大开，分享了不少可以运用的场景……当我宣布课程结束时，学员们都惊呼："时间怎么过得这么快？！"

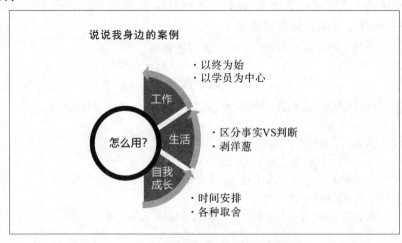

图5-7 说说我身边的案例

案例点评

从这个案例可以看到：整个直播过程中，学员们的参与热情很高且非常投入。好课程都是设计出来的，这次直播能取得成功，得益于课前充分的准备和精心设计。在这次直播的互动设计方面，我使用了"先易后难"＋"从知到行"＋"有的放矢"＋"抛砖引玉"的方法，具体表现如下。

1. 先易后难

从三个模块的互动方式来看，先易后难体现在其顺序上：选择题—判断题—问答题。可能有人会说："我觉得判断题比选择题容易。"没错，如果只是判断对错，可能很容易，但还要给出理由，挑战就翻倍了。这次直播的所有问题，是在批改了学员们的课前作业，找到共性的问题点后进行设计的。选择题中的三个问题，都是课前阅读中能找到答案的。判断题中的三种场景是学员们在日常工作中容易陷入的误区，虽然课前学习资料中有相关的理论支撑，但要结合问题来阐述判断的理由，对学员们的要求更高。而问答题，需要结合行动来思考，挑战就更大了。通过这样循序渐进的设计，学员们很自然地跟着我的思路参与、思考、分享……

2. 从知到行

"选择题—判断题—问答题"这个顺序的逻辑，就是从知到行。其中，选择题和判断题，是关于课前学习内容的记忆和理解，都是"知"的层面；问答题则针对"行"的层面。这样的逻辑顺序，更符合人们的认知层次，也为后面的"行"做好了铺垫。

3. 有的放矢

这个直播中三个模块的设计，从互动方式到提出的问题，都是基于对学员课前学习情况的了解进行的有针对性的设计。表5-9列出了各模块的互动方式及目的。

表5-9 各模块的互动方式及目的

模块	互动方法	目的
一、为什么要学习问题树模型	选择题	1. 帮助学员们回顾课前学习的相关知识。 2. 测试学员们课前学习内容的记忆程度。
二、各种职场困境剖析	判断题	1. 检测学员们对课前学习内容的理解程度。 2. 进行需求调研，了解学员们的现状，作为确定后续课程重点及互动方式的依据。
三、问题树模型的运用	问答题	1. 促进学员们思考问题树模型在工作、生活中的运用场景。 2. 建立学员们与自己确定的学习目标之间的联系。 3. 激发学员们的学习动机。

4. 抛砖引玉

现身说法无论在线下培训还是在在线培训中,都是引发学员参与分享的很好方式。通过现身说法进行抛砖引玉,有以下的好处:

(1)给学员更充足的时间思考。
(2)为学员拓展思路。
(3)进行问题回答规则或模板的示范。
(4)引起共鸣,激发学员参与的积极性。

在这个案例中,我从工作、生活、自我成长三个方面进行了现身说法,一方面让学员觉得适用面广,激发学习动机;另一方面,也帮助学员开阔了视野,打开了思路。这也为学员们思考如何学以致用搭建了一个"引桥",降低了学员们行动的难度,增强了信心。

从这个案例也可以看出,要想知道学员是否在听,最好的方式就是设计不同的互动方式,让学员通过回应告诉培训师他在听。

问题 5 学员回答问题混乱

在线上互动时,有时培训师提出问题后,会遇到学员们回答混乱的情况,表5-10列出了这个问题的常见原因和对策。

表 5-10 "学员回答问题混乱"的原因和对策

描述	常见原因	马上可以采取的措施	预防措施
回答问题时,学员们给出反馈的方式不一致、内容杂乱无章	未说明规则或提供模板	1.提问前,先说明学员回答问题的规则。 2.如果有必要,可提供回答问题的模板。 3.若有需要,重复规则。 4.如果有多个问题,尽量分批提问。	1.提前设计学员回答问题的规则。 2.如果有需要,提前准备回答问题的模板。 3.在问题设计时,思考提问目的是什么,一个问题能达成目的吗,如果不能,可以拆分为几个小问题。
	一次提了多个问题		
	问题过大	1.将问题拆分为几个小问题,分批提问。 2.通过提问引导学员深入思考。	

总结

为了避免"学员回答问题混乱"的情况,可以从授课前和授课时两个方面入手。

1. 授课前

(1)在问题设计时,思考:提问目的是什么;一个问题能达成目的吗,如果不能,是否可以拆分为几个小问题,或者换一个问题;如果需要拆成几个小问题,要确保这几个问题是从易到难、循序渐进的。

(2)提前设计学员回答问题的规则,主要包括方式、内容两个方面。

①方式。在线授课时,培训师提出的问题,通常会请学员们使用文字、语音、视频三种方式之一来回答。其中,语音和视频的方式,如果不是有特别的需要(例如在开营仪式上,需要学员出镜来做自我介绍),建议慎重使用。因为培训师和所有学员的网络、设备均会影响回答问题的清晰度,发言的规则和顺序决定了回答问题的效率,还可能会出现各种突发状况(例如本章案例5-2课程中的孩子哭声)。我比较推荐请学员们在聊天区内打字的方式回答问题。这样做有以下好处:

• 高效。学员们同时打字,比通过视频或语音逐一发言效率高了很多。

• 高参与度。通过视频或语音发言,会给不善言谈或不愿露面的学员带来不小的压力,从而放弃思考和参与。用打字的方式,可以使所有学员均可轻松参与。

• 了解全局。通过看聊天区内回复的内容,培训师能够快速找到学员们回答的共同点和问题,从而决定下一个步骤做什么,重点是什么。

• 群体学习。学员们也能通过聊天区内的内容,了解其他学员的答案和想法,彼此学习。

• 方便回看。聊天区内的内容,可以在直播期间回看,更方便学员们进行回顾;同时,也可以帮助迟到的学员快速了解错过的内容,融入课程中。

• 记录整理。在互动的过程中,不但有学员们对知识、技能的理解和经验分享,还有很多灵感和意想不到的内容。将其整理为记录,可以帮助学员进行间隔性的温习和回顾。而聊天区内的文字转成记录整理时更便捷、高效。

在设计课程时,就需要考虑并决定自己希望学员们用哪种方式来回答问题。

②内容。学员提供答案的内容,是由提问的目的决定的。具体的问题才能得到具体的答案。课程中的提问通常有封闭式问题和开放式问题两种。针对这两种问题,在回答内容方面,也要有不同的规则,见表5-11。

表 5-11 封闭式问题和开放式问题的回答规则

模块	规则	原因
封闭式问题	根据不同的回答内容,确定相应的回应规则: ①数字:例如,打出 1 或 2 分别代表是/否。 ②表情:例如,用笑脸或哭脸分别代表同意/不同意。 ③符号:例如,用"√"或"×"分别代表正确/错误。 ④字母:例如,用"T"或"F"分别代表真/假。	封闭式问题的回应相对简单。统一方式,使得学员的答案一目了然,可节省时间师生的时间。
开放式问题	①一句话说明。适用于课程的阶段性总结,发表观点,分享感受、提供意见等。 ②提供模板。如果在一句话说明的基础上,还需要学员们解释原因,则可提供简单的回答模板,例如: 观点:　　　　原因:	①一句话说明可以促进学员深入思考,想清楚自己要表达的是什么,确保简洁明了。 ②模板可以帮助师生快速区分观点和原因,降低沟通成本。

(3)如果有需要,提前准备回答问题的模板。

(4)提问前,先说明回答问题的规则,如果有必要,可提供示范。

2.授课时

(1)提问前,先说明学员回答问题的规则,有需要时进行示范。

(2)如果有必要,可提供回答问题的模板,并说明原因。

(3)若有需要,重复规则,提醒学员们注意。

(4)如果有多个问题,尽量分批提问。如果必须问两个问题,提供回答的模板。

案例 5-5 "思路决定出路"的互动方式

"如何有效挖掘年度培训需求"21 天在线训练营的第一次直播主题为"思路决定出路"。在 1.5 小时的直播中,我采取的互动方式主要是提问。图 5-8 是本次直播的课程大纲。

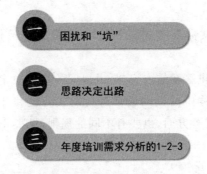

图 5-8 "如何挖掘年度培训需求"课程大纲

一、困扰和"坑"

这个模块开始时,我先播放了如图 5-9 所示的 PPT。

图 5-9 做年度培训需求的困惑

之后问学员们:"大家在做年度培训需求时,有类似的困惑吗?只要有其中的一个,请在聊天区内举手。如果没有,请发个笑脸。"

学员们齐刷刷地举起了手。我说:"看来这的确是我们大家共同的困惑。恭喜大家来对了,我们这次的训练营就是帮助大家解决这些问题的。"

二、思路决定出路

1. 小调查

接下来,我播放了如图 5-10 所示的 PPT,并说:"下面我们先做个小调查,大家看看下面这张 PPT。上面列出了比较常见的做年度培训计划的目的。大家可以对号入座,看看自己是否有类似情况。如果有,可以在聊天区内打出相应的英文字母,可以多选。如果是其他,请打出 E 后,注明您的目的。大家明白了吗?如果明白了,请发个 OK 的手势。"看到学员们均发出了 OK 的手势后,我说:"那就请开始您的选择吧!"

图 5-10 做年度培训计划的目的

学员们很快在聊天区内打出了自己的选择。其中,大部分学员选择了A、B、C、D中的两个选项,有少数学员选择了E,并进行了备注,例如,"E帮助老板、部门或个人解决问题"或"E企业发展需要"。

于是,我进行了总结:"从大家的选项来看,思路决定出路,有什么出发点、动机,就会有什么产出。这也是我们第二部分的内容:思路决定出路。"

2. 课前作业点评

接下来,我展示了课前作业的几个问题,逐一点评。例如:

(1)HR或培训师的定位,是执行者还是解决方案的提供者。

我说:"我看到大家都选择了解决方案的提供者。如果我们将自己定位为执行者,会出现哪些问题呢?请大家思考一下,将自己的观点发在聊天区内。"

看到有学员发出文字后,我先读一遍,然后根据后面内容的发出多少来决定如何做。如果后面还没有文字发出,我会对此做简短的点评。如果后面又发出了不少内容,我就继续读下一位学员的观点。如果对某位学员的发言有疑问,则向其提出问题。

最后,我对这个问题进行总结:"大家说得没错!如果我们单纯做执行者,就很难达成我们的目的,比如体现价值、帮助企业、解决部门问题等。因此我们要牢记自己的身份,什么样的角色定位,决定你会采取什么的行动。"

(2)判断正误。

A. 依据老板或领导制订的主题行事。

B. 没有思路时使用问卷。

C. 自己凭感觉认为该做哪些培训。

我说:"我看了每份课前作业,发现有些伙伴掉进了坑里。大家觉得,这三个做法中,哪个是对的呢?可以在聊天区内发出相应的英文字母,如果觉得没有,就举手示意。"

大部分学员举手了。我说:"感谢大家的快速回应。大部分伙伴都举手了,我看到有三位伙伴发出了字母A。请问大家:'A.依据老板或领导制订的主题行事,有哪些利弊?'大家可以思考一下,然后按照利:____ 弊:____ 的格式分享您的观点。"

之后,学员们按照要求的格式回复了自己的观点。

我进行了总结:"总结一下刚才大家的观点。依据老板或领导制订的主题行事,利主要是简单省事,让老板或领导觉得自己听话。弊端很明显,因为不少老板不够专业,甚至是外行,可能是瞎指挥。如果我们按照他们指定的课程进行,有可能会成为背锅侠,因为我们是培训后果的承担者。同时,这样的情况屡次发生后,我们就失去了自己的专业度、话语权和影响力,给后续的工作带来人为的阻碍。"

三、年度培训需求分析的 1-2-3

在这个模块,我先说明了年度培训需求分析的 1-2-3 是指 1 套思路、2 个来源、3 个方向。然后,播放 1 套思路的 PPT,并提问:"常有学员问我该如何平衡企业和学员的需求,现在请大家参考 1 套思路来分享自己对这个问题的看法,直接打字到聊天区内即可。"

于是,大家纷纷在聊天区内写出了自己的想法。

最后,我进行了总结:"大家说得没错!我们的目的是将培训做成投资,而非成本。既然是投资,首先要关注的就是投资方的利益。所以,这是个伪命题。从 1 套思路中可以看出:企业需求和学员需求是总分关系,学员需求必须服从企业需求,所以不存在平衡的问题。"

四、总结

在直播结束前,我说:"今天的直播已接近尾声了,请大家用一句话分享自己今晚的收获或思考,打在聊天区内,让我们看看有哪些惊喜。"

于是,每位学员都将自己的一句话收获发至聊天区内,我逐一读出,并根据需要进行点评或补充说明。

案例点评

在这个案例中,我使用了"明确规则"+"借力学员"+"引导互动"+"及时总结"的方法,具体表现如下。

1. 明确规则

在这个案例中,我使用了多种互动方式,且在进行互动前,均说明了学员回应的规则,详见表 5-12。

表 5-12 案例中的互动方式及规则

环节	互动方式	规则
做年度培训需求的困扰	表情回应	大家在做年度培训需求时,有类似的困惑吗?只要有其中的一个,请在聊天区内举手。如果没有,请发个笑脸。
做年度培训计划的目的	回复英文字母	如果有,可以在聊天区内打出相应的英文字母,可以多选。如果是其他,请打出 E 后,注明您的目的。
作业点评 1:HR 或培训师的定位	回答问题	如果我们将自己定位为执行者,会出现哪些问题呢?请大家思考一下,将自己的观点发在聊天区内。
作业点评 2:判断正误	给出判断	这三个做法中,哪个是对的呢?可以在聊天区内发出相应的英文字母,如果觉得没有,就举手示意。
	利弊分析	思考 A 选项的利弊,按照利:____ 弊:____ 的格式分享您的观点。

续表

环节	互动方式	规则
年度培训需求分析的1套思路	分享看法	参考1套思路来分享自己对这个问题的看法,直接打字到聊天区内。
课程结尾	分享收获	请大家用一句话分享自己今晚的收获或思考,打在聊天区内。

从表5-12中可以看到:无论使用什么样的互动方式,都需要明两点:

(1)希望学员做什么——这是我们在课程中互动的目的,是在课程设计时首先要明确的。

(2)学员们如何回应——为了达成互动的目的,选择什么样的互动方式更合适,具体如何操作,提前用简洁的语言描述清楚,确保无须解释,学员们就能够理解一致。这样才能确保授课时的互动既能达到目的,又能井然有序地进行。

2.借力学员

课堂互动不仅仅是提出几个问题,更需要精心设计,使其自然、流畅,更能吸引学员参与。而借力学员是在线授课时最简单易行的方式。表5-13列出了这个案例中"借力学员"的具体做法。

表5-13 案例中"借力学员"的做法

环节	借力的方法	目的
做年度培训需求的困扰	表情回应	1.进行需求调研 2.引起共鸣
	针对回应的反馈	3.激发学习动机 4.导入课程
做年度培训计划的目的	针对学员选项的总结	导入下一节内容
作业点评1:HR或培训师的定位	读出学员们的答案,并进行反馈	1.分享学员的观点 2.调节课程节奏 3.深化课程内容
作业点评2:判断正误	对三位学员选择的A选项进行利弊分析	1.引发学员的思考 2.让选A的学员了解其他学员的观点和想法 3.促进学员之间的互动 4.深化学员们对A选项的理解

续表

环节	借力的方法	目的
年度培训需求分析的1套思路	请学员们参考1套思路分析问题	1. 检测学员们对1套思路的理解 2. 解决学员们的误区 3. 让学员们从不同角度来分析问题
课程结尾	逐一读出学员的收获，并进行点评和补充	1. 汇集和分享全体学员的收获 2. 让每位学员感受到被关注 3. 对课程进行总结

从表5-13可以看到，借力学员有多种方式，也能够达成多个目的。当然，重点依然是先想清楚自己互动的目的是什么，避免为了互动而互动。

3. 引导互动

课堂上的互动，如果只是培训师面对全体学员来进行，一方面很难照顾周全，另一方面也容易疲惫，难以维持学员们的注意力和参与度。本案例在简单互动的基础上进行了引导。

(1)作业点评1：HR或培训师的定位环节，我提出问题请学员回答，然后逐一读出学员们的答案，并进行反馈。当有疑问时，向该学员提出问题，进行一对一互动。

(2)作业点评2：判断正误环节，有三位学员选择了A选项，我没有直接指出其错误，而是引导所有学员思考A选项的利弊，并分享在聊天区内。这样的做法，比直接给出正确答案更容易让人接受，印象也更深刻。

4. 及时总结

线上课程因看不到对方（除非要求全程出镜），且大家不在同一个空间，很容易转移注意力。在这个案例中，我通过多种方式互动和及时总结，帮助学员们保持专注，并强化每个环节的内容。"压轴戏"是舞台演出时，安排在最后，也是最精彩的节目。原因是整个舞台的演出，会因为最后这一刻的精彩让人印象深刻，且有更好的评价，这是心理学中的近因效应在发挥作用。同理，及时总结也是近因效应在培训中的运用。通过及时总结，帮助学员们梳理该环节或模块的内容，加深印象，可以起到画龙点睛的作用。这样做对于学员们的记忆也很有帮助。通过一次次及时的总结，将整个课程分割为一个个小的组块，并进行串联，比起针对整个课程这个"大家伙"进行总结、记忆和提取，难度是不是也降低了很多呢？

问题 6 不知该先回答哪位学员的问题

线上授课时,在培训师问"大家还有什么问题吗?"后,如果提问的学员比较多,而培训师可用于解答问题的时间又不足以一个个回答,该怎么办呢?表5-14列出了这个问题的主要原因和对策。

表 5-14 "不知该先回答哪位学员的问题"的原因和对策

描述	常见原因	马上可以采取的措施	预防措施
学员们提问后,因时间有限无法一一回答,培训师不知道应该先回答谁的问题	没有提前准备规则	根据现场情况,快速确定规则。	1.明确让学员提问的目的是什么。 2.根据提问的目的,考虑到可能的问题,设计针对学员问题的回答规则和处理方式。 3.提出问题前,先说明回答问题的规则和处理方式。
	没有事先说明回答问题的规则	说明回答问题的规则。	
	不清楚让学员提问的目的	确定目的,选择能够达成目的的问题来回答。	

总结

针对"不知该先回答哪位学员的问题"的情况,可以从提问前和提问后两个方面入手。

1. 提问前

问答是在线课程中最常用的互动方式,无论提问还是回答问题,均需要精心设计。例如,在课程的哪个环节需要学员提问,让他们提问的目的是什么,培训师要如何对提问进行反馈。

(1)明确让学员提问的目的是什么。课程的不同阶段让学员提问,有着不同的目的,如表5-15所示。

表 5-15 课程不同阶段让学员提问的目的

课程的阶段	让学员提问的目的
课程开场	1.了解他们对于课程有着什么样的认知、基础、问题和期待。 2.调动学员们参与的积极性。
课程某模块的开始	1.通过学员们能提出什么样的问题,来判断他们对该模块内容的了解情况。 2.引起学员们的注意。

续表

课程的阶段	让学员提问的目的
课程某模块的中间	1. 了解学员们的听课状况。 2. 集中学员们的注意力。
课程某模块的结尾	1. 检测学员对该模块所学内容的理解程度。 2. 了解学员们还有哪些疑问或不清楚的地方,答疑解惑。
课程的结尾	1. 检测学员们对课程的学习情况。 2. 了解学员们还有哪些疑问或不清楚的地方,答疑解惑。 3. 借力学员们提问进行课程回顾和总结。

(2)根据提问的目的,考虑到可能的问题,设计针对学员问题的回答规则和处理方式。其中,回答规则包括回答问题的顺序和数量,处理方式是指如何处理未回答的问题。针对 5-15 的提问目的,有不同的回答规则和处理方式,即以终为始的回答规则和处理方式,如表 5-16 所示。

表 5-16　以终为始的回答规则和处理方式

课程的阶段	让学员提问的目的	回答规则	对未回答问题的处理方式
课程开场	1. 了解他们对于课程有着什么样的认知、基础、问题和期待。 2. 调动学员们参与的积极性。	合并同类问题,集中解答。	1. 表扬大家的提问积极性。 2. 说明跟本课程无关的问题,可以课后交流。
课程某模块的开始	1. 通过学员们能提出什么样的问题,来判断他们对该模块内容的了解情况。 2. 引起学员们的注意。	对问题进行归类,选择性地回答。	说明哪些问题会在课程中解决,哪些可以私下交流。
课程某模块的中间	1. 了解学员们的听课状况。 2. 集中学员们的注意力。	按照提问的顺序来回答,说明选择前几位。	区分问题类别,说明不同的处理方式。
课程某模块的结尾	1. 检测学员们对该模块所学内容的理解程度。 2. 了解学员们还有哪些疑问或不清楚的地方,答疑解惑。	1. 对提问的关键词进行归类,选择出现频率排名前三位的回答。 2. 针对共性的问题,由培训师或学员解答。	1. 肯定学员们提出的问题。 2. 说明:其他与课程相关的问题,如果有时间,会在课程结尾时解答;与课程关联不大的问题,私下交流。

课程的阶段	让学员提问的目的	回答规则	对未回答问题的处理方式
课程的结尾	1.检测学员们对课程的学习情况。 2.了解学员们还有哪些疑问或不清楚的地方,答疑解惑。 3.借力学员提问进行课程回顾和总结。	选择与课程关系密切的问题。先对提问的关键词进行归类,提供相应的课程模块内容要点;再针对共性的问题,由培训师或学员们解答。	1.恭喜学员们的收获(提问和疑问均是收获)。 2.说明:其他与课程相关的问题,由学员们课后讨论,如果有需要,可以向培训师求助。

(3)提出问题前,先说明回答问题的规则和处理方式,一方面提醒学员们提问的范围和标准,另一方面,也让学员们有所准备,避免提问后未得到回答导致的失落。

2.提问后

(1)如果准备了回答问题的规则,但未提前说明,先补充说明回答的规则,让学员们心中有数。

(2)如果没有提前准备回答问题的规则,根据现场情况,快速确定并说明规则。

(3)如果不清楚让学员提问的目的,则需先明确目的,选择能够达成目的的问题来回答。

案例5-6 课前阅读作业答疑

"引导式课程设计"在线训练营的教材,是我写的《培训师成长实战手册:引导式课程设计》一书。训练营的每一天,我都给学员们安排了该书的课前阅读任务,并提供相应的问题引导大家深入思考和学以致用。在第一次直播中,有一个环节是针对学员们的课前阅读问题进行答疑。我事先从学员们的阅读任务中选择了阅读过程中的疑问,分类后呈现在PPT上,见图5-11。然后,按照A、B、C三个类别的顺序进行解答。

> **课前阅读作业　答疑**
>
> 【A类问题】与课程内容相关,两句话能说清楚的问题。
> 1.　　2.　　3.
>
> 【B类问题】与课程内容相关,但比较笼统,一两句话说不清的问题。
> 1.　　2.　　3.
>
> 【C类问题】与本次课程内容无关,但会影响到本次课程学习的问题。
> 1.　　2.

图 5-11　课前阅读作业答疑

1. A 类问题

例1:第29页"设计培训现场产出呈现形式的步骤"中,如何理解阶段性目标?

对此,我的解答:"您可以将某次培训当成一场400米的接力赛,终点是本次培训的总体目标。而每个100米的交接处,就是阶段性目标。只有细化并达成每个阶段性目标,才能确保培训总体目标的达成。"

例2:引导式培训师有七项核心能力,我觉得自己都差很远,那我还能做好引导式培训吗?

对此,我的解答:"您很善于反省,其实我虽然已经经过了近10年的引导式课程实践,也觉得还有可提升之处,但这个并不影响我去尝试和精进自己的课程。这七个核心能力中,诊断力是最关键的,也是每位伙伴最急需提升的能力,其他能力我们可以在做的过程中慢慢提升。"

2. B 类问题

例如:如何才能提出有效的问题呢?

对此,我的回答:"这个问题很大,也是我们每个人一生的修炼。在本次训练营中,会通过21天的打卡+点评,我手把手地教大家问题设计的底层逻辑,并分阶段进行刻意练习,实练如何提出有效问题。"

3. C 类问题

例如:我认为要做到引导式课程设计的"以少胜多"这个原则,前提是做有效的培训需求调研。但如何才能确保调研的结果是精准有效的呢?

对此,我的回答:"您说的培训需求调研的确是引导式课程是否有效的关键。同时,如何做精准有效的需求调研,是另一个课程'问题树课程开发模型'的内容。您可以再重温一下《培训师成长实战手册:培训需求诊断和调研》《培训师成长实战手册:培训问卷设计和运用》这两本书。如果有问题,我们再交流,好吗?"

学员回答:"好的。"

在本次直播结束前,我说:"今天的直播课程接近尾声了,请大家思考一下,关于今天的内容,大家还有什么疑问?如果有,请在聊天群码字。"有三位学员提出了问题。我按照提问的顺序,分别读出问题,询问学员们的意见,大家在聊天区内打字回复和交流。最后,我在学员们发言的基础上进行了总结,将其作为本次课程的结束语。

案例点评

在这个案例中,我使用了"问题分类"+"分层回答"+"借力学员"+"一箭双雕"的方法,具体表现如下。

1. 问题分类

在学员人数较多、提问相对多的情况下,先将问题快速分类,是最大限度回答学员问题的有效方面。使用这个方面的关键是确定问题分类的依据。在这个案例中,我将问题区分为 A、B、C 三类的依据是是否与本次课程内容有关。其他的分类依据有:有代表性的知识点、某项技能的几个步骤、问题产生的原因……

2. 分层回答

分层回答有三个方面的好处:

(1)化繁为简。将同类问题放在一起回答,避免了信息杂乱导致的理解困难。

(2)激励学员。这样做会让所有学员感受到被关注了,从而激励他们更积极地参与课堂互动。

(3)节省时间。比起一个个回答问题,分层回答的方式,可以节省大量的时间。

3. 借力学员

面对学员提出的问题,先判断难易程度,如果学员们有能力回答,或者想引发学员们的思考,就可以将问题抛回给学员们,请大家分享自己的看法和观点,进行讨论。在本案例课程结尾时,只有三位学员提出问题,我就按照提问的顺序,逐一读出,直接请学员们来回答。

4. 一箭双雕

这个案例的结尾部分,有两个一箭双雕的设计。第一个是借力学员来回答三个问题,不但增加了学员之间的互动,也促使大家深入地探讨了课程内容,印象更深刻。第二个是我对学员们的回答进行总结,并将其作为课程的结束语。这样的设计,比起培训师自己先回答三个问题再进行课程总结,互动更好,节奏明快,学员们的学习效果也更好。

问题 7　学员参与度不高

线下授课能够很直观地看到学员们的状态和参与的情况,可以马上进行干预或引导。在线上课程时空分离的条件下,培训师更要重视学员的课堂参与和互动,而这也是很多培训师感到苦恼和挑战的问题。表 5-17 列出了"学员参与度不高"的主要原因和对策。

表 5-17　"学员参与度不高"的原因和对策

描述	常见原因	马上可以采取的措施	预防措施
授课期间,学员们对于活动的参与度不高	学员对课程内容不感兴趣	1. 正式上课前,使用简单的活动引发学员注意力。 2. 用有吸引力的开场,让学员们看到课程的价值。 3. 授课过程中,采用多种互动方式。 4. 通过联系工作实际的演练,让学员有成就感。	1. 在需求调研的基础上,设计与学员需求匹配的课程内容。 2. 提前发送课程相关的资料。 3. 设计有亮点的开场方式,搭建学员与课程之间的桥梁。
	学员不愿意回答问题	1. 询问该问题是否描述不清。 2. 换个问法。 3. 示范回答,抛砖引玉。 4. 将较大的问题拆分为几个小问题来问。	1. 设计问题时,尽量简单明了,通俗易懂。 2. 一次只问一个问题。 3. 斟酌措辞,确保学员愿意回答。
	活动规则不清晰或过于复杂	1. 先说明活动产出。 2. 再说明所需步骤。 3. 按照步骤,分阶段发布指令。	1. 尽量选择简单的活动。 2. 将活动规则拆解,在 30 秒内说清楚。 3. 复杂活动分段发布指令。 4. 提前准备流程图或视觉化素材,辅助活动规则的说明。
	网络、设备原因导致互动体验不好	1. 启用备选方案。 2. 更换互动方式。	1. 培训师和学员均提前调试好设备。 2. 针对要使用的互动方式,测试网络、画面和音效等。 3. PPT 中的文字不宜过多,内容简洁、突出重点。
	缺乏反馈和鼓励	1. 在每次互动后,及时提供反馈。 2. 课程开始时,宣布激励方式。 3. 课程中,及时进行反馈和鼓励。	1. 提前准备几种反馈方式。 2. 设计激励的方式。

总结

为了避免"学员参与度不高"的情况,可以从授课前和授课时两个方面入手。

1. 授课前

(1)内容为王。在需求调研的基础上,设计与学员需求匹配的课程内容是学员参与互动的前提。

(2)课前准备。课前就跟学员建立联系,例如建立 QQ 群、钉钉群,事先分享课程大纲、相关的学习材料等,引导学员针对问题进行思考,让学员对课程内容有所期待。

(3)设计有亮点的开场方式,搭建学员与课程之间的桥梁。可以用提问、故事、案例、视频、互动等多种方式。但无论用什么方式,都不能为了互动而互动,以下切入点可以激发学员们的参与度:

①展示学员共同的痛点,导入课程主题。
②说明课程内容与学员实际工作的联系,激发学员的学习动机。
③通过学员已有知识的回顾,说明已有知识与课程的关系,树立信心。
④分享其他学员在工作中成功运用所学的案例,让学员看到课程的价值。

(4)设备、素材的准备。设备、素材的准备具体如下:

①培训师和学员均提前调试好设备。
②针对要使用的互动方式,测试网络、画面和音效等。
③PPT 中的文字不宜过多,内容简洁、突出重点。尽量少用动画或复杂的音效等,一方面避免引起网络、设备卡顿,另一方面避免过杂的信息带来不必要的注意力干扰。

(5)设计有效的问题。有效的问题不但要达到提问的目的,还要确保学员们能够回答、愿意回答。其要点包括:

①设计问题时,尽量简单明了,通俗易懂。
②问题具体,且一次只问一个问题。
③斟酌措辞,确保学员愿意回答,要避免触碰学员的隐私,避免引起学员的反感。例如,有培训师在"向上沟通技巧"线上培训中,直接问学员:"你跟上司的沟通中有哪些问题?"结果无人反馈。而另一位培训师在同主题的课程中问:"你们观察到身边的同事与他们的上司沟通时,有哪些问题?"学员们纷纷回应。这就是措辞的重要性。这两个问题要达到的目的是一样的,但前一个问题让学员们担心会不会被打击报复,后一个问题则让学员们放下包袱,轻松作答。

(6)活动设计。线上的活动虽然没有线下丰富,但也大有可为。在设计活动时,需要遵循以下原则:

①条条大路通罗马,尽量选择能达到目标的简单活动。

②将活动规则拆解,在 30 秒内说清楚。因为人们在线上注意力集中的时间很短。

③复杂活动分段发布指令,必要时进行示范。

④如有必要,提前准备流程图或视觉化素材,辅助活动规则的说明。

(7)及时反馈和激励。及时反馈能让学员感受到自己被关注、被尊重,及时激励能使学员保持积极性。因此,在课程设计阶段,需要提前考虑并进行相应的设计。

①提前准备几种反馈方式,根据学员们的互动方式不同,设计不同的反馈方式。

②设计激励的方式。激励可以是课程整体的积分系统,也可以是口头激励或其他方式。

2. 授课时

再好的内容,也需要有吸引力的授课方式。授课时,培训师提出的问题、开展的活动,都需要考虑到细节,以带动学员参与。

(1)开场使用简单的活动引发学员注意力。最简单的方式,就是借测试设备或声音来互动,例如,问学员们:"能听到我的声音吗?如果可以,请发 1。"或者:"大家能看到 PPT 上的内容吗?如果可以,请举手示意。"这些简单的活动,有以下几个作用:

①再次确认设备、音效、画面的质量,为课程顺利进行奠定基础。

②宣布课程将要开始了。

③通过简单的回复数字或表情,带动学员们参与。

④通过齐刷刷的数字或表情回应,营造上课的氛围。

⑤相当于快速点名,了解学员们到场的情况。

(2)用有吸引力的开场,让学员们看到课程的价值。具体方法在上面的"授课前"进行了说明。在授课时,如果没有提前准备,可以提出与培训主题相关的问题来开场,吸引学员们的注意力,然后用往届学员成功运用所学的案例来呈现课程价值,从而导入课程。

(3)授课过程中,采用多种互动方式。即使是提问,也可以分为开放式问题和封闭式问题。针对封闭式问题,可以采用口头提问,也可以转为书面的选择和判断题。这样的变形,可以避免学员们在单一互动下的疲惫和反感。

(4)通过联系工作实际的演练,让学员有成就感。现在是个信息爆炸的时代,如果只是单方面传递信息,不如学员们自己上网去搜索。是什么让学员们来参加线上课程呢？最主要的原因是大家希望解决自己的实际问题。所以，在授课的过程中，不但要理论联系实际，更要动静结合。其中的"静"是学员听课、思考，"动"是学员们交流、演练。前者侧重在"知"，后者侧重在"行"。如果课程内容仅停留在"知"上，学员们遇到问题后，通常无法得到及时解决和帮助，可能会使其放弃运用，从而使得培训效果大打折扣。而通过课程中的演练，可以先解决部分"行"中可能的问题，培训师进行解惑和提供建议，更有利于扫除培训后运用的障碍。

（5）提问。提问作为最常用的互动方式，看似简单，却也问题多多。在线授课时，如果培训师提出一个问题，等待5～8秒后，发现没有人回应或只有少数几人回应，可以采取下面的措施：

①询问该问题是否描述不清。

②换个问法。例如："或者我换个问法……"

③示范回答，抛砖引玉。例如："如果是我，会回答……您的想法呢？赶快到聊天群打字分享出来吧。"

④将较大的问题拆分为几个小问题来问。例如："刚才这个问题可能有点大，那我们缩小一下范围，先看其中的一个因素……"

（6）学习活动。线上培训中使用的学习活动，调动大家的参与积极性是关键。下面是可以采取的措施：

①先说明活动产出。向学员们指明活动的目标，让他们知道最终的结果是怎样的。

②再说明所需步骤。所需步骤，就是达成目标的路径。这可以帮助学员在头脑中形成一张该活动的行动地图，激发参与的积极性，并在过程中可以按图索骥。

③按照步骤，分阶段发布指令。分阶段发布指令是一种很好的分段控制方法，可以确保学员们清楚了解规则后采取行动。同时，在发布下一个阶段指令前，先确认上一个阶段的完成情况非常有必要，否则会让落后的学员丧失追赶的勇气。

（7）如果是网络、设备原因导致互动体验不好，可以采取以下措施：

①启用备选方案。快速更换设备、切换网络，确保课程节奏连贯。

②更换互动方式，以确保课程顺利进行。有些培训师很喜欢连线让学员回答问题，但在回答的过程中状况频出，例如，连续连线几位学员，都因网络或设备原因，要么听不到声音，要么需要调整摄像头，要么直接没有反应。其他学员在等待的过程中，渐渐失去了参与的积极性，有些学员可能就开小差去了。

除了设备和网络原因，培训师自身也可能是学员们体验不佳的原因。培训师自己也要注意以下事项：

第一，授课时，培训师要注意自身形象，具体包括：穿着不要太过随意，坐姿端正，头不要频繁晃动，表情适度。这样一方面展示出培训师的专业度，另一方面也能避免学员对培训师的专业评价低和反感。

第二,确保摄像头保持在视线水平,这样会使学员感觉与培训师面对面。如果摄像头位于视线以下,看起来像培训师俯视学员,学员会有压迫感。

第三,说话时,嘴与麦克风保持安全距离,以使音频保持干净,音质清晰。

第四,记得关门、关窗,确保身边的环境安静,没有干扰。

第五,关闭所有可能会增加背景噪音的设备。

(8)及时反馈和鼓励,这是维持学员高参与度必不可少的。

①在每次互动后,及时提供反馈。反馈时,可以分为针对个人或针对全体。针对个人时,建议直接@该学员。针对全体时,可以用"大家"或"所有伙伴"这样的称呼(具体称呼可依据本企业和学员的惯例确定)。反馈的内容,视情况而定。

②课程开始时,宣布激励方式。激励可以是物质上的,也可以是精神上的,例如小灶。

a.课程开始时,公布激励方案,考核回答次数、回答内容的可参考性,课程结束时给予相应的奖励。

b.培训过程中由培训助理进行记录,培训师提出问题,对回答积极的学员予以加分,累积到分数会有礼物。

c.培训师提出问题后,最快并且正确答对的学员有礼物。

③课程中,及时进行反馈和鼓励。

案例5-7　连线互动

我的"引导式课程设计"21天在线训练营的第一次直播,主题是"什么是引导式课程",大纲内容见图5-12。

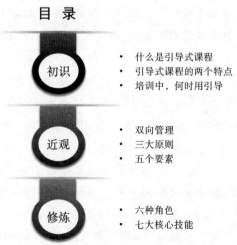

图5-12　"什么是引导式课程"大纲

从课程大纲中可以看到,大纲中所有内容均为知识和概念。怎样才能在1.5小时的直播中,持续保持对学员的吸引力,且使其能掌握上面的所有内容呢?在测试钉钉群的直播功能时,我发现其中有一个新的功能,可以通过老师递粉笔的方式,让学员们在黑板上绘画。这给了我启发,于是我将课程大纲上的所有内容,汇总为图5-13,呈现在一张PPT上。

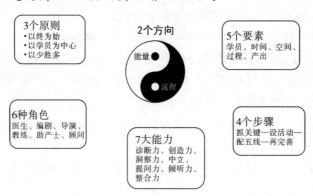

图5-13 知识点汇总

因为课前学员们已经通过课前阅读的方式学习了上述内容,并填写了阅读笔记。因此,在直播课程开始后,只进行了简单的内容回顾,我就展示了这张PPT,请学员们将相关联的知识点连线,并在聊天区内打字说明理由。规则如下:

(1)按照举手的顺序递粉笔,每次三人,选择不同的颜色进行连线。

(2)每个人可以用三条线,分别连接三组知识点。其他学员思考自己会连接的知识点及理由。

(3)连线结束后,取消粉笔,这三位学员到聊天区内打字说明理由。

(4)培训师将粉笔递给接下来的三位学员,重复上面的步骤。

之后,我说:"如果清楚规则了,请打1。"学员们均打出了"1"。

于是,按照上面的规则进行连线。在第一组的三位学员连线时,我说:"在这三位伙伴连线时,其他伙伴也可以思考一下:如果自己去连线,会跟他们一样吗?如果不一样,会有什么不同?自己这样连线的理由是什么呢?"有了这样的思考后,后面几组的连线和理由很快就完成了。图5-14是学员们连线后的成果。

在连线环节结束后,我们针对大家分享的理由进行了交流,我解答了疑问,纠正了一些有偏差的认知,并与学员们一起总结出了课程的要点。

在直播结束前,我请学员们用一句话总结收获,超过半数的学员反馈:这个连线活动让自己印象深刻,且以后可以常常"玩连线",巩固和刷新自己的认知,指导实践。于是,我将这张图做了调整,单独保存为一张PPT,并上传到钉钉的群文件中,方便学员们下载打印并可以根据自己的喜好进行编辑。

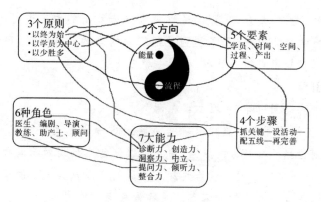

图 5-14 连线成果

案例点评

在这个案例中,我使用了"翻转课堂"+"连线互动"+"提问引导"+"顺势而为"的方法,具体表现如下。

1. 翻转课堂

知识类的培训,如果只靠培训师在培训现场讲解,无论是效果还是效率都会非常差(低)。面对学员们知识、基础不同的情况,更是会面临诸多挑战。如果像本案例一样,采用翻转课堂的方式,将知识的学习前置到培训前,有以下几个好处:

(1)学员们通过自学可以事先了解课程内容,建立自己与课程内容之间的联系。

(2)节省正式授课的时间。

(3)通过课前学习,将学员们的知识基础拉近一些,降低授课时的挑战度。

(4)课前进行小组学习,建立学员之间的联系。

(5)通过课前辅导,解决部分培训中会出现的问题。

在这个案例中,我不但请学员们提前阅读了相关内容,还设计了一些问题,引导学员们有目的地关注重要内容,并进行深入思考,从而提升了课前学习的质量。

同时,要确保学员们完成课前作业,也可以设置一些机制,例如:

(1)培训前通知学员必须完成作业,明确告知:如果完成率低于××,则被取消在线学习资格。

(2)安排班主任或助教跟进和辅导课前作业,定期公告课前作业完成数据。

(3)将课前作业的完成情况,纳入培训激励方案中。

2. 连线互动

连线是检验学员是否了解某个知识的快捷方式。在这个案例中,我将其用于进行各个知识点的整合、巩固。通过对6张卡片上的内容进行连线,既检测了学员们课前学习的效果,又了解到了他们对内容的认知情况,还帮助学员们建立了关于所有知识点的全景图,可谓一举三得。

3. 提问引导

这个案例的提问引导,主要体现在两个方面。

(1)提问连线的理由。连线只能告诉我对方知道哪两个知识点有关联,而连线的理由则让我了解背后的原因,由此可以评估学员们对于课程内容的理解度,相当于做培训需求调研。这给我针对学员们连线及其理由的反馈提供了依据:答疑解惑、纠正一些认知的偏差。这些量身定制的内容和做法,也体现出了"以学员为中心"的原则。

(2)请等待连线的学员思考问题。因系统限制,每次只能有三位学员上台连线,其他学员只能等待。这跟线下培训的场景一样,可能会出现等待的学员开小差的情况。我通过提出三个问题,尤其是自己的连线与这三位伙伴是否相同这样的问题,将学员们的注意力成功吸引到了黑板上,并思考自己的连线内容及理由。这样做有以下几个好处:

①避免了等待的学员开小差的情况。
②将学员们的注意力集中在连线内容上。
③引导学员们关注三位连线者的内容,并思考其原因。
④为学员自己上台连线做准备。
⑤加快了速度,节省了连线环节的时间。

通过这样的活动,学员们不但将课程大纲上的所有内容进行了回顾,还通过连线理由的说明和交流,加深了对课程内容的理解。

4. 顺势而为

课程结束前,从学员们的收获中看到,大家对于连线这个环节印象深刻,并提出以后可以常玩玩。于是,我将PPT稍做调整后,上传到群文件中,供学员们下载打印。这样的方式,不但让学员们的需求得到了满足,也为学员们提供了回顾和探索课程内容的工具,同时体现出了"以终为始"和"以学员为中心"的原则。

问题 8 不知道学员的学习效果

无论线上还是线下培训,都需要关注学员们学习的效果。但在线上进行培训,因受时空、设备、网络等诸多因素的影响,想要了解学员的学习效果,似乎更有挑战。表5-18列出了这个问题的主要原因和对策。

表 5-18 "不知道学员的学习效果"的原因和对策

描述	常见原因	马上可以采取的措施	预防措施
不知道学员们对课程内容是否已经知道、理解和会运用	在线课程中未进行相关测试	1.课程中针对重点模块的学习内容进行测试。 2.课程结束前,请学员们参与线上考试。	1.课前测试学员的基础。 2.针对课程的重点模块设计相应的测试方式。 3.提前设计好试题。
	没有跟进学员们培训后的运用情况	1.请学员写"5-3-1"作业,并提交给主管领导审核。 2.请学员写学习心得。 3.电话抽检所学内容。 4.定期分享学员的运用案例。	1.提前与学员领导沟通培训后跟进事宜,明确方式和责任人。 2.事先准备"5-3-1"作业模板。 3.规划培训后跟进方案并告知学员。

总结

针对"不知道学员的学习效果"的情况,可以从授课前、授课中、授课后三个方面入手。

1.授课前

好课程是设计出来的。课程进行中,要针对哪个模块进行什么样的检测,不是授课时临时起意,而是在课程开发时精心设计的。关于了解学员的学习效果这个问题,在课前可以采取以下措施。

(1)课前测试学员的基础。测试的目的,一方面是做培训需求调研,了解学员们对课程内容的认识、理解和相关技能等处于什么水平,为后面的课程方向提供依据;另一方面是为了进行比对,在课程结束前,针对这些项目再次进行测试,通过比对可以看到学员们的学习效果。这个方法适合相对简单的知识、技能类培训。

(2)针对课程的重点模块设计相应的测试方式。测试有多种方式,可以根据目的来选择。表 5-19 提供了知识、态度、技能类课程的不同测试方式。

表 5-19　不同类型课程的测试方式

课程类别	测试的目的	测试方式
知识类	1. 测试学员们是否知道某些知识。	①提问；②列出清单；③排序；④连线；⑤判断。
	2. 测试学员们是否理解了某些知识。	①分类；②解释；③举例说明；④找关联；⑤描述特征；⑥用自己的话来表达。
态度类	1. 测试学员们是否能区分不同的态度。	①提问；②连线；③判断；④分类。
	2. 测试学员们是否能理解课程内容。	①解释；②举例说明；③找关联；④描述特征；⑤用自己的话来表达。
	3. 测试学员们是否会做出正确的选择。	①选择；②案例分析；③学习心得。
技能类	1. 测试学员们是否知道某项技能的相关知识。	①提问；②列出清单；③排序；④连线；⑤判断。
	2. 测试学员们是否能够运用某项技能。	①完成某项任务；②操作某种设备或软件；③完成一个练习；④解决某个问题；⑤进行角色扮演。

从表 5-19 可以看到，测试的目的需要细分为知道、理解、运用等不同的层级，这样才能有的放矢地选择相应的测试方式。如果只用一个"掌握"来代替表 5-19 中的所有测试层级，就会出现各种状况，例如，有读者反馈："我们在培训的最后环节，要求每位学员都通关。大家均能说出产品知识，并熟背话术，但为什么回到实际工作中却不会用？"我们结合表 5-19 就可以知道：能够说出产品知识和熟背话术，只能说明学员们处于对产品和话术"知道"的阶段，无法显示他们是否理解，更不要说能够在销售场景中运用了。这是一个典型的培训目标与课程内容、测试方式不匹配的案例。

(3) 提前设计好试题。如果要通过在线考核的方式进行测试，需要提前设计好考试题目，录入相应的平台，例如金数据、问卷星等，保留链接或二维码，方便快速分享给学员。可以将试卷链接的二维码的图片直接展示在 PPT 中。在线测试的题目不要过多，只选择与培训目标有最直接关系的课程重点模块设计试题，以免学员没有耐心回答。

(4) 提前与学员领导沟通培训后跟进事宜，明确方式和责任人。这点非常重要，可能会直接影响到培训跟进是否能够顺利进行。因为无论从效率还是质量而言，学员的领导都比 HR 或培训师在培训后的跟进上有优势，而且事半功倍。

(5) 事先准备"5-3-1"作业模板。

①"5-3-1"作业,是培训后的效果强化解决方案。

5——找出课程中自己认为有收获的5项。

3——从上面5项中,找出3项对自己工作有帮助的内容。

1——从上面3项中,找出1项可马上开始行动的内容,制订明确的计划执行。

②"5-3-1"作业模板(详见图5-15)包括三个部分:

a. 收获和感受,这是学员对于课程的总体印象和思考。

b. "5-3-1"计划表,帮助学员回顾课程内容,从5项收获中找出对自己工作有帮助的3项内容,再从这3项中确定1项要马上采取行动的内容。

c. 行动计划表,针对"5-3-1"计划表中明确的1项行动,制订细化的内容和起止时间、检查频率、检查人等,便于执行和检查。

"5-3-1"作业模板

姓名:
收获和感受:

"5-3-1"计划表

课程名称	5项收获	3项运用	1项行动

行动计划表

课程名称	行动项目	计划具体内容	开始时间	检查人	追踪情况	备注

图5-15 "5-3-1"作业模板

(6)规划培训后跟进方案并告知学员。这样做有如下的好处:

①提前设计培训后跟进的方式、频率或周期,让跟进的行动可以落到实处。

②事先跟学员领导沟通,获得其支持,并明确责任,做到事半功倍。

③在授课时,配合培训后的跟进措施明确重点,匹配相应的方式。例如,技能类的课程,在授课时尽量多让学员进行演练,以促进学以致用;或者在授课时,多提供一些与学员工作场景相关的运用案例。

④提前告知培训后跟进方案,让学员们心中有数,并指引大家在培训中关注和思考如何学以致用。

2. 授课中

(1)课程中测试。针对重点模块的学习内容进行测试,测试的方式根据课程类别和目的来选择,详见表5-19。在测试前,首先要说明测试的目的和与课程内容的关联。其次,尽量将测试游戏化,提升趣味性。最后,要注意措辞,例如,不要说"我们来测试一下"或"考考大家是否知道/理解",这些都是培训师的目的,无须告知学员,否则很容易营造紧张氛围,引起学员的反感。反之,使用"下面我们来玩个抢答游戏"或"接下来我们来'御批'一下这几种做法,看看是否正确"就能快速引发学员的兴趣,提升参与度。

(2)课程结束前进行线上考试。线上考试的时机也很重要,如果已经宣布"课程结束"后,再请学员们进行线上考试,可能有些学员会不参与就离线了,后续跟进的成本很高。最事半功倍的做法是将线上考试作为课程的一部分,在宣布"课程结束"之前完成。可以说:"今天的课程已经接近尾声了,下面我们进行最后一项内容,是一个小小的闯关游戏,大家点击聊天区内的链接或扫PPT上的二维码,就可以进入闯关页面。一共有4关,每一关有一个问题或任务,如果您全部完成,并点击提交后,请在聊天群回复胜利的手势,就可以迈着胜利者的步伐离开课堂了。"用这样的方式邀请学员参与线上考试,一方面从流程上让学员感受到了其严肃性:这是课程必不可少的一部分,从而会认真对待;另一方面,完成了线上考试才能离开的规则,减少了学员不参与的概率。同时,用轻松的语气来营造趣味性的闯关游戏,对学员来说也是一种引导,尤其是最后的"就可以迈着胜利者的步伐离开课堂了"这样视觉化的表述,更激发了学员参与的积极性。

3. 授课后

在线上课程结束后,可以采取下面的措施,了解学员们的学习和运用情况。
(1)请学员写"5-3-1"作业,并提交给主管领导审核,以确保行动计划的可执行和检查度。
(2)请学员写学习心得,适合态度类培训。
(3)电话抽检所学内容,适合知识类培训。
(4)定期分享学员的运用案例,适合技能类培训。

案例5-8 "引导式课程设计"直播

我的"引导式课程设计"14天在线训练营的目标,是训练营结束后,每位学员产出一份真实课程的学习活动设计。于是,我根据引导式课程设计的四个步骤,设置了相应的阶段性目标,并安排了对应的学员任务,图5-16是各阶段学员们的产出。

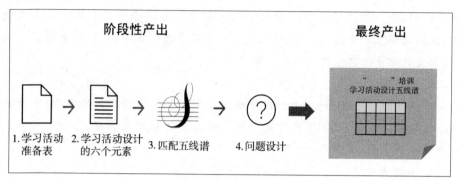

图5-16 "引导式课程设计"培训目标和阶段性目标

之后,围绕着各阶段的产出来安排课前阅读(学员阅读本次课程教材《培训师成长实战手册:引导式课程设计》并写阅读笔记)和直播内容,为学员们完成课前作业(即阶段性产出)提供帮助。学员们完成后提交,由培训师进行批改和辅导,请学员们继续完善。最后,通过直播的方式对课前完成的阶段性产出进行点评。直播结束后,学员们小组讨论完善作业并重新提交。这个流程如图5-17所示。

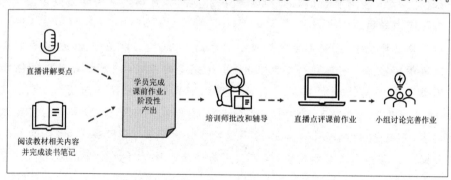

图5-17 阶段性产出的完善流程

从图5-17的流程可以看到:每一个阶段性的课前作业,都是从"知"(直播讲解要点和阅读教材)开始,然后是"行"(即学员完成课前作业),再由培训师批改和辅导后,进入直播点评,将学员们的实操成果展示出来,一起交流和探讨。最后,由学员以小组方式完善产出。

案例点评

在这个案例中,我使用了"细分目标"+"提供支架"+"个别辅导"+"集中点评"+"借力学员"的方法，具体表现如下。

1. 细分目标

将总体目标细分为阶段性目标，再转化为学员的任务和产出，这样有助于分段控制，确保学员们的学习效果，同时，也为学员们降低了难度。这个案例中，我通过细化目标，针对各阶段性目标对应的产出设定课前作业，进行刻意练习，为提升学员的学习效果奠定了基础。

2. 提供支架

学员的学习效果如何，这是事后检测才知道的。在这个案例中，我不但设置了明确的阶段性产出，还为学员提供了课前阅读和要点讲解，帮助学员深入理解作业的内容，为演练提供了支架。

3. 个别辅导

对学员的演练进行个别辅导的过程，既是针对学员作业的反馈，也是了解学员学习效果的一种途径。通过个别辅导，培训师可以了解到每位学员对作业内容的理解程度，对所需技能还欠缺些什么，并将其进行汇总。针对个别性的问题，通过单独辅导解决；针对共性问题，通过直播点评来解决。

4. 集中点评

在个别辅导之后，通过直播点评学员作业中的共性问题。在点评的过程中，通过互动了解学员新的认知和改善计划，也可以评估学员的学习效果。

5. 借力学员

直播点评结束后，借力学员进行小组讨论、一起完善课前作业，这样的方式可以事半功倍。与学员自行修改相比，小组完善的方式，一方面可以确保修改内容更完善，因为个人很容易受自己的思维定式影响，思路不够开阔；另一方面，小组成员之间可以互相学习。这个过程，看似在完善作业，其实是在回顾课程内容，并强化所学技能，而且通过小组的交流和讨论，会促进内化，让学员们印象深刻。最终完善后的作业，又可以成为评估学员学习效果的依据。

★ 本章总结

本章一共有8个在线授课时的问题，其中3个关于课程秩序和保障，5个关于学员参与和效果。通过常见原因和对策分析，我们可以看到：很多问题是课前准备不足所致。《〈培训师成长实战手册：授课现场的问题及对策〉使用指南》表5提供了一个线上培训项目（系列课程）的全流程策略，如果是单次课程，参考其中的部分内容。

《培训师成长实战手册：授课现场的问题及对策》
使用指南

带你快速查询授课现场问题的解决策略

50个典型情境　　　341个解决策略

有效培训的操作流程

如何运用"问题树课程开发模型"解决企业问题

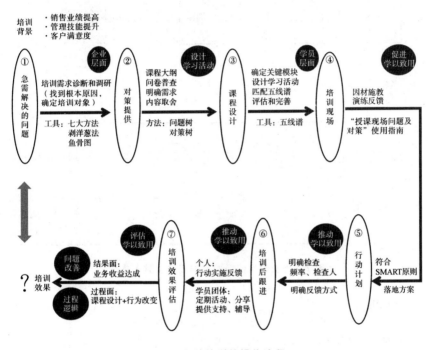

图1 有效培训的操作流程

授课现场问题的改善要点及其工具书

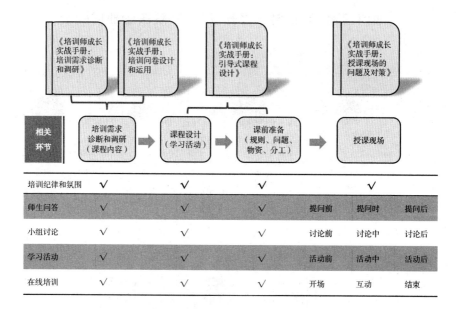

图2 授课现场问题的改善要点及其工具书

图2说明：
1. 授课现场发生的问题，跟图中的四个环节可能都有关系。
2. 要想真正解决授课现场的问题，需要从源头入手，否则可能治标不治本。
3. 图中的四个环节，对应了四本培训工具书，是预防和处理现场问题的好帮手。

表1 培训前和培训现场的策略

阶段	环节	策略
课程设计与开发	课程内容	1. 做精准的需求调研找痛点和关注点,开发满足学员需求、难易程度适中的课程内容。 2. 通过调研了解学员共同的问题和关注点,确定课程重点模块和内容。 3. 在确定课程主题时,尽量细化,便于聚焦。 4. 了解学员的基本信息,包括培训履历,课程内容兼顾到不同层次的学员需求。
	授课方式	【总体安排】 5. 事先了解学员的基本情况,包括学历、工作经验等,设计所有学员都能够参与、愿意参与的学习活动,提前准备相应的任务、角色安排和产出方式。例如: ①通过个人介绍满足学员社交需求; ②安排小组学习,带动全员参与。 6. 事先了解学员的参训动机,考虑可能出现的情况,提前准备应对措施。 7. 根据学员的基础和需求,设计合适的课程节奏,并合理安排课程内容和休息时间,避免学员过于疲惫。 8. 课前运用翻转课堂,缩小学员之间的基础差距。 9. 明确课程重点内容,分配更多时间,对次要内容压缩时间。 10. 列出每个模块的耗时,便于培训现场的比对和灵活调整,并事先做好应对措施。 11. 事先准备替代方案。 12. 准备海绵活动以填补多余的时间。 【开场】 13. 综合考虑学员的年龄层次、职位、工作经验等,设计有吸引力的开场方式。例如: ①根据学员的特点,确定问好的方式; ②为本次学员量身定制自我介绍,并进行演练; ③准备开场内容,建立学员与课程内容之间的桥梁。 14. 确定制订"培训公约"的流程,并预留时间。 【各模块之间】 15. 不同模块间采用不同的媒介或授课方式。 16. 为每个课程重点模块设计有特色的开始和结束方式。 17. 准备好过渡语来承上启下。 【内容呈现】 18. 评估学员基础,事先准备案例、图文等,辅助课程内容的说明。 19. 练习用生动的语言及比喻、类比等方法讲解概念。 20. 准备学员关注的问题或素材,提前张贴或展示在培训场地。 【培训师的自我准备】 21. 提前演练指令,请他人评估是否清晰、易懂。 ①进行发音练习; ②提前演练如何用三级能量开场。

续表

阶段	环节	策略
课前准备	时间场地安排	22.以学员为中心来考虑时间和场地的安排。 ①培训的开班时间避开学员的工作旺季或忙碌时段; ②培训的开始时间尽量照顾到全体学员,且配合学员的日常作息; ③如果可以选择,场地尽量安排在交通方便且离大多数学员较近之处。
	培训通知	23.用5W1H的架构,采用图文并茂的方式来撰写培训通知,并请他人反馈表达是否清晰、明确。 24.培训通知中分别列明签到时间和正式上课时间。 25.说明提前到会场有惊喜,事先准备好"礼物"。 26.针对难找的场地,在培训通知上提供详细的路线图,并在学习群里发定位。
	宣传造势	27.设计有吸引力的课程海报,附在培训通知中。 28.通过各种途径进行课程宣传和造势。
	设备测试	29.提前测试各种设备,播放PPT、视频、音乐,测试效果。 30.在现场放置备用电脑、插线板和电池。 31.保留设备维护人员联系方式。
培训现场	营造氛围	32.开设"养机场",放置所有手机。 33.开场时,制订"培训公约"。 34.如果了解到学员们的确在培训期间需要处理工作,可在课程开场表示理解,并说明会增加或延长休息时间,让学员们处理工作。
	制定规则	35.建立课程规则,例如: ①指定各组组长负责召集本组成员准时回来,开课前汇报; ②建立各组准时到场竞赛规则; ③约定休息结束的具体时间和信号,给30秒缓冲; ④宣布休息结束后有奖励或干货分享。
	开场	36.提高音量,用三级能量开场。 37.提升仪式感。 ①定位+问好; ②郑重地做自我介绍; ③进行课程说明。 38.开场时建立学员与课程主题之间的联系。 39.展示课程大纲,说明通过课程能够解决的问题,体现课程价值。 40.用有趣的活动、游戏等开场。 41.进行入场调查或现场需求调研,再次确认学员需求。 42.用提问或与学员工作相关的案例,引出课程内容。

续表

阶段	环节	策略
培训现场	迟到的应对	43. 准时开课。 44. 当迟到学员进入培训场地时,用肢体语言打招呼。 45. 为迟到者补充说明内容要点。 46. 指定学员帮助迟到者融入小组或全体的学习中,例如简述其错过的内容。 47. 若需延迟开课,在等待期间,给准时到场的学员"开小灶"作为奖励。 48. 培训师通过课程的阶段性小结,进行要点说明和答疑。
	维持注意力	49. 引发学员注意力的方式。 ①通过肢体语言或提问、视频等引发学员的注意; ②使用社会热点、热词、新奇的道具吸引学员的注意力; ③借用实物或道具吸引学员。 50. 通过现场测试了解学员对不同内容的掌握度。 51. 提出问题或任务,请学员解答或解决。 52. 调整授课方式,增加互动环节。
	评估课程节奏	53. 通过观察或询问学员,了解课程节奏如何。 54. 根据需要调整课程节奏。 55. 若课程需要延迟,先致歉,并说明延迟的具体时间。 56. 如果课程延时,进行取舍,加快课程进度。
	学员窃窃私语	57. 运用声技、身技、眼技、口技叫停。 58. 提问了解哪里不清楚。 59. 通过举实例、比喻进行讲解,或者借助图文、视频等来说明。 60. 请其他学员进行解说。 61. 对于复杂指令进行拆分,结合流程图进行说明、示范。 62. 提问了解学员讨论的内容,视情况采取不同的措施。 63. 如果有必要,可给予专门的交流时间。
	学员疲倦	64. 宣布休息。 65. 了解学员疲倦的原因,如有必要,适当增加休息次数或休息时间。 66. 休息回来后,带着学员做赋能活动。 67. 在整个培训中,通过各种互动和学习活动,保持学员的能量水平。
	留在上一个环节	68. 叫停,引起学员的注意。 69. 询问疑虑/思考的问题是什么,评估是否需要安排专门的时间交流。 70. 请学员将问题写在便利贴上,张贴于"停车场"。 71. 安排额外的休息。 72. 总结上一个环节的内容。 73. 配合过渡语,借助位置移动、媒体转换等方式给出转场信号。 74. 宣布下一个环节的开始。

续表

阶段	环节	策略
	课间休息	【休息前】 75. 休息前,预告接下来的课程内容,以及与学员之间的关联。 76. 休息前,提供一个连接后面的课程内容与学员的问题或案例,请学员提前思考,说明休息结束后揭晓答案。 77. 播放或停下音乐。 【休息后】 78. 用三级能量开场。 79. 重申课程内容与学员之间的关联。 80. 揭晓休息前的问题或案例答案,给准时回来的学员奖励或进行干货分享。 81. 调整授课方式、方法。
培训现场	早退	82. 课程中,运用学员生活、工作中的案例,建立学员与培训主题之间的联系。 83. 课程中,请学员运用所学解决工作中的实际问题,体现出课程的价值。 84. 用生动的语言及比喻、类比等方法讲解概念。 85. 让学员学习资料后展示知识、概念。 86. 安排学员运用所学技能完成任务。 87. 请学员参与活动的评估和反馈。 88. 授课时,通过观察和测试评估学员的听课和掌握状况,必要时调整课程节奏。 89. 安排课前测试。 90. 课中评估学员的基础和能力,必要时增加难度。 91. 用有吸引力的提问或案例引发学员的兴趣。 92. 以小组方式进行讨论和学习,用氛围带动其参与,并认可和鼓励。 93. 如果课程超过吃饭时间,预先告知,并说明原因,询问学员的意见。 94. 删减非重点内容。
	设备故障	95. 如果投影仪无法播放 PPT,可以采取以下措施: ①使用替代方案,例如板书、看资料、海报; ②将 PPT 文件发到学员群; ③组织学习活动,比如上节内容知识点回顾等; ④宣布额外休息; ⑤利用休息时间解决问题。

续表

阶段	环节	策略
培训现场	设备故障	96.投影内容有色差、超出或小于幕布时,可以采取以下措施: ①采用替代方案进行授课; ②选择性地播放PPT内容; ③课间进行调整。 97.视频或音乐无法播放,可以采取以下措施: ①放弃播放; ②采用替代方案,如讲案例或其他方式。 98.话筒没有声音,可以采取以下措施: ①先不动声色继续授课,示意他人协助; ②走到学员中间授课; ③来个"发声大挑战",提升能量场。 99.翻页笔失效,可以采取以下措施: ①边说边走向电脑,手动控制翻页; ②趁学员完成任务时,检查翻页笔。 100.突然停电,可以采取以下措施: ①宣布额外休息; ②问问学员有什么建议,例如,座位调整(因光线问题); ③通过提问将此事与授课主题发生联系后,继续授课; ④采用替代方案授课。

表2 师生问答各阶段的策略

阶段	环节	策略
提问前	课程设计和开发 — 问题的准备	1.事先进行需求调研,根据学员的基础提出难易度适中的问题。 2.提出与主题和学员关联度高的问题。 3.提问的难易程度与学员知识、基础相匹配。 4.思考如何清晰表达每个问题,并进行演练。
	课程设计和开发 — 表达的准备	5.站在不同的立场和角度思考问题并提炼观点。 6.全面考虑各项指令和要求,避免遗漏。 7.考虑如何清晰表达观点或要求,必要时进行演练。
	授课现场 — 营造氛围	8.培训开场就营造轻松、畅所欲言的氛围。 9.在提问前,先吸引学员的注意力。 10.强调彼此尊重。 11.说明:分享观点是互相学习的机会,观点不同恰恰是学习的切入点。
	授课现场 — 制定规则	12.与学员共同确定发言规则,例如: (1)同一时间只有拿到话筒的一人发言; (2)每个人发言1分钟,发言内容不重复; (3)当有人发言时,先写下自己的问题或想法。 13.设立时间官,负责提醒发言时间。 14.要求学员思考问题时自问"我的观点与主题的关系是什么"。 15.要求学员面对不同观点时,用"我很好奇……"开头来提问观点背后的思考。
提问时		16.一次只问一个问题。 17.清晰说明问题,必要时举例。 18.解释主题,明确发言的要求。 19.提供发言的要点或模板。 20.提出问题后,确认学员们对问题是否有一致的理解。
提问后	对问题的调整	提问后,根据学员们的反馈,进行如下调整: 21.针对过大的问题,通过提问将问题细分或具体化。 22.给出提示或提供选项,降低难度。 23.换一个难度稍低的问题。 24.问题太简单时,提出附加问题,增加难度。 25.学员没听懂问题时,重复问题并解释,或换种问法并测试。 26.如果学员对问题没有兴趣,则说明这个问题与主题和学员的关系是。 27.提出问题无人回应时,有三种选择:转移话题、自己回答、继续提问。

续表

阶段	环节	策略
提问后	学员提出异议	了解原因,并对症下药: 28.学员有内容要补充时,为其点赞,邀请分享。 29.学员未听清楚或未理解主题或要求时,先表示歉意,再重新解释观点或要求,最后询问是否有疑问。 30.学员故意岔开话题时,先认可其参与热情,并询问其话题与自己观点与要求的关系。
	插话者	针对插话者的不同情况,给予相应的回应: 31.当插话者同意发言者并支持时,先认可其发言欲望,然后将话题转回给被打断者。 32.当插话者不同意发言者的观点时,提醒发言规则,请其等被打断者发言结束后再发言。 33.当插话者认为自己要说的更重要时,先肯定插话者的积极态度,然后请其等被打断者发言结束后再发言。 34.当插话者对发言者的说话速度没有耐心时,先提醒规则,再帮助被打断者尽快梳理观点。 35.当插话者因发言者的表达不清晰而插话时,培训师通过提问,协助发言者明确表达内容。
	跑题	36.如果学员没有弄清楚主题或发言的要求是什么,培训师重申主题和发言要求。 37.当学员的表达不清晰时,培训师通过提问引导学员清晰表达。 38.如果学员忘记了主题,可重申主题,并提问:"你表达的观点与主题的关系是什么?" 39.当学员对发言内容不熟悉或不擅长而跑题时,培训师通过提问引导降低难度,或让发言者寻求"亲友团"帮助。
	长篇大论者	针对"长篇大论者",也需要具体问题具体对待: 40.如果学员是当领导养成的习惯,则提醒时间或限时总结内容以结束话题。 41.当发言者说话没有重点时,培训师可提问协助或提供发言框架。 42.如果是发言者表现欲强所致,可限制时间和观点的数量。 43.发言者为了炫耀自己所致时,请其总结观点,课后分享。
	学员回答错误	44.学员没听清楚问题时,重申问题,并询问是否继续回答。 45.学员没有正确理解问题时,解释、确认问题。 46.学员对相关知识不熟悉时,可降低难度或换他人回答。 47.学员希望能与众不同时,肯定后引导其思路。

续表

阶段	环节	策略
提问后	发言时,学员发生争执	48. 如果因为学员对问题的理解不同而争执时,则重申问题,并进行解释。 49. 如果因立场不同而争执时,说明不同立场,并找到共同目标或相似点。 50. 学员因为关注点不同而争执时,指出不同的关注点,引导学员全面思考。 51. 因学员纠结于措辞而争执时,了解彼此对该措辞的理解和分歧,寻找折中的表达。 52. 如果是学员有情绪而争执,了解情绪的来源,对症下药解决。 53. 当学员表达不清晰导致争执时,通过提问帮助发言者清晰表达。
	唱反调者	针对唱反调者,了解其背后的原因,区别应对: 54. 对于因工作性质或个人风格习惯于发现问题和关注风险者,可请其说出自己的担心,学员们一起讨论解决方案。 55. 对于基于自己的认知或实践,认为发言者的观点行不通者,询问其反对的理由。 56. 对于自认有了更好想法者,请其分享自己的想法。 57. 对于真心想跟大家探讨问题者,听听他/她想说什么。 58. 对于不管别人说什么,习惯性地反对,以此突出自己者,可问"那你的想法是什么呢"。

表3 小组讨论各阶段的策略

阶段	环节		策略
小组讨论前	课程设计和开发	课程内容	1.在课程设计前,先进行需求调研,了解学员们的基础和问题,设计循序渐进的课程内容。
		小组讨论的任务和时间	2.根据调研获得的学员信息,设计与之匹配的、具体的问题。 3.将复杂任务细分为一个个小任务,并逐一安排专门的时间。 4.提供多种任务完成方式或分享方式的选择。 5.结合学员们在主题方面的知识、经验和技能,评估所需时间。
		分组	6.在分组时,尽量将每个小组的人数控制在5~6人。 7.将性别、性格、经验、能力高低不同的学员平均分配到各组,确保实力均衡。
		物资准备	8.事先准备一些与讨论主题相关的额外任务,写在小纸条上备用。 9.准备倒计时牌,例如:还剩3分钟,还剩1分钟。 10.将讨论的主题和目标张贴在墙上,请学员们随时查看。 11.列出任务要求或模板,展示在PPT上,或写在白板/大海报纸上。 12.事先设计任务,必要时准备模板或表格,供分享时使用或填写。 13.提供分享的要点和评估的指标。
	授课现场	建立规则和分工	14.设定发言规则,例如轮流发言或使用谈话棒,或在发言前先重复前一位发言者的观点。 15.分配小组角色,如主持人、时间官、记录官、导航员等。 16.说明"完成比完美更重要"的原则。 17.提供反馈的模板,要求用提问的方式,而非提供建议。
		讨论的主题和任务	18.说明讨论主题和成果要求,必要时提供思路和示例。 19.说明为什么要进行这个讨论,以及会给学员们带来哪些收获。 20.提醒学员们以终为始思考观点与主题有什么关系。 21.说明讨论后会随机挑选分享者。 22.确定分享顺序。 23.小组成果分享前,确认各组的准备情况。如果有必要,留出专门的时间,让各组做分享准备。

续表

阶段	环节		策略
小组讨论前	授课现场	氛围营造	24. 请学员们彼此介绍。 25. 强调小组讨论的目的是深入思考,彼此学习,而非比赛。 26. 说明没有对错,讨论的目的就是帮助大家从各种角度来看问题。 27. 每个人的观点都值得尊重。 28. 强调"分享是最好的学习"的理念。 29. 声明"人人皆可为师"的原则,成员间互称同学。 30. 说明反馈的目的是帮助大家跳出经验主义和定式思维。
讨论进行中		任务	培训师巡回观察,发现问题后,先询问原因,根据需要给予引导或指导: 31. 协助小组推选出主持人,确定讨论规则,进行角色分配。 32. 再次说明讨论的主题和成果要求,提供示范。 33. 帮助大家回到当前的主题。例如,问:"我们要讨论的主题是什么?" 34. 询问学员们觉得这个问题难在哪里,给予相应的解答,如果有需要,提供相应的知识或思路。 35. 有人跑题时,询问其观点与主题的关系是什么,协助其回到正轨。 36. 有人主导讨论时,叫停并总结此人的观点,引导其他成员发言。 37. 将一个较大的任务/问题拆分为几个循序渐进的小的任务/问题。 38. 为进度慢的小组提供帮助,给进度快的小组分配额外的任务。 39. 对空泛的内容进行引导、细化,指导小组完善。 40. 有需要时,延长讨论时间。 41. 记录并展示出所有发言者的观点,帮助学员们彼此倾听。 42. 通过提问帮助学员们看到对立观点背后的立场或动机。 43. 举牌提醒所剩时间。 44. 巡回了解各组进度,提醒进行分享准备。
		观念或心态	针对学员们一些错误的心态,进行提醒。 45. 提醒学员们: ①小组讨论是个思维碰撞的过程,只要参与就有收获,不必纠结于对错; ②内容是关键,美化只是点缀。 46. 重申时间是最稀缺的资源,"完成比完美更重要"的原则。

续表

阶段	环节	策略
小组讨论后	分享讨论成果	分享规则	在小组成果分享前,先要建立分享规则,以下是可以选择的做法: 47. 发言人可以自主选择分享成果中的哪几项。 48. 给1分钟时间统一讨论结果,或请分享人来总结。 49. 安排时间,各组进行模拟分享后,培训师随机选择分享人。 50. 允许学员用自己擅长的方式分享。 51. 每组只分享1或2条成果,确保每个组都有内容可以分享。 52. 用规则来确定分享人,例如,每组靠右边的第一人,头发最长或最短者。 53. 用爆米花的方式来抢成果分享顺序。 54. 明确分享要求,必要时提供模板。 55. 现场分配任务,让每个人都有事做。
		鼓励发言	56. 重申讨论的目的,引导学员更关注讨论中带来的思考和收获。 57. 示范并鼓励发言。 58. 说明分享者只是团队的代言人,消除顾虑。
		引导关注成果分享	59. 说明关注其他组的成果分享是难得的互相学习机会。 60. 分配任务转移注意力。 61. 提供反馈模板和具体要求。
	反馈	62. 引导或重申,将反馈视为互相学习的机会。 63. 请反馈者用"我的想法是""有没有这种可能"作为开头语。 64. 培训师通过提问协助反馈者了解背景信息。 65. 当反馈者表达不清晰时,提问引导其明确内容。

表4 学习活动各阶段的策略

阶段	环节		策略
学习活动前	课程设计和开发	课程内容	1.在课程设计前,先进行需求调研,了解学员的基础,汇总学员的共性问题,将与之对应的课程内容确定为课程重点。
		学习活动设计	2.根据整个课程的时长,为各模块内容分配时间,给重点内容分配更多的时间。 3.针对课程重点内容设计相应的学习活动。 4.依据该活动对应的课程内容目标,结合学员的知识、技能基础,确定该活动要达成的目的或目标。 5.在需求调研的基础上,从学员的痛点、难点、共同关注点切入设计活动。 6.根据该学习活动的目的或目标、可用时间、场地情况,以及学员的知识、技能基础,选择与培训主题或目标相关度高、贴近学员年龄层次和工作实际的活动。 7.明确活动的产出和要求。 8.通过学员基础信息了解是否有参加过本次课程的老学员。如果有,根据老学员的占比来思考哪些活动可以进行调整或替换。 9.尽量根据学员情况定制活动,或将常见活动进行一些小创新。 10.将活动设计得有趣、有挑战性,以吸引学员参与。 11.站在学员的角度,为活动起个有吸引力的名字。 12.设计学习活动时,要特别预留出活动总结的时间。 13.用5W1H细化活动步骤,明确每个步骤要做的任务和要求。 14.设计活动时,为活动的每个环节匹配恰当的时间,并用五线谱来检验每个步骤及所用时间是否合理、整个活动的时间是否充足。 15.留出机动时间,以应对突发状况。 16.提前推敲并演练一分钟的活动规则说明,尽量简单,易于理解和执行,必要时提供图文资料辅助。 17.设计好活动与培训主题、学员之间联系的精准表达。 18.按照情境—目的—思路—提问的步骤来设计每个问题。 19.按照先易后难、先回顾后反思的逻辑顺序来设计系列问题。 20.明确各环节的结束和下一个环节的衔接方式及所需物资。 21.列出活动中可能会发生的种种情况,提前准备应对方案。
		分组	22.在分组时,尽量将每个小组的人数控制在5~6人。 23.如果没有特别需要,尽量将性别、性格、经验、能力高低不同的学员平均分配到各组,确保实力均衡。

续表

阶段	环节	策略
课程设计和开发	物资准备	24.事先准备一些与讨论主题相关的额外任务,写在小纸条上。 25.准备倒计时牌,例如:还剩3分钟,还剩1分钟。 26.将学习活动主题和目标张贴在墙上,方便学员们随时查看。 27.列出任务要求或模板,展示在PPT上,或写在白板/大海报纸上。 28.如有必要,事先准备范本、参考资料或资源,例如,分享和点评的指标、分享的模板或表格、讨论的框架等。 29.明确活动总结的流程或问题,事先准备相关资料和问题。 30.准备一些快节奏的音乐备用。 31.提前将活动各环节所需物资分门别类放置并做标识。
学习活动前	授课现场 规则说明	32.规则说明前,需要: ①用提高音量、保持沉默、摇铃等方式引起注意。 ②解释为什么要做这个活动,该活动对学员有什么好处。 33.进行一分钟规则说明,包括活动时间、步骤、进行方式、要求、注意事项,如果有需要,演示活动的流程,并进行答疑。 34.强调"完成比完美更重要"的原则。 35.说明统一、明确的信号表示活动开始或结束(吹哨子,或喊"开始")。 36.活动指令发布的注意事项: ①分阶段发布指令; ②用通俗、准确的语言描述每一个指令; ③每次发布一个指令; ④如果指令复杂或易误解,可请学员们复述指令或将指令展示出来。 37.在活动规则说明后,再分发活动所需的道具或资料。 38.规则说明结束时,询问是否有疑问。
	分工	39.活动开始前,进行如下工作: ①说明小组分工的原则:人人有事做。 ②让小组成员有彼此了解的机会,便于合理分工。 ③提供小组角色列表,请学员们进行角色分配。 ④由各组安排专人负责流程,避免跑题。 ⑤请专人负责监督成员是否"各司其职",并及时纠正。 ⑥借助图表说明流程和要求,明确各环节所需物资的拿取方式和责任人。
	氛围营造	40.利用小组竞赛或团队产出的方式,来激励学员参与。 41.使用有推动力的引导语。 42.播放快节奏的音乐。 43.用幽默的语言增加趣味性。 44.提问引发思考,留悬念。 45.给出少于实际用时的活动时间。 46.用声音的魅力制造紧张感。 47.通过播报其他组的进度来营造紧张氛围。 48.借力组员"召集人马",营造积极的氛围。

续表

阶段	环节	策略
活动进行中	参与	49.活动进行中,培训师通过四处巡查,发现问题并给予解决,例如: ①针对性格内向的学员给予鼓励,并提醒其他成员邀请其加入。 ②如果有学员不知道需要做什么,请本组组长或组员为其解说或指导。 ③发现有人抢了其他学员的任务时,再次提醒小组分工的原则:人人有事做,并重新确认小组成员分工。 ④当学员对分配给自己的任务没有信心时,先了解该学员的担心或困扰是什么,然后提供帮助,并进行鼓励。 ⑤发现有学员对活动不感兴趣时,通过提问了解原因,对症下药。
活动进行中	进度	50.培训师在四处巡查时,发现各种影响活动进度的问题时,及时干预,例如: ①如果学员们在交流时跑题了,及时干预和引导。 ②学员们过于追求完美时,说明重在彼此学习,无须追求完美。 ③如果发现活动整体难度过大,可以通过降低成果要求或拆分步骤等方式降低难度,也可以通过简化其中的非关键流程来降低难度。 ④展示活动各环节的时间表,根据活动时间表,提醒各组时间官。
学习活动后	活动超时	针对活动超时,要先进行原因分析,再采取相应的行动。 51.如果是活动难度大,给学员的活动时间太短的情况所致,可以采取以下措施: ①拆分活动或舍弃某些环节以降低难度; ②给学员们更多活动时间。 52.如果是因为规则过于复杂,则简化规则或进行通俗的讲解。 53.当活动的产出和要求不明确时,需要做到: ①活动前说明产出和要求。 ②活动进行时,四处巡查,答疑解惑,及时纠偏。 54.当活动各步骤的划分不够细化时,可以采取以下措施: ①拆分活动步骤,说明各步骤的要求; ②根据现场学员的进度和反馈,灵活调整活动步骤和时间,必要时叫停。 55.当没有明确的评估标准时,明确评估标准,并提供相应的物资。 56.如果原因是学员们过于纠结于某个环节,培训师巡场了解进度及问题,及时伸出援手。 57.如果是因为活动中无人控制时间,可以采取以下措施: ①展示活动各环节的时间表; ②请每个小组确定时间官,负责控制时间; ③培训师巡场,根据活动时间表,提醒各组时间官。

续表

阶段	环节	策略
学习活动后	学员们沉浸在已结束的活动中	58.如果发现学员们正在进行活动的最后一个环节,则先了解所有成员的进度,决定是否继续下一个环节。 59.当学员交流跑题时,培训师在现场巡查,发现问题及时干预和引导。 60.如果是因为活动中发生了有趣或有争议的事情,培训师叫停后,简单询问情况,确定是否有必要分享给全体学员。 61.当学员们对活动中反映出来的问题感兴趣时,培训师叫停后,了解该问题是否与课程内容相关,并进行相应处理。 62.如果是因为学员们希望活动产出更完美,则了解进度,说明重在彼此学习,无须追求完美。
	没有时间做活动总结	针对这种情况,培训师需要在活动进行中巡场并了解原因,以便对症下药。 63.如果是因为活动整体难度过大,可以通过降低成果要求或拆分步骤等方式降低难度。 64.发现活动时间不够时,可评估后延长,或简化其中的非关键流程。 65.发现影响到活动进度的问题时,及时干预或协助解决,根据学员们的进展灵活调整时间安排。 66.如果是因为学员参与的积极性不高导致前面各环节均超时,可以采取以下做法: ①活动前说明活动目的,以及该活动与培训主题和学员的关系; ②用有趣的引导语引发学员兴趣。 67.如果活动中的某个环节耗时太多,可以采取以下措施: ①现场设置时间官,掌控进度; ②活动开始前,说明可能的情况及处理方法。 68.如果是因为活动各环节的衔接耗时,可以借助图表说明流程和要求,明确各环节所需物资的拿取和归位方式。
	活动总结浮于表面	活动总结浮于表面,源自不同的问题,需要有针对性解决。 69.如果是因为活动与培训主题关联不大,找到活动与培训主题的某个关联,以此为切入点进行讨论。 70.如果是学员未积极参与到活动中,提问了解学员对活动的看法。 71.如果是无明确的总结目的或目标所致,先明确活动总结的目的或目标,再围绕其进行提问。 72.当未提前设计引导问题时,联系培训主题,按照从易到难的逻辑提出问题。 73.遇到引导的过程中偏离方向的情况时,引导学员思考和互动时,围绕着总结目标来进行。 74.如果提出的问题突兀,学员们不知如何回答,先问帮助学员们回顾活动过程的问题,再问需要思考的问题。

表 5 线上培训的策略

阶段		策略
培训前	发布课程推广信息	1. 课程推广信息包括课程主题、培训对象、培训时间和时长、课程大纲、课程收益（能为学员解决的问题）。 2. 在报名表中插入课程问卷,了解学员关于课程的问题和困扰。
	组建团队	3. 团队角色包括培训师、班主任、助教、技术支持等。
	评估、确定平台	4. 平台：提前测试、评估,确定线上课程的平台。 5. 硬件：电脑、音响、麦克风、课件、网络、培训室等。
	建立社群	6. 评估和建立学习社群。 7. 发布学习指南,包括课程介绍、时间安排、社群规则等。 8. 引导学员加入社群,进行欢迎仪式、自我介绍。
	翻转课堂	9. 精选课程资料,汇总为课前学习材料,并提出问题引导学员阅读和思考。 10. 汇总报名表信息,针对共同的问题点设计相应的课前作业,并提供作业模板,明确提交的方式和要求。 11. 针对课前学员材料,培训师就学员的问题进行答疑。 12. 培训师通过批改作业＋反馈的方式,对学员进行辅导。
	课程设计	13. 汇总各渠道信息（报名表、课前阅读、课前作业）,明确学员们共同的问题点,以此对应的课程内容为重点。 14. 确定课程的目的和目标。 15. 针对重点内容设计学习活动。 16. 设计课程的互动方式。 17. 确定课程中检测学员学习效果的方式并做好设计。 18. 规划培训后的跟进方案。
	平台测试	19. 给学员发送直播平台软件下载及安装指导文档。 20. 督促学员提前下载、安装直播平台软件,比如腾讯会议、钉钉等。 21. 约定直播平台测试时间,请学员参与并测试摄像头、音效、PPT 显示效果、网络等,若有问题,通过技术解决。 22. 测试和熟悉平台的各种功能。

续表

阶段		策略
培训中	开营仪式	23. 课程相关介绍：背景、目的、课程内容等。 24. 培训师的简介。 25. 学员自我介绍、分组或"学习伙伴"结对子。 26. 相关事项沟通确定，例如直播时间、作业提交时间、纪律要求等。
	授课中	27. 开场引发学员兴趣。例如开场预热、签到、发彩蛋等。 28. 5~7分钟左右更换一种互动方式，例如提问、案例分析、判断对错、单项选择或多项选择、联系、排序、填空等。 29. 请学员在聊天区内回复表情、数字、字母等方式，了解学员的学习状态。 30. 根据阶段性目标实施相应的测试，了解学员的学习效果。 31. 在每个模块结束时，引导学员进行课程内容的总结。
培训后	学员反馈和作业	32. 设置多元化的作业，例如线上答题、写学习收获、完成"5-3-1"计划表、学以致用案例分享等，并持续跟进。 33. 作业形式：语音、文字、PPT、图文、视频等。
	收集学习效果反馈	34. 汇总课程结束时的调查问卷信息。 35. 通过个性化的输出，如"5-3-1"作业、学习收获等方式获得课程的效果反馈。
	训后社群	36. 建立社群相伴成长。 37. 确定一对一学习活动或小组成员。 38. 通过多种方式交流学习，如互评作业、运用成果分享、神秘嘉宾、特别福利。 39. 进行线下活动，建立深度链接。
	结营仪式	40. 进行课程回顾和总结，请学员分享课程收获。 41. 荣誉与奖励（根据需要灵活设置各种奖项，例如打卡"钉子户"、交作业狂魔）。 42. 未来的展望：学员们分享自己培训后的运用计划和目标。
	项目复盘与改进	43. 收集整理本次在线课程数据，例如，在线参与人数、时长、作业完成情况等。 44. 与团队成员进行数据分析，找出其中做得好的方面，将其标准化。之后，列出可以改善的项目，运用头脑风暴解决方案，并将其书面化，作为项目改善的依据。